A CULTURAL HISTORY
OF LAW
IN ANTIQUITY

古代法律文化史

法律文化史（第1卷）

丛书主编／何勤华

[西] 胡伦·艾特沙白（Julen Etxabe）　编

冷霞　译

上海人民出版社

法律文化史译丛

总　序

由上海人民出版社组织、以华东政法大学法律史专业团队为主要力量担纲翻译的《法律文化史》系列丛书，终于和读者见面了，令人激动、开心。

《法律文化史》丛书 2019 年由英国布鲁姆斯伯里出版公司（Bloomsbury Publishing PLC）旗下的 Bloomsbury Academic 出版，是英语学界关于西方法律文化史研究的最新成果。该系列丛书一共分为六卷，即第一卷《古代法律文化史》（冷霞译），第二卷《中世纪法律文化史》（吴伟彬、段鹏超译，苏彦新校），第三卷《近代早期法律文化史》（赵博阳译），第四卷《启蒙时代法律文化史》（陈琦译），第五卷《帝国时代法律文化史》（王静译），第六卷《现代法律文化史》（李明倩译），本丛书的引进出版对于推动我国西方法律史研究具有重要意义。

自 20 世纪 70 年代以来，批判性的法律研究、法律和文学运动的发展、法律社会学研究的兴起以及解释人类学的影响，使得法律的文化研究日益成为西方法律研究中的一个重要分支。而在法律史研究中，同样表现出了这种"文化转向"的趋势。法律被定位为一种文化体系，嵌入社会之中而不是凌驾于社会之上，法律研究的焦点从规则转移到价值与意义上。本译丛是这一学术发展大趋势的产物。

本译丛通过追溯人类最早文明直至现代的法律与文化之间复杂互动的历史，解释了法律思想和制度是如何影响文化，法律本身又是如何被其文化背景所塑造的。不仅如此，在西方法律史研究既有的文化转向基础之上，本译丛还突出强调了法律文化研究中的最新趋势，其中的一些尚未引发我国学人应有的关注。例如本译丛中不止一卷强调了21世纪兴起的"感官法学"这一研究视角，即人类感官与法学的关联。这种方法的运用一方面使得旧史料被重新解释，被赋予了新的意义；另一方面，也开发出了很多可资利用的新型史料。在第一卷中，作者利用石碑浮雕、器物彩绘、宏大建筑和纪念碑，乃至服饰等文化材料来探索分析古代社会对法律的理解。而在第六卷中，作者更是从街头戏剧、广播音响、视频、照片等影响人类视觉、听觉等感官的多种表达方式中探索它们是如何帮助构建、记忆和传播政治和法律的意义，以及产生了何种效果，由此探索法律权力合法化的意义和权威来源。

与此同时，虽然从文化角度切入的法律史研究成果已经不少，但大多为特定时段、特定主题的研究，如本译丛这样以"法律文化史"为主题的跨越4500年历史变迁的西方法律文化通史著作，在英语学界依然少见，国内学界更是阙如。虽然规模庞大，本译丛的各卷由不同的学者、编辑撰写、编校，每章也各有其作者，但为了保证丛书的整体性，各卷章节的标题皆保持一致，都由正义、宪法、法典、协议、论证、财产权和占有、不法行为以及法律职业8章组成。这意味着读者既可以对每个特定时期进行概览，也可以通过阅读各卷同一主题的章节来追踪该主题的历史发展。

这一成就的取得是57位西方学者通力合作的结果，这些学者多为各自研究领域的学术中坚。作为一套英文著作，该丛书作者虽以英、美、加、澳等英语国家学者为主，但也不乏欧陆权威法史学者的加盟，如罗马第三大学的伊曼纽尔·孔蒂（Emanuele Cante）教授，他是国际上备受尊敬的中世纪法律专家，2011年世界科学史界的最高奖"乔治·萨顿奖"获得者，对中世纪罗马法和教会法都有着深入的研究。总之，该丛书无论从研究广度、深度、权威性，还是创新性方面而言，皆为上乘之作，其中文译本的出版对我国西方法律史研究将起到很好的引领、推动作用。

感谢上海人民出版社的领导、感谢本丛书责任编辑冯静看到了这套丛书的价值，并争取到了翻译出版之授权。感谢苏彦新、冷霞、吴伟彬、段鹏超、赵博阳、陈琦、王静、李明倩等译校者，正是他们近三年的辛勤劳动，使本译丛能够以高水准的质量和样貌面世。尤其是冷霞老师和冯静编辑，在为本译丛的组织翻译、编辑加工、排版校对等各个环节上，都付出了极大的心血。当然，由于本译丛所涉及的历史跨度比较大，不仅有古代英语文献，而且除英语外还夹杂了许多其他国家的语言，所以翻译难度较大。但在译校者的共同努力下，终于保质保量地圆满地完成了任务。书中如果有不准确和不合适之处，请读者诸君批评指正。

何勤华

于华东政法大学

法律文明史研究院

2024 年 12 月 1 日

目 录
CONTENTS

插图目录

法典

协议

论证

丛书前言

　　六卷本的《法律文化史》展示了跨越多个世纪的法律之文化意义的全景，尤其是当它涉及法律在艺术和人文学科中的地位时。每卷聚焦于自古至今的特定时代，在各卷中均以八章分别涉及八个法律上重要的主题："正义""宪法""法典""协议""论证""财产权和占有""不法行为"和"法律职业"。本套丛书并不试图提供百科全书式的报道，而是旨在展示文化的案例研究，强调特定的文化造物如何表达和探索它们所属时代的关键法律问题——以及必然会涉及的关键的政治和社会问题。作者们从他们的专业领域撷取花朵——一出戏剧、一幅画、一幅镶嵌画作品、一本书、一部电影——这些使人们得以近距离地聚焦于那个时代的文化和法律的盛景。各卷的编辑们都是蜚声国际的学者，对他们所选时期的法律和文化抱有热情和深切的欣赏之情。各卷的编辑们和他们召集的相关八个主题的专家，不仅是各个时期的事实的可靠向导，而且也是各个时期的感受的可靠向导。每一卷都洋溢着各自的精神和风格，能让读者沉浸于它那个时代的独特品质之中。本丛书受惠于档案管理员对发现历史材料并将其编目的工作的关切，但其与众不同之处在于它注重展示历史材料如何具有实质意义。通过这种方式，本书所作的2000多年的历史回顾对于今天的法律人和所有关心文化的公民来说仍然具有相关性。

　　有时我们会发现，一些人造物已经失去了它们最初产生时的文化含义。

同样地，我们有时也会发现，一些人造物如今所具有的文化含义，与其产生之时并不相同。以《大宪章》（Magna Carta）为例——1215 年英格兰国王约翰的《大宪章》在泰晤士河畔的兰尼米德签署盖印。今天，特别是在美国，《大宪章》在文化想象中被提升到了图腾般的高度。因此，我们可能会感到奇怪，威廉·莎士比亚的戏剧《约翰王》（King John）根本没有提到这一伟大的人造物。对于莎士比亚和他同时代的近代早期之人而言，它被遗漏的原因在于约翰国王统治时期最具戏剧性的历史事件是他将王冠交给教皇使节，并作为教皇的封臣再次接受它。《大宪章》的现代意义在很大程度上是启蒙运动后的发明，它的主要推动者是制定了《美国宪法》并创造了美国思想的伟大的神话创造者们。这一点的证明之一是如今矗立在兰尼米德的《大宪章》纪念碑是由美国律师协会建立的。这个小巧的圣殿，和华盛顿特区更雄伟的杰斐逊纪念馆一样，已经成为一个世俗朝圣之地；一个政治自由和法律下的人权价值观的圣堂。

xii 2015 年，为了纪念《大宪章》颁布 800 周年，雕刻家休·洛克（Hew Locke）的作品"陪审员"被安置在了兰尼米德。它由 12 把青铜椅子组成，每把椅子（根据官方说法）"包含了代表法律概念，以及争取自由、法治和平等权利的关键时刻的符号和图像"。在这方面，它的功能与雕塑家小约翰·唐纳利（John Donnelly Jr）制作的八块浅浮雕嵌板相似，这八块嵌板装饰着华盛顿特区美国联邦最高法院的青铜大门。莎士比亚可能会领会这些"庄严圣殿"的表演性目的，但看到今天人们对《大宪章》的评价如此之高，他肯定会感到惊讶。作为文化史造物的《大宪章》享有如此殊荣，肯定会让那些在中世纪盛期的基督教、君主制和封建文化背景下最先迫使约翰国王签署宪章的土地贵族们感到惊讶。与"陪审员"雕塑相伴的叙述提醒我们注意这位雕塑家对这段法律历史的引申。我们被告知，它"不是一座纪念碑，而是一个旨在审视《大宪章》不断变化的意义和影响的艺术作品"。简而言之，这是对该人造物的文化重塑，它因得益于创造性的文化挪用而具有重要地位。《大宪章》依然有效的实际条款出人意料地少，但这三个幸存条款可能因其数量稀少而更加重要。由陪审团审判的权利的存留更受关注。如今，那些保护"英国教会的自由"和"伦敦城的特权"的规定较少提及。我们对历史赏析最重要的贡献之一是表明文化在呈现事实时是有选择性的。历史人造物总是陈列于文化的展示柜之中。

实际上，"事实"一词来自拉丁语 *facere*（制作），把历史事实看作是文化活动所产生的事物以及反过来又产生文化的事物是有帮助的。即使一个社会在对历史事实的理解上集体出错，一个共同的误解也不可避免地成为该社会文化史的一部分。故事变成了历史。正如《大宪章》地位的变化所表明的那样，我们经常犯的错误之一是，假定现代评论员可以主张在当下区分"虚假"的历史和"真实"的历史的垄断权。今天的官方历史只是现在的历史。过去也有它自己的历史。文化史让人们能够欣赏那些赋予社会以时间和跨越时间意义的文化故事。从文化的角度来看，神话可能比许多冷冰冰的事实更有意义，在这种文化意义上更"真实"。

本丛书试图纠正的另一个巨大的、经常被重复的错误是，人们假设法律可以从其存在的文化中有意义地分离出来。在《作为文化的法律》（*Law as Culture*）中，劳伦斯·罗森（Lawrence Rosen）观察到，法律：

> 从来不曾脱离生活而存在——它不是专业的探究或从晦涩难懂的演讲中提炼出的精华。相反，它构成了我们对人际关系的自觉的关注。就像艺术和文学一样，我们试图通过法律来安排彼此之间的联系……无论如何展示，无论如何应用，如果不把法律制度视为其文化的一部分，我们就无法理解法律制度的作用，正如我们如果不注意其法律的形式，就无法充分理解每种文化一样。①

---

① Lawrence Rosen, Law as Culture: An Invitation（Princeton: Princeton University Press, 2006），199—200.

这种将法律理解为文化的认识有其历史的层面。例如，皮埃尔·勒格朗（Pierre Legrand）写道：

> 法国法首先是一种文化现象，就像唱歌或编织一样。法国人之所以有他们那样的歌手，是因为他们的历史，他们的法国性，他们的身份。同样，法国人之所以有那样的立法文本或司法判决，比如说，关于买卖法的问题，也是因为他们的历史，他们的法国性，他们的身份。①

xiii　　我们把文化史说成是制造或构建的东西，这种机械论的隐喻有明显的局限性。人类之手创造了历史的人造物，但是法律的人造物是从文化中生长出来的，这种生长方式使人们很难知道人造物自何处始，文化至何处终。更好的做法可能是认真对待"文化"这个隐喻，并认为法律是从一个社会中自然地生长出来的，人类之手的人工干预就像园丁之手一样——驯化、照料和打理野生植物的生长。因此，法律文化史就像一部园艺史。当人们考虑到英语中"法庭"一词源自拉丁语"花园"（*hortus*）时，这并非一个怪异的想法。马尔科姆·安德鲁斯（Malcolm Andrews）曾建议，"通过研究一个国家对花园的范围、设计和功能的不断变化的认识，我们可以写一部有启发性的（如果是间接的）国家文化发展史"。② 考虑到人类社会中自然正义和人造法律之间的复杂关系，园艺隐喻在帮助我们理解法律文化史方面可能特别有用。服饰是人类技艺的另一种人造物，作为自然和人类秩序之间复杂关系的文化产物，它是理解法律对文化所贡献的人造的、创造性本

---

① Pierre Legrand, Fragments on Law-as-Culture（Deventer: W.E.J. Tjeenk Willink, Schoordijk Institute, 1999），5.

② Malcolm Andrews, Landscape and Western Art（Oxford History of Art），Oxford: Oxford University Press, 1999, 53.

质的一种方式。法律在社会中产生的方式与花园、服饰以及其他复杂文化系统的产物在社会中产生的方式非常类似。当我们完成了这套六卷的丛书旅程时，我们可能会得出结论，跨越时代的主要立法者不是议会，也不是任何在政治上代表人民的团体，伟大的立法者一直是人类文化的深刻、丰富、创造性的力量。

英国华威大学法学教授

加里·瓦特（Gary Watt）

导论

书写一部古代法律文化史

胡伦·艾特沙白

当开始撰写本卷的导论之时，我想要和读者们分享最初因受邀产生的忐忑不安的心情：古代（Antiquity，这个术语于文艺复兴时期开始为人所知），跨越了漫长的时间鸿沟，也覆盖了辽阔的空间地域，涉及多种多样的社会，如美索不达米亚的古近东城市亚述和巴比伦、安纳托利亚的赫梯、埃及王国①、迦南和古代以色列的土地，以及古风时代、古典时代和希腊化时代的希腊。它还包括七丘之城罗马的千年扩张，罗马成长为世界上最持久的帝国，其影响力甚至向东延伸至印度和中国。②

所有这些社会都给我们留下了令人印象深刻的法律文件：《汉谟拉比法典》（约公元前 1750 年）、《希伯来圣经》（公元前 8—5 世纪）、《十二表法》（约公元前 450 年）、雅典的法庭演讲和演讲术（公元前 4 世纪）、优士丁尼的《民法大全》（公元 529—534 年），这些法律文件置身于大量石碑、陶瓶绘画、雕塑、建筑上的铭文、文学和图像材料中，此外还有以泥板和纸莎草纸为载体的更为平淡无奇的契约、买卖、继承和收养记录和公证文件。对于每一位学者来说，这些材料都不容易阅读，更难以掌握：有些材料是用已经灭失的语言撰写的，如阿卡德语、苏美尔语、赫梯语、阿拉姆语……还有比腓尼基字母更早的铭文形式（楔形文字，线形文字 B），这些需要多

---

① 虽然埃及仍在我们的视野之外，但法老们在公元前 15 世纪就已经与近东的所有宫廷有了国际外交往来（Bottéro 1992: 10）。

② 印度和中国本应作为另一项研究的一部分被关注，这将对诸如"古代"这样的术语的分期和分析价值提出问题。我感谢络德睦（Teemu Ruskola）向我指明了这一点。

年的"启蒙"。① 我们面临的其他困难还包括知识上的大量缺漏；重要的法律资料已经完全遗失或只存在于零散、不可靠的引文之中；即使法律文本是已知的，如《十二表法》，但它们的背景仍是未知的，或者只是一种推测性的复原（Beard 2015）。尽管存在各种信息缺失，但主要的困难在于含义的理解。

这是一位近东法的权威专家经过对所有古代美索不达米亚的法律汇编（Roth 1997）的多年的研究和翻译后，对"何为美索不达米亚的法律汇编？"，或者更笼统地说，"何为美索不达米亚法？"这个简单问题的不吐不快之言。她的开场白值得全文援引：

> 我现在承认，我不"知道"法律汇编（或"法典"）对古代文吏、司法机关和当时大部分目不识丁的人而言意味着什么；我也不再认为有一个唯一的"答案"是我们永远"知道"的。相反，我越来越相信，考虑到三千年来的社会、语言、政治、经济和种族变化，美索不达米亚的"法律"和"法律汇编"，包含了丰富的多层次的意义。虽然这里有共同的传统，但是在古代近东，从地中海到扎格罗斯山脉，从安纳托利亚到西奈半岛，从公元前三千年到亚历山大的征服，不存在单一的"共同法"。不存在任何特定法律类别的统一"法律"（例如，"通奸法"或"杀人法"），正如没有唯一的动物献祭程序或唯一的信件地址格式一样。更具体地说，法律案例的正式汇编（通常称为"法典"）不能被视为抽象概念的具体化，无视它们的起草者、皇家赞助者，特别是它们的受众的意图和再解读……因为"法律汇编"不仅仅是法律的汇编；尤其是汉谟拉比的法律，它是一种历史的造物，以独特而有度的方式在时空中运

---

① 让·博泰罗（Jean Bottéro）描述了他在能够自由穿梭于古代美索不达米亚资料之前历经的"令人不知所措的学习"时光，他估计这些资料包含了 50 万份可解读的文献（1992：19—20）。

作。（Roth 1995: 13—14，脚注省略）

如玛莎·罗斯这般知识渊博的学者都觉得有必要"承认"她不知道该法律对司法机关和相关民众意味着什么，并且怀疑这个问题实际上有一个我们永远都不会知道的答案，我们自然应当在此处稍作停留。

任何撰写古代法律文化史的尝试都必须从认识到这一点开始，即这些与我们的社会相距数千年的社会，与我们之间有着巨大的鸿沟：法律是什么，它意味着什么，它是如何运作的，关于这些，有太多东西我们不曾知晓，也永远不会知晓；法律在多大程度上被实施，它的传播范围有多广，以及它如何影响了人们的日常生活，这些都难以说清。[1] 学者们可能希望建造令人印象深刻的知识大厦来收集和积累所有的数据，但最终这些大厦仍然是脆弱的：新的证据，革命性的发现，类似于罗塞塔石碑的破译或楔形文字的解读，或者重新定位该领域的假说和一般理论的发展，都可能使这座大厦崩溃，甚至使我们怀疑我们自以为了解的东西。

然而，这并不是一种绝望的召唤。尽管罗斯发出了警告，她还是提到了古代文吏、司法机关和一般民众；书写和识字的实践；法律的起草者和赞助者之间的区别；像动物祭祀这样的制度；诸如通奸和杀人这样的法律类别；以及为了形成法律文化而需要考虑的社会、语言、种族、政治和经济实践的多样性。此外，如我们所见，罗斯为法律的文化视角提出了两个重要的观点：第一，重要的是不仅要把法律视为抽象概念或物化实体，还要寻求它对人们本身可能具有的目的、宗旨、目标和意义。第二，强调过

---

[1]　编辑整理古代近东——美索不达米亚、叙利亚、安纳托利亚和埃及——的所有已知法律资料的最令人印象深刻的集体成果之一的一位编辑承认"原始资料缺乏连续性，这意味着……在大多数情况下，只能汇编一系列在时间和地点上随机分散的简短描述"（Westbrook 2003a: 2）。

去与现在之间的历史连结（historical mediation）的过程。①

因此，挑战也令人兴奋。对于那些认为法律无处不在、深植于文化中的人来说——事实上，法律本身就是一种特定的文化——它提供了一个重新反思的机会。那么，第一，人们该如何去书写一部关于古代法律的文化史呢——事实上，"文化"一词给法律史增加了什么呢？第二，是否有任何法律类型足够宽泛，能够包含这些不同的背景——以及它们的内部差异？第三，我们真的可以在它们之间进行比较吗——如何比较？第四，我们如何基于我们自己的当下视角与古代法律的文本和背景进行有意义的互动？在我继续讨论这四个问题（文化—历史的、法学的、比较的和解释学的）之前，我想更详细地集中讨论它们所面临的挑战。

首先，法律的编目中承继的一些材料并非现代"成文法"这一术语意义上的法律。美索不达米亚的"法律"并非用来对一般行为进行规范，《汉谟拉比法典》也不是拿破仑（或优士丁尼）意义上的体系化的、全面的"法典"。②同样地，流传至今的《雅典政制》（*Athenian Constitution*）也并非一部宪法③，

---

① 鲍尔索克（G.W. Bowersock）（2015年）反思了关于基督教徒被尼禄钉在十字架上并活活烧死的故事可能是虚构的可能性（Shaw 2015年提出的一个假设），他写道："当像布伦特·肖（Brent Shaw）这样敏锐而深入阅读的学者发现我们自以为非常了解的大厦出现裂缝时，认识到我们所有人与其一起成长的历史可能在眨眼之间就发生变化，这既重要又令人谦卑。"

② 威斯布鲁克（Westbrook）认为，这些"公正判决"[dînât mêšarim]的汇编很像"法官在裁决疑难案件时参考的参考资料"（2009: 10）。这一假设具有合理性，尽管他不得不面对这样一个事实，即"与对预兆系列（omen series）的咨询不同，楔形文字资料中没有直接证据来表明人们会查阅法典"（同上）。[巴比伦人关注他们周围的所有迹象，例如一只蜘蛛在窗户上织网，或者一只双头羔羊的诞生。这些迹象被认为是来自神灵的信息，被称为预兆，有些是好的，有些是坏的。早在公元前2000年，学者们就开始收集预兆列出长长的目录，这些目录都专门针对不同的主题，即预兆系列。巴比伦的文士和学者将它们抄录到公元前1000年末。到那时，其中的一些目录或系列中包含数百或数千个预兆。——译者注]

③ 相反，这是一份文献，解释了雅典社会历史发展，它是如何成为公元前4世纪的样子的。

罗马皇帝的敕令（constitutiones）也完全不像是一套组织国家的基本原则。罗马市民法（ius civile），我们从中继承了"民法"一词，并不是为了一般地规范私人关系（如现代民法那样）；相反，它是只适用于罗马市民的法律，区别于适用于非罗马市民的法律。撇开术语问题不谈，真正的困难在于，正如罗斯提醒我们的那样，所有这些法律赖以存在的文化背景早已不复存在。

　　其次，现在我们似乎知道当我们说"罗马契约法"或"希腊杀人法"时指的是什么，我们很容易想到专门进行希腊、罗马、犹太和近东法律研究的学者群体。但是，其中一些法律体系的所谓的统一性是值得怀疑的。在著名的系列论文中，摩西·芬利（Moses Finley）认为，在古代，从来没有一个如同罗马那样的统一的希腊，因为希腊从来没有受到统一的政治控制和司法控制（1951、1966）。芬利进一步提到，"在罗马时代之前，希腊各城邦始终缺乏一支由紧密联系的专业人士（官僚、教授、行会成员、法官）组成的队伍"（1966: 89），他们本可以为各不相同的法律实践提供概念上的黏合剂。芬利质疑了"希腊法律"这个标题的恰当性，并建议应该将重点放在特定的城邦上（图0.1）。无论我们在这场争论中支持哪一方[1]，答案都与我们认为"何为法律"这一先前的法理学问题有关。[2]

　　再次，即使我们能够以某种方式识别出一个法律概念，足以使我们能够谈论美索不达米亚、希伯来、希腊和罗马的法律（在其多种表现形式中），我们又能在什么基础上建立它们之间的有效比较呢？我们要比较的是什么——法律规则和制度、社会功能，还是更深层次的文化内涵？最后，现代的感知滤镜（perceptual filters）和分析类别，以及我们自己在世界中的

---

[1]　自芬利以来，一些作者试图保留希腊法的观念，这些观念由一些基本原则和理想所维系，如dike（"法律""正义"）、blab（"伤害""侵害"）、hybris（"傲慢""违法行为"）、homologein（"同意"）、kyrios（"主人""控制"）。参见Gagarin（2005b）中的讨论。

[2]　例如，芬利遵循了H.L.A.哈特对法律、习俗、道德的区分（1966: 121），并接受了"法律是一套规则体系的基本观念（虽然不是无可争议的）（1966: 139）"。

图 0.1 关于向提洛同盟成员征收贡品的雅典法令残片，该法令可能于公元前 447 年春通过。埃尔金藏品。© 大英博物馆托管会。

定位（situatedness），如何影响我们对过去社会及其文化创造的理解？我们希望与古代法律的文本和背景建立什么样的关系或形成什么样的历史连结过程？我计划依次处理以下四个问题——文化—历史的、法学的、比较的和解释学的——一次一个，从面临类似问题的学者那里汲取经验，并从古代不同的法律语境中提供例证。

文化史和法律的"文化"进路

文化史的目的、方法和前提是什么？"文化"一词为历史，尤其是为法律史增添了什么？开始探讨的一种方法是回到文化史的先驱之一——雅各布·布克哈特（Jacob Burckhardt），当年轻的尼采（Nietzsche）被任命为古典语言学教授时，他在巴塞尔大学任教。布克哈特认为他的历史的文化进路主要是对当时在德国流行的实证主义观念的一种反动——反之也是对黑格尔关于历史是精神的发展的观点的一种反动。① 对抗那个时代的经验主义思潮（或者预见到其固有的局限性），布克哈特不是将历史视为一连串的事实、事件及其因果关系。相反，布克哈特的目标是"描述这些人是什么样的，他们有何向往、想法、感知以及能做什么"（［1872］1998: 5）。在这样做的过程中，他试图找到潜在的核心意义、思想习惯、态度和文化常数。

一个重要的方面是研究任何能让他进入那个时代的原始资料。他认为与原始资料的一手接触比任何二手评论都更可取（即使存在偶尔有误解的风险）。因此，他建议：

> 每个人都必须重读那些被反复利用了千次的作品，因为它们不仅向每个读者、每个世纪，而且向人生的每个时期都呈现了一个独特的方面。例如，在修昔底德的著作中可能有一个极其重要的事实，百年之后才会有人注意到它。（［1902］1979: 52）

至关重要的是，布克哈特强调文化造物能够"无意识地，甚至似是而非地，通过虚构的详细阐释，完全脱离它们可能试图记录和颂扬的材料细节，来泄露其秘密"（［1872］1998: 5）。布克哈特认同在他之前的希腊历史学家希罗多德（Herodotus）的观点，即使对一个故事的真实性存疑，它也

① 在布克哈特反对的实证主义框架内，可以区分出三个思想流派：第一，历史叙事是由一连串的偏见和先入之见构成的，需要历史学家来纠正（与古典历史学家 B.G. 尼布尔〈B.G. Niebuhr〉的工作相关）；第二，那些重新发现了档案工作和文献证据的重要性，以真实地再现历史的学派与兰克（Leopold von Ranke）（1795—1886）联系在一起；第三，萨维尼（Savigny）的历史学派试图在罗马法中寻找日耳曼法的起源（Murray 1998: xx—xxi）。

可以揭示一些东西。此外，布克哈特声称没有任何历史叙述是独立于观点的，这预示了海登·怀特（Hayden White, 1973）和保罗·韦纳（Paul Veyne, 1984）等历史学家的论点，他们强调叙述的情节设置、隐喻和想象在每一个历史叙述中的作用。因此，布克哈特承认，虽然他想要理解历史时期的意图是真诚的，但不同的历史学家可以用完全相同的线索编织出不同的故事（［1860］2004: 19）。

也许我们的现代社会仍然对能够掌握核心文化常数或一个时代的潜在精神的说法持合理的怀疑态度，但现代文化史深深受惠于布克哈特诸人的作品（Burke 2004a、b; Arcangeli 2012）。作为介于思想史或观念史，以及社会史或社会经济和政治结构研究之间的一个蓬勃发展的研究领域，文化史包括物质文化（艺术、文学、图像学、服装、舞蹈、表演）和非物质文化，如休闲、继承特权、知识、记忆（Connerton 1989; Green 2008）以及情感景观和情感表达库（Rosenwein 2010）。除了高雅文化或精英文化，文化史还对大众文化感兴趣，并因诸如阶级、种族和性别这些跨领域类别而得以丰富（Scott 1986）。重点不仅在于核心含义，还在于那些边缘的和能够改写标准的含义（Davis 1983; Surkis 2014）。

"文化"的概念也经历了重大的变化。文化人类学家警告说，不应使用实体固化的文化概念，这种概念可以被完全理解，并像帕特农神庙的大理石一样被传送到现代世界（Geertz 1973; Turner 1982; Geertz 1983）。这种观点的一个问题是，它剥夺了个体的能动性（agency），将个人想象为被困在他们无法逃脱的模式中——无论是结构体系，还是时代的流行观念，抑或集体心态。"文化不再是一套固定不变的信仰、价值观和制度的实体固化概念，而是被重新定义为通过对符号和含义进行争论的历史过程而创造的一套关于实践和话语的灵活体系（Merry 1998: 577）。"根据这种观点，文化从来不是一个用来解释人们行为的封闭的、完全连贯的系统，关于文化包含什么，它的核心含义和价值是什么，永远存在争论。

法律文化的概念同样如此（Freedman 1990; Nelken 2004）。① 杰里米·韦伯试图发展"解释性"（interpretive）而不是"说明性"（explanatory）的文化概念（Geertz 1973; Nelken 2004），他解释说，"一种文化不是由单一的、不变的、有界限的内容定义的——例如，不是由该文化的所有成员都持有的一套特定信仰定义的（2004: 31）"。尽管如此，在个体参与的密集的互动中，他们可能会分享许多参照点（争议的术语、问题的表述、表达赞扬或指责的词汇以及语言），即使参与者可能未达成一致意见或对它们提供不同的解释。在这个概念中，文化这个术语不是"一个紧密结合的分析单位"（33），而是"一个用来感知、评估和进一步反映规范现象的透镜"（Webber 2004: 33）。

无论定义多么模糊，本卷采用了"文化"这个词的形容词用法，其中要解释的对象不是文化本身（如果可以毫不矛盾地这么说的话），而是一种探究法律现象的文化的方法（仍有待定义）。因此，"文化"一词标志着一种独特的处理主题的方式，不同于经济学、社会学或政治的角度。那么，文化进路给法律带来了什么呢？首先，它扩大了相关资料的范围。例如，法律的文化进路可以聚焦于汉谟拉比石碑上的雕刻（第一章）；聚焦于荷马的《伊利亚特》中阿喀琉斯的盾牌（图0.2），其上绘有法律纠纷的日常场景（Gagarin 2005c）；聚焦于雕塑和绘画，建筑和纪念碑［例如，犹太圣殿、伊什塔尔门（图0.3）］；聚焦于作为雅典霸权化身的希腊帕台农神庙，或象征罗马和平的和平祭坛（图0.4）；聚焦于文学和戏剧（例如作为一个法律政治机构的希腊剧场）（Vernant and Vidal-Naquet 1988; Goldhill 2000; Etxabe 2013）；聚焦于服饰和某些表示地位的衣着，如罗马长袍（Watt 2013）；聚焦于精美的珠宝、硬币、雕像和纹章［Goodrich 2014（图0.5）］。

---

① 正如戴维·内尔肯（David Nelken）提醒我们的那样，"既定……文化的所谓一致性、连贯性或稳定性往往只不过是外部观察者投射，或者被相关文化中的某些因素所操纵的一种修辞主张"（2004: 6）。

然而，重点不仅仅是收集文化造物，更雄心勃勃的目标是让这些资料（以及与之相伴的法律）获得不一样的解读，作为对主导19世纪和20世纪学术研究的教条主义和形式主义方法的迫切需要的修正。以盖尤斯的《法学阶梯》——一本介绍罗马法原理的教科书——为例，法律学者往往满足于三分法（人、物和诉讼）的描述，以及使得在该制度体系中定位任何特定的法律情境得以可能的分类和再分类。但为何要仅限于此呢？虽然人们确实可以惊叹于整个大厦的建筑结构，但人们也可以反思一下对于所讨论的法律文化而言，对分类的显而易见的需求说明了什么。此外，我们还可以调查盖尤斯的《法学阶梯》在从贝鲁特到君士坦丁堡的大学中的文化传播（图0.6）。

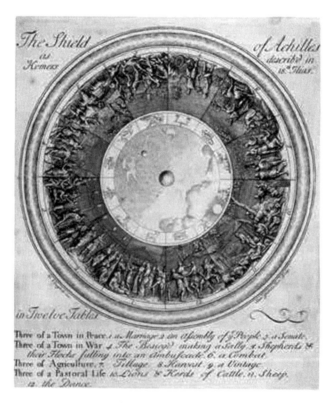

图0.2 阿喀琉斯之盾。来自大英图书馆，由大英图书馆准予公众相册（Flickr Commons）数字图书馆发表。图片摘自1720年出版的荷马的《伊利亚特》（波普译）第5卷，第171页。

最后，我们还可以思考作为学生教科书的文本是如何产生如此大的影响，它将逐渐形成的法律传统转变为一个概念上有组织的体系，以及这种概念上的平衡如何有助于在巨大的多样性面前共同维护罗马法的统一的（Birks and McLeod 1987: 16）。

将法律及其研究简化为法律规则的内容和系统化，不仅使法律及其研究变得空泛，而且使法律失去了生命力，正是这种生命力使法律不只是治理或解决争端的技术。罗伯特·科弗（Robert Cover）有一句名言，"一旦在赋予其意义的叙事语境下理解法律，法律就不仅仅是一个需要遵守的规则体系，还是我们生活于其中的世界（1983: 4—5）"。法律的文化进路试图理解是什么使这个世界充满活力。观察法律与道德或社会规范之间的相互依赖，与它们之间在现代的分离相比，更有助于这一目的。在这种情况下，人们可以研究暴力在《伊利亚特》（Weil［1940—1941］2003）尚武文化中的作用，或《奥德赛》中的好客之道（xenia）① 所带来的复杂的义务网络，或修昔底德（Thucydides）的《伯罗奔尼撒战争史》（*History of the Peloponnesian Wars*）中关于国家间关系的规范性论证的复杂剧目。② 这并不是说一切都是法律，而是说一旦进入规范领域的关注范围，一切都可能变成法律的（即与法律相关的），因为将某事物视为与法律相关的能力完全取决于我们的视野框架（Etxabe, 2010）。

最后，法律的文化进路认真地对待行为者及其"法律创制"（jurisgenetic）的作用（Cover 1983）和"创制法律的可能性"（Kleinhans and

---

① Xenia 这个词是由希腊语 xenios（客人）一词派生的，最早出现于荷马史诗《伊利亚特》和《奥德赛》，其含义是"宾客权利"，包含宾主之间的两种准则，一方面主人尊重并善待客人，如果需要的话则为之提供食物、饮水和沐浴；或者为之非物质的帮助，如接纳和庇护。另一方面客人尊重主人，以礼相待，并且不增添主人承受能力之外的负担。作为一种美德和行为准则，"宾客权利"在荷马史诗中屡次被提及。——译者注

② 关于在国际关系领域重新利用修昔底德的尝试，见 Lebow（2003）。勒博（Lebow）的解读得益于怀特（White）（1984: 59—92）。

图 0.3 伊什塔尔门。佩加蒙博物馆，柏林，2010 年 8 月 29 日。
资料来源：Wikimedia/Radomir Vrbovsky/CC BY-SA 4.0。

图 0.4 印度泰米尔纳德邦窖藏中发现的奥古斯都硬币。
资料来源：Wikimedia/PHGCOM/CCBY-SA3.0。

图0.5　和平祭坛浮雕。资料来源：Wikimedia/Manfred Heyde/CC BY 3.0。

图0.6　阿尔及利亚提姆加德的罗马道路。资料来源：Wikimedia/PhR61/CC BY 2.0。

MacDonald 1997; MacDonald 2006）。阿里·布赖恩（Ari Bryen）在他对罗马治下埃及的法律控诉的自下而上的研究中认为，从那些进入法律诉争领域之人的角度来看：

> 法律开始变得与历史学家（尤其是古代历史学家）通常认为的完全不同：法律不再只是一个可以正确或错误适用的规则体系，也不再只是皇权强加之物，而是（可能矛盾地）在成为一个诉争的实践领域的同时也是一种简化的语言，通过这种语言，个体请愿者可以重新定义自身及其人际关系世界。（2013: 6）

规则和制度化的判决当然是法律领域的一部分，但"任何将这一动态系统视为一个静态的、连贯的或理性化的整体的企图……都注定会受挫"（Bryen 2013: 44）。纸莎草文献揭示了一种流动的法律，文献中的法律判决"处于叙事、修辞与法律的交汇之处（164）"。因此，文化资料可能有助于表达这样一种观点，即强调主体性、感知和解释而非结构（203）。

总之，法律的文化进路表明，法律和文化密不可分（Mezey 2001）。正如詹姆斯·博伊德·怀特（James Boyd White）所说，法律本身就是一种可以如此研究的文化（White 1973; White 1985）。这种研究将涉及许多子问题，包括：法律是如何制定和颁布的——是由谁制定和颁布的？它如何评判价值，如何判定谴责？表达和论证的资源组合是什么——它们的限制是什么？含义是如何产生、争论和确立的——或如何被摧毁的？判决是如何作出的，依据是什么，由谁作出的？法律知识是如何被确认、获得、传播或者贬低的？个体的经验是如何被承认或否认的？这些都是法律的文化进路所要探究的问题。正式的法律制度是重要的，但它们只是我们应该注意的一小部分（Cover 1983）。

法学领域的历史化

当代研究全球化的学者证明，紧随（西方）民族国家之后建立的法学框架不足以理解跨国的多元规范现象（Teubner and Fischer-Lescano 2004; Menski 2006; Zumbansen 2010 and 2014）。尽管全球化考验了现代法学的空间限制，但我们现在面临的挑战是时间上的，而且是在划时代的尺度上：有没有一个足够宽泛的法律概念来指导我们的古代研究？在直接讨论这个问题之前，回顾一下亨利·萨姆纳·梅因（Henry Sumner Maine）的开创性工作可能会对我们有所帮助。

作为历史法学的先驱（这不是一种应用于历史的法学，而是用一种历史的方法来构想法学），梅因希望建立"审慎"的历史研究，这种研究优于"看似合理，但绝对未经证实"的理论，如那些基于自然状态或社会契约的理论（Maine 1906: 3）。例如，在他关于"早期制度史"的演讲中，梅因通过诉诸荷马社会来批评霍布斯的主权学说，在荷马社会中，虽然没有主权或立法命令，法律依然存在（Pollock 1906: 20）。他方法论的一个特点是，他不仅试图通过寻找历史资料，而且通过寻找世界上仍然存在的例子，来阐明法律制度、观念和习惯的过去（Maine 1871: 6—7）。梅因旨在通过这种方式掌握法律概念的早期形式，这些在他看来，"潜在地包含了法律随后表现出来的所有形式（Maine 1906: 2）"。这种法律上的概念对法学家的意义恰如"地球的原生地壳对于地质学家的意义"（Maine 1906: 2）。

梅因以地质隐喻表明连续性的假设，尽管他也为一般进化模式中的一些间断之处留有余地。[1] 同样，他解释了法律上的核心概念的深刻转变。例如，他解释了万民法（ius gentium）在希腊自然法哲学思想的影响下，是如何被解释为一种全人类共有的法律的。万民法最初是罗马法上的一个类别，

---

[1] 梅因认为，封建主义与希腊和罗马"源头"之间存在着断裂（Maine［1861］1906: 14）。

与市民法相对，指适用于非罗马市民的法律。这种重新解释被追溯引入，此后，裁判官的告示（即裁判官用以展示指导其任职之年的法律原则的年度宣言）试图取代市民法，以契合万民法的原则，仿佛这实际上是"消逝的自然法典"，而裁判官只是"逐渐恢复一种已经偏离正轨，且随后退化的法律类型（Maine 1906: 59）"。最重要的是，尽管梅因的方法具有目的论的色彩，但对"法律上的概念"——而不是规则和制度的关注——与著名的比较主义者，如鲁道夫·萨科（Rodolfo Sacco）的"法律共振峰"（legal formants 1991）或千叶正士（Masaji Chiba）的"法律原理"（jural postulates 1993）的目标相呼应。[1]

梅因不是一个训练有素的古典学者，他的一些大胆的主张与后来的历史研究相左（例如，父权制家庭中法律的起源），其中一些主张备受争议（从身份到契约的演变），但根据更晚近的、不为他所知的近东证据，他的其他主张仍然很有见地（例如，判决先于法律产生，而非相反）（Maine 1906: 7）。此外，梅因方法的一大优点在于将法律研究的范围扩展至东方法和印度教法的传统（1871、1886）[2]，并表明宗教和仪式的重要性（Parker 2005: 80）。他还强调了书写的重要性（Maine 1906: 3）[3]以及法律拟制调和法律的稳定和变化的能力——因为法律拟制使行为人能够假装法律始终不变，即使规则已变（Maine［1861］1906: 4）。[4]

然而，梅因最持久的贡献是对一般的法理学进行一种历史批判。在意识到古代法律的许多特征不同于占据支配地位的实证主义叙述后，他开始

---

[1] 千叶将"法律原理"定义为"特定的价值和观念体系……从思想上发现、证明和引导，或者补充、批评和修改现有的法律规则"（1993: 209）。

[2] 他是否成功是另一回事。有关印度教法的概述，请参见 Menski（2006: 196—278）。

[3] 在希腊的背景下，罗莎琳德·托马斯（Rosalind Thomas）认为，成文的法律"并不是所有人都同意的，而是有争议的，经常引起麻烦的规则……"（2005: 54）。关于罗马背景下的书写，参见 Wolf（2015）和 Meyer（2015）。与罗马和希伯来文化相比，近东文化中口头和书写的关系，见 Westbrook（2003a: 12—13, 19—20）。

[4] 参见最近 Clifford Ando（2011）关于法律拟制作为一种在罗马帝国时期深度多元化背景下调和法律保护和法律创造的方式的作用的研究。

对声称要分离出法律的基本性质的定义感到厌倦。作为与边沁和奥斯汀同时代之人，梅因熟悉法律的命令理论，根据该理论，法律应当被理解为立法者的命令，这就产生了一种公民义务，如若不服从，即以制裁相威胁。在有所克制的评论中，他写道：

> 这样把法律的各种要素［命令、义务、制裁］加以分析的结果，同已经成熟的法理学的事实完全相符，并且只要在用语上稍微引申一下，它们就能在形式上适用于各种各样的、各个时代的一切法律。但是，这并不是说，在这个概括中所含有的法律观念，即使到现在，还完全同这个剖析相符合；可奇怪的是，如果我们对古代思想史研究得越深入，越会发现我们自己同边沁所主张的所谓法律是几个要素的混合物的这种概念距离越远。（Maine 1906: 6—7）

梅因似乎在原则上接受这一定义符合"成熟的法理学"——尽管"即使现在［事实］也不完全符合这一剖析"——而且进一步说，"在用语上稍微引申一下"就适合描述"各种各样的、各个时代的一切法律"。然而，最后很明显，他认为这并不适用于古代社会，因为它"一点也不像……边沁所确定的几个要素的混合物"。那么，经过仔细的考察，将奥斯汀和边沁的法律命令理论作为法律的一般定义的"语言引申"被证明是一种过分的引申，并不符合它的设计目的，因为它未能设定自己为恒定不变的。结果是边沁和奥斯汀的理论一旦经受了梅因提出的历史化过程的检验，就无法保持完好无损。

在梅因的历史化批判基础上继续探讨，我们可能会对现代试图以这样一种一般性概念的方式来定义法律感到疑惑。例如，值得怀疑的是，汉斯·凯尔森（Hans Kelsen）（作为规范等级体系）和哈特（H.L.A. Hart）（作为主要规则和次要规则的结合）提出的两个20世纪最突出的法律概念，是否表现得更好。那些仍然相信设计一个法律的一般概念有用的当代作者们都意识到需要发展出灵活的、可调整的概念（Twining 2009; Cotterrell 2014）。然而，与古代法律多样性的真正接触可能会使其受到质疑，因为"法律体系"这个概念本身就是受历史限制的。那么，是否有一个足够宽泛的法律概念来囊括古代的法律现象呢？

在对当代世界法律传统的探索中，帕特里克·格伦（Patrick Glenn）认为构建一个适用于所有时空的法律的一般定义并不合适（2010）。相反，他试图运用"法律传统"这一概念，将其理解为自过去自发传递的"规范信息"的集合（2010: 42）。这种规范的流动提供了一种随时间延续的感觉，因此也提供了一种同一性，这使我们能够将一种传统与其他传统区分开来。法律传统与法律体系的理念有明显的不同，因为它虽然有一个相对稳定的核心，但没有固定或精确的边界；此外，传统不要求完整性，没有内在的封闭概念，也不需要暗示等级制度；它也不需要将法律与宗教和伦理等社会生活的其他方面明确分离（任何这样的要求对分析古代法律都非常没有帮助）。此外，传统从来都不是静态的，它可以整合多个（子）传统。最后，传统总是暗指创造、发展和传递传统的共同体或集体，它将我们的注意力引导到法律的人类和文化维度上。

无论格伦是否充分地阐述了"法律"①（这在任何情况下都不能先验地确定），也不管"信息"并非法律所传递的全部这一事实，他的方法代表着一种进步。传统的概念很好地抓住了法律沉浸于历史之中这一理念，马丁·克里杰尔（Martin Krygier）称之为"过去性"（pastness），这是现代法学的抽象性和"无时间性"的要素无法解释的（1986）。由于"过去以多种声音说话"（Krygier 1986: 242），在任何特定时刻都有可能获得关于传统的

① 特文宁（Twining）认为格伦仍然需要一个分析性的"法律"概念来对法律传统进行区分并在它们之间进行比较（Twining 2006: 113）。然而，因为"法律"不是一个"事物"或"领域"的定义类别，而是一种象征人类行为的方式（MacDonald 2006），对什么可能潜在地属于法律的视野范围有一个非常浅薄的理解就足够了；能够发现我们在现代世界中不容易归类的法律和法律现象的表现形式（例如，见 Louis Gernet 1955 所涵盖的主题范围）。在这一点上，法律学者和人类学家的观点相去无几。

不同画面，因为"任何特定的'现在'都是不断变化的历经时间长河的沉积层的一个截面，这一沉积层是由具有不同的、经常是不一致的和相互竞争的价值观、信仰以及世界观的人们世代累积而成的"（242）。

此外，克里杰尔强调权威的存在和传承，因为并非过去的每一个部分都会进入传统。一方面，在口头传统中，因为这个传统唯一可用的证据是该传统的现有成员回忆并且选择传承的，"忘却的已消失不见，当前不合宜的可以忘却……正如不合宜的过去会渺无踪影，更合宜的过去无需独立证据即可浮现"（Krygier 1986: 252）。另一方面，在书面传统中，过去更容易被所有能阅读的人所检验；因此，它仍然要被解释，被不断地争论。因此，与过去真实的或想象的连续性可以根据环境、语境和需要被激活和去激活（即停止）——如雅典瘟疫期间一个旧神谕的措辞的著名争议很快被解决就符合这种情况。① 最后，传统还包括对过去的评价性承诺，以及对记忆——或忘却——附加的特定价值。正如格伦和克里杰尔所阐述的那样，传统的概念有助于区分古代的各种法律传统（希腊、罗马、希伯来、近东……），作为（有些不一致的）信仰、决定、实践和广泛共享的政治想象结构的不断变动的组合（Ruskola 2012: 262）。与法律体系的实证主义观念不同，法律传统可以承受缺乏一套共同的制度、规则或统一的管辖权的状况。因此，与芬利不同的看法是，谈论希腊法律传统可能是有道理的（不同于近东、波斯、罗马或犹太法律传统），尽管城邦制度是多元化的，缺乏单个管辖权下的司法统治，并且它从未形成一套融贯的规则体，但对于希腊人自己来说，至少自荷马时代以来，就承认他们作为希腊人在语言、宗教和习俗方面享有共同的遗产，这使他们与非希腊人（例如，波斯人和其他"蛮族"）相区别。

13

---

① 雅典瘟疫期间（公元前430年），在雅典和斯巴达之间的战争中，人们想起了一个古老的预言，根据这个预言，与多利安人的战争也会带来死亡。关于神谕中的词是"饥荒"（limos）还是"死亡"（loimos），一直存在争议。修昔底德讽刺地补充说，如果未来出现饥荒，另一种解释肯定会被重新激活（Thucydides 1972: 156, ii.54）。

在另一些时候，术语"法律文化"或"法律文明"可能更受青睐（Twining 2009）。每个术语都有不同的内涵、优缺点，根据用途的不同具有不同的价值（例如，古代近东文明在地理上延伸到美索不达米亚、埃及、安纳托利亚和黎凡特，并包含许多不同的文化——阿卡德、巴比伦、亚述、赫梯——可以作为一种或多种法律传统来对待）（Westbrook 2003a: 4）。但无论我们是否将其视为法律传统、文化、文明，或者如我在其他地方详细提出的，视为规范世界（*normative universes*）（Etxabe 2010 and 2013），分析必须包含至少三个重要的考虑因素：第一，用一个历时性（diachronic）的元素来解释深刻的内部变革（超越通常的时期划分，比如古风、古典、后古典，等等）。第二，它必须能够包含深刻的规范多元主义和多样性（例如，犹太法律传统包含摩西法和塔木德法，以及各种解释学派）。第三，考虑到相互影响和混合的空间，它必须是可渗透的（例如，在帝国的省份中，地方法律和罗马法律的相互渗透）。流动性和混杂性延伸到领土的概念本身，不再被理解为固定的地理空间，而是"比赛的竞技场"（Merry 1998: 583; Denning 2002）。尽管罗马、雅典、巴比伦或耶路撒冷发挥了强大的吸引力，但这些地方所代表的意义正在不断被重构——甚至在字面上，就像在伯罗奔尼撒战争期间，"雅典城墙"从陆地重新绘制到海上，或在犹太人流亡期间那样。

比较古代法：作为翻译的比较

在描绘了不同法律传统的轮廓之后，我们如何比较那些不仅与我们相距遥远，而且彼此之间也遥不可及的规范世界呢？[①] 最显而易见的选项是法

① 真正的比较问题必须与推断（*extrapolation*）和复原（*reconstruction*）区别开来。推断是一种机制，通过这种机制，我们依靠我们拥有的信息来填补其他缺乏信息之处的空白，例如，使用关于雅典的信息来推测其他城邦的情况（Finley 1951; Cohen 2005 对此提出了批评）。一个相关的程序是复原。雷蒙德·威斯布鲁克（Raymond Westbrook）是近东法律领域（延伸到圣经法和希腊罗马世界）最重要的专家之一，他认为，尽管存在差异，但两者之间有足够的相似性，足以假设一种共同的法律文化（Westbrook 2003a and 2009）。基于这个前提，他将我们已经不知其全貌的零散片段重新拼成为整体。因为前提是存在一个共同的根源，"这个理论……不是一个比较法理论，而是古代近东法典和《十二表法》"（Westbrook 2009: 54）以及《希伯来圣经》（2009: 104）之间存在事实上的联系的理论。

律规则的比较。例如，有人注意到，在近东法律（《赫梯法典》197；《中亚述法典》MAL A15；《埃什努那法典》13）、古希腊法、德拉古法、《希伯来圣经》（《出埃及记》第22章第1条）和《十二表法》（第八表第12—13条）（Westbrook 2009d: 309 fn 22, 403—404）中都规定了杀死通奸时被抓住的情人和在夜间当场抓获的窃贼的类似规则。书面规则的相似性是否足以肯定所涉法律的同义？一个肯定的回答并不一定意味着非历史的教条主义（例如，Watson 1974; Watson 1998; Westbrook 2009d），但它肯定带有对法律作为一套（可分离和可重复的）规则系统的理解。

然而，令人惊讶的是，从书面规则的相似性中，我们几乎无法确认这些规则在理解、解释或应用上的相似性。举一个声称当场杀死了他妻子的情人的丈夫的例子，如吕西亚斯（Lysias）在《论埃拉托色尼被害案》（*On the Murder of Eratosthenes*）的著名法庭演讲中所描述的那样。我们能够自信地声称德拉古（Draco）[1]的法令就是本案中的"法律"吗？可以毫无疑问地认定丈夫可以合法地杀死当场被抓的情人吗？仔细阅读吕西亚斯的文本，得出这个结论为时过早。演讲者煞费苦心地把自己描述成一个诚实而又毫无戒心的丈夫，他回到家，却发现他的妻子和情人在一起，这导致他当场杀人。他所说的每一句话都是经过仔细斟酌的：杀人行为是当时当场完成的，而不是在情人逃回家之后（时间和空间因素）实施的；此前他们之间并无敌意（缺乏先前的动机）；他没有预先的计划或预谋；事实上，他是那种无法筹谋这样一个计划的人；他此前对妻子信任有加；他最终忠实冷静地执行了他认为在这种情况下法律允许他做的事情。叙述的所有细节都被限定于允许杀害妻子的情人（即不受惩罚）的情况，以至于它们决定了该规则何时适用，何时不适合这样做。但是，说法律在某些特定的情况

---

[1]　德摩斯梯尼第23号作品第53段引用了该法律："如果有人在发现一个男人与他的妻子、母亲、姐妹、女儿或为生育子女而保留的妾在一起后杀了他，那么他不应因此而被作为杀人犯流放（Gagarin 2011: 75—76）。"

下免除对杀人罪的惩罚，并不是说法律规定杀死罪犯——而这正是吕西亚斯的演讲者提出的主张。

人们经常声称，雅典的诉讼当事人"操纵"法律为自己牟利——这是对古典时期雅典审判的一个相当公允的定性，但本身并没有什么特别之处——这往往掩盖了法律在古典雅典和今天一样都是在一个充满争议的领域中运作。事实上，法律规则需要广泛的社会叙述，在谋杀审判中，触发潜在正当理由的所有因素都必须向陪审团展示，使其满意。① 事实上，这个案件读起来，好像杀害妻子的情人并非一桩常见之事，而是一件不寻常的事件，在这种情况下，法律将提供一系列可能的行动方案，并留下极大的解释空间。在实践中，这将意味着，基于他可以逍遥法外地杀人这一假设行事的丈夫将冒着巨大的风险，因为不能指望陪审员作出明确的无罪开释的判决。因此，如果有法律顾问建议丈夫说，杀死他妻子的情人完全在其权利范围之内，是不负责任的；如果被告、陪审员和法律顾问都不能提前"明确地知晓"法律，那么我们还能在多大程度上确认，丈夫可以当场杀死他妻子的情人的规则是古典时期雅典的法律呢？

虽然对比较规则的关注与形式主义有关，但比较法的第二种有影响力的方法致力于用其社会功能取代规则。事实上，有人声称"全部比较法的基本方法论原则是功能性原则"（Zweigert and Kötz 1998: 34）。功能主义的一个重要方法论的基本原则是相似性假设。它被解释为这样一种假设：不同的社会面临着相似的需求，而且为了生存，任何一个社会都必须有（功能上相同的）制度来满足这些需求（Michaels 2006: 369）。由于所有社会都面临着解决争端的需要，我们可以比较不同社会（或同一社会在不同时期）是如何通过私人复仇、赎罪金、私人和解、仲裁、陪审团制度、国王特权、专业法官、非中央集权的政府官员等来解决争端的。

---

① 这场审判预计会在德尔菲的法庭，而非阿留帕格斯的法庭中进行（Gagarin 2011: 75）。

然而，功能分析并不需要假设所有的社会都以相似的方式发展，因为"相似的制度可以履行不同的功能……而且……相似的功能需求可以由不同的制度来满足（Michaels 2006: 357）"。这种比较模式的关键是功能对等，即只有当问题和解决方案之间存在（功能相似的）关系时，法律制度才具有可比性（Michaels 2006: 371）。换句话说，这些制度只有在特定变量上是相似的，而在其他方面是不同的。功能比较的方法论特点是，"我们在不同司法管辖区找到的解决方案必须脱离其概念语境，去除其本国教义的色彩，以便可以纯粹根据其功能来看待它们（Zweigert and Kötz 1998: 44）"。要理清这样的功能，需要一个抽象的过程，这往往会对法律问题进行一个相当去语境化的描述。

针对功能主义忽视文化的指责，拉尔夫·迈克尔斯（Ralf Michaels）认为，为了选择适当的社会功能，研究者被迫将文化语境纳入考量，因此"正确地理解，功能主义比较法假设法律规则根植于文化中（2006: 366）"。换句话说，认真对待文化在理论上并不存在障碍。[①] 然而，他承认"功能主义者反对采纳局内人的观点……当然，还有他们将文化重构为功能性（或功能性失调）的关系（Michaels 2006: 365）"。此外，"功能主义必须假定'法律'可以以某种方式与'社会'分离，否则法律就不能为社会履行功能"（同上）。

这些恰是文化（或语境）的比较不会接受的前提，因为它不会满足于这样的说法，即参与者自身被认为不会对他们的文化作公平的解释（Taylor 1971; Webber 2004）。相反，通过剥离对他们具体生活的叙述，用贫乏的功能取而代之，一些引起文化历史学家关注的方面可能会丢失。例如，后者可能对古代社会关于组织和实施司法的神话感兴趣，即使它们背后没有历史真相，也是一种研究那些讲述故事之人以及他们如何理解自己的过去的

---

① Husa（2007）认为，在理论上，功能主义承认语境的重要性和相关性，但在实践中无法维持这些高标准。

方式。人们的兴趣不在于这些神话的社会功能——这可能仍然是一个值得探寻的问题——而在于这些叙述对理解所讨论的法律文化的意义。

功能分析将法律视为一个可以被认知理解的具体化的实体，而不是自我和文化的构成部分。相比之下，对于语境的或文化的进路而言，法律不能与社会"分离"，因为法律根植于文化中。比较法"彻底文化"的主要倡导者之一皮埃尔·勒格朗声称，法律文化的法律无法与其因独特的认知结构——他称为心智（mentalité）——而产生的含义中分离出来（Legrand 2016），他用该词表示"在特定社会中个人活动于其中的无形框架"（1995: 263）。这些无形的东西，同时具有构成性、规范性和解释性（同上），是由"通常未被表述的，看似无关紧要的，［并且］仍然埋藏在法律文化中的无意识动机的层面上"的东西形成的。这也标志着该进路的方向，因为"成功的比较分析的关键不在于数据的纯粹积累，而在于对相关材料的细致的选择和巧妙解释"（1995: 266）。心智——这一术语在现代史学上有其重要地位——该概念的批评者可能反对其整体的，以及某种程度的总体化倾向，尽管勒格朗向我们保证，他不希望追求任何像法律本质主义这样的东西，即每一种语言都会如同唯我论的囚徒那样被禁锢在它们自己的世界里（2014: 209）。从这个意义上说，重要的是要强调，任何文化，无论在外人看来多么具有整体性，都难免存在内部分歧和冲突（Loraux 2002; Nelken 2004: 6; Web 2004）。

做了这些说明之后，一项具有文化思维的研究可能会反思，例如，优士丁尼皇帝给他的司法大臣（quaestor）特里波尼安（Tribonian）下达的编纂《学说汇纂》的指令——这部作品反映了优士丁尼自己对最优秀的罗马法学家（jurisconsulti）传统的认识，对哪些东西值得从过去保存下来并流传至未来的认知，以及优士丁尼自己对应当予以提炼的原则的理解——显而易见，该作品要维护的价值观是一致性、非冗余性和非矛盾性。因此，他写道，"没有任何矛盾之处……而是完全和谐，完全一致，没有人提出任何反对意见（Mommsen et al. 1985: xlviii）"。分歧被定义为"有害的"，一旦该作品完成，其中的法律不应有任何改变或修改，而是"不仅对［他自己］的时代，而且对所有的时代，无论现在还是未来，均保持不变（Mommsen et al. 1985: lx）"。完美、完成、自足和永恒可以被认为具有神圣的属性，人们可以看到基督教神学（和柏拉图主义）是如何渗透到罗马法的理想属性中去的。

文化比较也关注我们和我们各自的受众用以"理解法律"的语言（Amsterdam and Bruner 2000），因此也关注"心中的法律"（law in the mind），它丰富了"书面上的法律"和"行动中的法律"之间通常的二分法（Ewald 1998）。也许进一步思考这种"语言"活动以及避免将文化视为封闭盒子的一种方法，是把比较作为一种翻译的形式（White 1990; Ost 2009; 2014）。翻译不仅是将一种外来的思想翻译成一种熟悉的语言，或是一种简单的语言学或文献学的练习，还是"直面文本之间、语言之间和人与人之间无法弥合的不连续性的……艺术（White 1990: 257）"。换句话说，这是一种承认差异并回应差异的方式。这种翻译观以对语言的非工具性理解为前提，而不是以更常见的对信息的编码和解码过程为前提（Hendry 2014: 91）。

由于进行比较语言学研究者在被比较的对象之间建立联系——起着中介作用，研究者的视角和在世界中的位置必然首先成为主题。因此，比较法是自省的（Frankenberg 1985: 441, 443; Frankenberg 2014）。为了反思性地考虑我们自己对研究对象的中介影响，我们可能首先应该认识到，对法律的认识是在另一个法律世界中定位自己的一种方式；它不是一个事物，而是一个运动，一个自我修正和逐渐"谐调"的过程（Dawson 2014）。翻译之间的比较永远无法实现文化之间的完美对应。事实上，被比较的不是文化本身，而是对文化的特定表达和回应，就像人们从来没有翻译过整个语言，而是翻译它的特定表达——一部小说、一场戏剧表演、一个习语。

解释学的探索：法律的文本和语境

作为翻译的比较与法律文本和其他文化造物如何向我们揭示其含义这一解释学问题密切相关。我们如何理解使旧文本 [1] 可以借以获得意义并在当下被实现的历史连结呢？考虑到玛莎·罗斯最初的陈述，即法律文本不是静态的写作片段，而是继续跨越空间和时间述说一些东西，我们希望与古代的法律文本和语境建立什么样的关系呢？我首先想要考虑阅读《希伯来圣经》的特定案例，它们是犹太法律传统的核心；其次，我要考虑一些文本能够超越其原始语境的限制的方法。

正如伯纳德·莱文森（Bernard Levinson）对《希伯来圣经》的精彩解读（Levinson, 2008）所展示的那样，文本也是历史造物，也就是说，它们上面印刻着历史的层次。莱文森发展了一种批判-解释学的方法，与迈尔·斯特恩伯格（Meir Sternberg）的诗学的（和共时的）解读形成对比，他和埃里希·奥尔巴赫（Erich Auerbach）一样，强调无所不知的叙述者的形象，其特许（privileged）知识旨在反映造物主的无所不知，保证了其中故事的可信度（Sternberg 1985）。

莱文森所反对的不是诗学分析本身 [2]——实际上他自己也在进行复杂的文学解读——而是试图将所有的模糊性和紧张关系协调成一个融贯统一的整体的解读策略。共时方法起源于古代拉比解经学派，该学派进行解

---

① 在所有古代文化中，对文本的考虑是不一样的。虽然文本是犹太传统的核心，但在近东法的口头法律背景下就不那么重要了。在那里直到公元前 1000 年，法律文件才有独立的证据效力。此外，虽然在希腊和罗马时期，成文法的确切文字被分析并作为判决的基础，但在古代近东，参与者并不逐字逐句地解读法律规则，这些法律规则并不被认为是自治的或详尽无遗的（Westbrook 2003 a: 19—21）。

② 例如，参见他对《伊甸园》的解读，在那里他特别指出了一种叫作戏中戏的文学技巧，即一种自我参照结构，通过这种结构，文本在情节的一个细节中呈现了它自己的形象（Levinson 2008: 40—47）。莱文森也承认"关注文本共时性解释的学术不一定是和谐的……"（2008: 198）。

释的出发点是格言"律法无早晚"。这种统一性，被同时呈现于读者面前，因整个《摩西五经》(《创世记》《出埃及记》《利未记》《民数记》和《申命记》) 被认为是摩西所作，而被进一步强调。通过这种机制，拉比的解释优先考虑了圣经叙事和法律的内在一致性，从而否定了创作《摩西五经》(和法律汇编①) 的写作史 (Levinson 2008: 11)。

莱文森提出了一种历时性的批评方法，该方法承认（并保留）文本的历史，即文本的添加、冗赘、不一致和修订。他从斯宾诺莎 (Spinoza) 的解释学中找到了灵感，对他们来说，细心的读者所面对的圣经中的许多矛盾既不能通过寓言式的解经来解释 (Maimonides)，也不能用来反驳理性本身 (Jehuda ibn Alfakhar)，但在创作张力中保存下来。莱文森认为，这种方法更符合文本创作的历史或文本本身，也更符合它在公元前 8 世纪至公元前 5 世纪最终合成的方式。

作为众多相关的法律例证之一，莱文森想起了《出埃及记》(18: 24—26) 中关于司法团体组织的创建故事。摩西的岳父米甸人耶特罗 (Jethro) 建议他不要为了裁决所有问题而使自己精疲力竭，而是要把小问题交给虔诚、值得信赖且廉洁的人，同时只将最重要的案件留给自己。这带来了神学上的严重困扰，即摩西是从一个非犹太人那里得到这个忠告的，但更重要的是，司法的实施甚至在法律颁布之前就已经决定了。同样的故事在《申命记》中被重述，但正好是在上帝把律法交给摩西之后。在这一重述中，西奈山的法律启示先于司法体系的建立，并且没有承认任何外来的影响——原因现在已经昭然若揭。对于莱文森来说，"司法实施的年表和起源

---

① 《摩西五经》在其叙述中嵌入了三个独立的法律汇编:《圣约法典》(The Covenant Code)（Exod. 21: 1—23: 29),《圣洁法典》(The Holiness Code)(Lev. 17—26) 和《申命记》的律法（第12—26章）(Levinson 2008: 33)。根据莱文森的说法，这些原本独立的法律汇编，深受近东法律汇编的影响，在巴比伦之囚期间，面对对其国家存在的威胁，由犹太抄写员开始收集 (Levinson 2008: 33)。

（etiology）进行精挑细选的、逐点的调整只能用《申命记》第 1 章的作者有意识地寻求修改和纠正《出埃及记》第 18 章的叙述来解释（Levinson 2008: 65; ①Levinson 2008: 65）"。② 换句话说，"《申命记》的作者已经将《出埃及记》的叙述顺序'重新编年'，以确保启示本身的尊严和威望"（2008: 65）。

这一简短的方法论概述足以强调莱文森触及具有重大的宗教、法律和政治意义的问题。莱文森的论点触及了犹太人法律传统的核心，因为"无论这个民族还是它的法律都不是从一开始就存在的。这个民族的选择，使它与上帝有了一种特殊的关系，这源于历史，而不是来自宇宙天数（2008: 49）"。同样重要的是，莱文森说明了，文本以及我们对它们的解读，都是历史的产物。

然而，虽然历史批判的方法可以很好地将文本置于历史之中③，文本的含义不会因其历史语境而穷尽。事实上，正如布克哈特所说，即使经过"一千次解读"，文本也能产生不同的含义，文本使其本身与其根植的历史语境的关系成为问题。我想借助多米尼克·拉卡普拉（Dominick La Capra）的研究来介绍最后的这个观念，他试图将（智识）历史从他所谓的"纪实概念"重新转向将历史理解为与过去的对话，这很大程度上归功于马丁·海德格尔（Martin Heidegger; La Capra 1983）。虽然拉卡普拉强调书面文本，无论是否刻有文字，其含义实际上延伸到口头交流和所有非常复杂的文本或文化造物上（在拉卡普拉看来，音乐、舞蹈、表演、手势、图象、图像学提出了从一种媒介到另一种媒介的翻译问题，因而提出了广义上的文本性问题）。

---

① 《申命记》的故事发生在《出埃及记》之前是不可想象的，因为这将意味着在实质性的重要问题上从一个没有问题的文本转向一个有问题的文本（Levinson 2008: 66 fn 36）。

② 关于解读策略的政治意义，包括性别视角，见 Boyarin（1990）。

③ 参见 Levinson 和 Stackert（2013）与 Joshua Berman（2013）之间关于"回声"对《圣经》文本年代测定的（不）相关性的讨论。

拉卡拉首先区分了文本的"纪实性"（documentary）和"作品性"（worklike）两个方面。纪实方面将文本置于传达其信息的事实维度中（例如，罗马行省的埃及纸莎草纸告诉我们司法组织的信息，或者在墓地发现的铭文告诉我们社会结构的信息）。相比之下，作品性给世界带来了以前在这种重大变化中不存在的东西（例如，索福克勒斯关于俄狄浦斯的悲剧带来了在同一传说的早期神话叙述中不存在的东西）。尽管纪实的方法将文本视为一个时代的证据（即时代的标志），但作品性的方法对同一时代、它的价值观和意识形态提出疑问——就像悲剧可能会质疑城邦的民主意识形态一样（Vernant and Vidal-Naquet 1988; Goldhill 2000; Etxabe 2013）。

文化造物可能在不同的程度上展示了这两个方面，但拉卡普拉挑战了将它们仅仅作为他们那个时代的文书来解读，而不考虑它们的作品性特征的主流倾向。内容丰富的文本，如西塞罗的书信、塔西佗的描述、修昔底德的演讲、柏拉图对话录或《约伯记》，要求发挥超越它们作为造就它们的社会之象征、例证或征候的证据价值的作用。①

事实上，正是在它们的作品性的维度上，法律文本呼吁我们作为未来的读者的参与。历史解释的任务通常始于明智的劝告，即事物必须被置于"语境中"——这是我自己已经听从过几次的建议——但文本和语境之间的关系不是内容和容器之间的关系，好像语境是一种整体性的外壳那样（Gordon 2014）。一是因为我们从来没有一个特定的语境——而是"一组相互作用的语境，它们彼此之间的关系是可变的和不确定的，它们与被调查的文本之间的关系在解释的时候引发难题"（La Capra 35）。二是因为复杂的文本利用并回应了那些最初的语境，从而产生了新的、往往是不可预测的语境。

---

① 这种反对类似于"新历史主义"对传统历史主义的反对，传统历史主义通过将文本简化为其语境的具体例证说明而使文本变得贫乏。自拉卡普拉（La Capra）写作以来，情况可能略有改善——尽管还没到使该争论无关紧要的地步。有关重新评价，请参见 Surkis（2014 年）。

拉卡普拉认为，"提出正确问题的能力"将有成效的研究与无成效的研究相区分，但这些问题本身就处于一个不能完全客观化或充分了解的语境下（1983: 31）。通过询问特定文本所呈现的"值得提问"的内容，与过去的对话进入了对现在和未来影响最大的维度（同上）。"在这里，时代错误是一个显而易见的危险，"拉卡普拉警告说，"但是一种富有想象力和自省的比较史学，探索过去未实现的甚至被抵制的可能性，仍然是对过去与现在的对话中更为经验性的比较的重要补充（1983: 31）。"①

这是一个悖论：虽然法律文本带有它们产生时的历史语境的痕迹，但它们提供了机会来加强我们对这些语境的理解，实际上它们可以为自己构成新的语境（White 1984）。因此，我们首先将文本置于具体的空间和时间中，但它们跨越一系列语境的能力不仅涉及当代，而且涉及跨越更大时间范围的对话（White 1985: 88）。在与过去的这种富有成效的接触中，我们不仅寻求一种重建古代法律文化的方式——使它们成为认识的对象——而且还寻求与它们进行对话的方式。换句话说，我们的认识论并不遵循解释的模式，而是遵循参与的模式（Gadamer 1960; Pfau 2013）。

这是古代法律文化史给一般历史，特别是法律史带来的核心贡献，它并不独立于我们在每种情况下所能给出的解释（描述性的、解释性的和评价性的）。作为一个生活于其中的世界，而不是一个与参与者的行为相分离的对象，法律不能脱离行为者和解释者的法律创制（jurisgenerative）能力来进行研究。将法律理解为并非一种脱离社会的抽象，而是从其内部来理解，我们直接跳进去直面材料和一手资料，希望将过去的"无法弥合的不连续性"翻译成我们自己的语言，为了我们的受众，并且基于我们的经验——虽然它们之间不可能有完美的一一对应。这项任务总是由我们自己的感知

---

① 在"新历史主义者"和"文化历史学家"之间可能存在一种紧张关系，因为新历史主义的"文学学者让他们的文本摇摆不定，而历史学家把他们的文本牢牢钉在地上（Maza 2004: 265）"。

过滤器（perceptual filters）（或者在本书中是关键词①）来连结，但我们希望在这个过程中扩展我们的视野，包括可能不被现代概念和分类意识到的"法律"维度。学习古代的法律，并对其有所了解，永远都不可能完满：只会有或多或少还令人满意的诠释。

其目标不是缩小过去和现在之间的差距，而是当我们在书写中反思性地穿越其中时，承认它的存在。一个指导性问题可能是这样的：你需要理解——何种价值语词、推理形式、潜在假设、宇宙观和制度安排——才能以相对熟悉或自信的感觉航行于规范世界？当我们寻求规范讨论的"参照点"时，特别是在特定文化背景下（参与因而可以是字面意义上的），正如我在"埃拉托色尼谋杀案"中试图说明的那样，理想情况下，可以告诉（当然不完全，但在某种程度上）我们在新的案件中会有什么样的论点。换句话说，我们真的开始像一个法律参与者那样学习法律——在小片段中，但是你可以对这些片段具有（有限度的）信心。参与在另一种意义上也是至关重要的，因为它在某种程度上解决了知识不完整、记录不全、法律与其他生活领域之间关系的不确定性等问题。因为如果你有足够的资源甚至在智识上创造性地参与到法律文化中，你就会学到一些不仅在过去，而且对于现在来说都很重要的东西。

---

① 与抽象概念不同，关键词旨在触及历史经验的肌理和文化结构（Williams 1976; Antaki 2014: 63—64）。所选择的关键词（正义、宪法、法典、协议、论证、财产权和占有、不法行为、法律职业）并不是对所有时间和空间都适用的教条式的分类（请参阅 Rupprecht 2005）。而是进入各自法律传统的切入点；是向古代文化敞开的小窗口，在持续的往复运动中，让我们透过它们思考。

第一章

正义

凯瑟琳·斯兰斯基

为使强不凌弱，为孤儿寡母提供公正之道，

在巴比伦城——这是神灵阿努和恩利尔提升之城，

在马尔杜克神寺——它的根基如天地一样稳固：

进行王国的审判，

作出王国的判决，

为受冤屈者提供公正之道，

我将我的金口玉言刻在我的石碑之上，

并将其竖立在我的雕像——公正的国王面前。

——巴比伦国王《汉谟拉比法典》石碑（xlvii 59—78）①

考查古代的正义：挑战、方法、资料

古代世界的正义是众所周知难以确定的问题。柏拉图的《国家篇》（*Politeia*，字面意思是"论城邦"），也许是公元前 5 世纪的雅典哲学家对话录中最让人熟悉、最具文化影响力的一部，在古代已经有了这样的副标题：正义论（*Dikaiosune*），"关于正义"。该著作的核心是一起探寻"什么是正义？"以及"它的价值是工具性的，还是纯粹为了其本身目的？"然而，就像那些参加苏格拉底引导的讨论的年轻人一样，如今《国家篇》的研究者在寻找这些问题的所有"答案"或其中的一个答案时感到沮丧和不满足。正义是"给予应得的东西"？"帮助朋友，伤害敌人"？"各司其职"？当苏格

---

① 这一段和其他引自汉谟拉比法律碑文的段落是我根据罗斯的版本（1997: 76—142）翻译的。根据亚述学的惯例，以列号（xlvii）和行号（59—78）来标识段落。

拉底在《国家篇》的第 10 卷和末卷中通过乌尔的寓言描述灵魂的轮回时，这些建议都被考虑并遭否定。无论是单独看还是放在一起看，它们都没有抓住任何古代或现代读者所认为的正义的全部含义和价值。

对英语中最常用来表示"正义"之词的大致概览，表明了古代世界看待这一概念的复杂性。古代美索不达米亚给我们留下了我们所述这一主题的最早证据，阿卡德语中"正义"一词是 *misharu*。在本章开头所引段落的最后一行，汉谟拉比自称为 *shar mishari*，即"正义之王"（King of justice），"公正的国王（just King）"。从词源学上讲，*misharu* 的意思是"被弄直之物"，意味着恢复到变得"弯曲"或"出格"之前的状态。在阿卡德语的铭文中，*misharu* 经常被写成苏美尔语上对应的 NÍG.SI.SÁ，字面意思就是"被弄直之物"，这同样意味着恢复到先前的——并且更公正的——状态。

阿卡德语的"真理"（*kittu*）一词经常与 *misharu* 配对；总的来说，它们描述了正义的"两个方面"：维护传统法律（"真理"）以及以衡平调和"严厉的法律条文"（"正义"）（Westbrook 2003b: 364）。这两个词有时都会被神化，例如"神之真理"和"神之正义"——暗示了一种不容易被转置于 21 世纪的主体性（agency）的特点。

在希伯来圣经中，*tsedeq* 通常被翻译为"正义"或"正当"，也意味着"正常的"或"规范的"，而 *mishpat* 也被翻译为"正义"，更具体的含义有"判决""法令"和"正确"或"正直"。*tsedeq* 可以被理解为基本"正义"，与神和他人保持正确的关系，从而带来正确的生活方式，与"矫正正义"，即"惩罚不法行为之人和照顾不法行为的受害者"形成对照①——这一区别呼应了汉谟拉比防止倚强凌弱，"为孤儿寡母提供公正之道"的承诺。

在古希腊语中，通常被翻译为"正义"的术语是 *dike*，它也被赋予神灵的概念。从神话学上讲，正义女神狄克（*Dike*）和她的姐妹们：欧诺弥亚

---

① 根据 Keller 2012。

（Eunomia，"正确的法律"）、厄瑞涅（Eirene，"和平"）和时序女神——是奥林匹斯神宙斯和泰坦神忒弥斯的子女，忒弥斯名字的意思是"正确"。在赫西俄德（Hesiod）的《神谱》（Theogony）中：

> 接着，宙斯娶了容光照人的忒弥斯，她生有时序诸女神，
>
> 和秩序女神欧诺弥亚、正义女神狄克和妙龄的厄瑞涅，
>
> 她们照料着人类的劳作……（906—908）

希腊语的 dike 甚至比阿卡德语的 misharu 定义范围更广，它可能意味着复仇、审判或法律诉讼，以及抽象的正义概念。虽然英语译文根据具体的语境对 dike 作了不同的翻译，但所有这些相互关联的含义对古代受众来说本该都是相关的。①

本章借鉴了两种文化传统的书面作品，以一些最普遍、最易引发争论和最持久的关于正义的古老思想为例：古代近东的楔形文字传统和古地中海的希腊传统。要全面论述古代所有涉及正义的作品是不可能的，为了不浅白、有深度，本章所考虑的作品以具有持久影响的方式探讨了核心问题或正义问题，其目标对象是古代的广大受众——在某些情况下显然是公众。我们知道，这些作品在古代也被学习过，或多或少地，属于构成各地区古代教育课程的书面文本的主体。因此，这些作品对于受过教育的个人的智识建构发挥了作用，这些人后来成为官僚、地方长官、法官、法庭顾问、统治者，当然，还有创作过后续作品的写作者。

对古代美索不达米亚和古希腊的正义的文化影响的考察产生了一些观点，本章将在仔细考查选定的文学和艺术作品时对这些要点进行探讨。这些要点有：

---

① 根据 Clark 2012: 142。

• 在古代，正义被——而且必须被——不断地进行争论和评价，讨论和争论的场景正是在古代文学作品中展现正义的特征；

• 用于传达正义的实施和维护的视觉图像利用工具来实现准确感知（perception）；这些工具包括用于衡量和测量的符号，用于区分真实与虚假／相关与不相关的符号，以及用于阐明和洞察的符号（与意义模糊和盲目相对）；

• 对于古代近东和希腊来说，正义与不正义通常被表达为"直"与"曲"，这一结构的概念化也表现在神圣有序的世界的观念中；

• 正义从根本上起源于神，并在神的创造和宇宙的秩序中得到了体现，在创世神话中得到了证明；

• 因此，正义是宇宙体系本身所固有的，例如，希腊的宇宙（kosmos）概念（见下文）；

• 宇宙的神圣秩序体系包括一个等级制度，在这个等级制度中，人服从于神，因此，人只能拥有不完美和不完整的，即非神的正义知识（这一点在古代近东比在希腊语世界表现得更清楚）；

• 在古代近东神话中，人类对神圣领域的侵犯导致了一种再创造，随之而来的是宇宙等级的再校准，稳固地重新确立了人类从属于神的地位；

• 在希腊语世界里，我们看到人类对神的挑战是在一个较小的个体的层面上进行的，诸如此类的挑战再次被众神纠正，带着重建（必然是先前的）公正秩序的想法；以及

• 统治者有责任——由神赋予使命——维护和恢复人类社会的公正秩序，类似于神在宇宙层面所做的事情。

本章提及了一些古代近东和希腊文学中最著名、最成熟的作品，这些作品构成了文化语境的一部分，建构了法律程序背后的假设和价值观。除

了古典世界，西方的正义传统也起源于古代近东，其法律与正义的方法主要通过《圣经》传承给我们。① 与古典传统一样，近东传统强调正义的神圣起源，以及神圣命令，该命令要求统治者——国家——承担起为他们的人民实施和维持长久的公正之道的责任。

本章以解释"汉谟拉比法典石碑"（*Law Stele of Hammurabi*）——通称《汉谟拉比法典》（*Code of Hammurabi*）——描述正义的方式为出发点，这是我们现存最早的关于正义的文化史的不朽源头。从古希腊开始，本章将探讨在古风时期取得泛希腊地位的作品中的正义，这些作品与地方性的神话和传统不同，在整个希腊语世界中广为人知。本章考查的作品包括赫西俄德的《工作与时日》（*Works and Days*），并参考《荷马史诗》中的场景。从公元前 5 世纪雅典的"古典时代"或"黄金时代"开始，本章仔细审视了埃斯库罗斯（Aeschylus）的《俄瑞斯忒亚》三部曲（*Oresteia*），然后以修昔底德的《伯罗奔尼撒战争史》中的"米洛斯对话"（*Melian Dialogue*）结束。

汉谟拉比的石碑利用语言和视觉表达，唤起了一种表演性元素，它和本章中考查的其他作品一起，表明在近东和古典世界，正义经常通过某种形式的表演在观众面前表达，无论是对话、辩论、争论，还是舞台上的正式戏剧表演。表演要素及其难以简单定义的特性表明，在古代，正义既不被认为是"确定的"，也不被认为是"可确定的"，而被认为是一个富有成效的且必然需要讨论和争论的主题。

---

① 1901 年，当汉谟拉比法典石碑在古代苏萨（今天的伊朗）被发现时，学者们就认识到了美索不达米亚和圣经法律"法典"在结构和细节上的相似之处。关于主张共同法律传统的研究，参见例如，Raymond Westbrook（1988）和由威斯布鲁克（Westbrook）撰写的多篇论文，这些论文在威斯布鲁克去世后由威尔斯（Wells）和玛格达莱恩（Magdalene）编纂成书（2009）；Westbrook 2009d。一个令人信服的论点是，圣经作者专门改写了汉谟拉比法律石碑的碑文，参见 Wright 2009：尤其是第 91—110 页。

24

为正义奠定社会基础："汉谟拉比法典石碑"

汉谟拉比的 [①] 近乎完整的石碑，如今被收藏在卢浮宫，高 2.25 米，宽约 70 厘米。碑文伴有一幅引人注目的浅浮雕雕刻，装饰在 2 米高的石碑顶部。准确地说，这块石碑是描述性的，而不是规范性的，它不是一部法典，今天更容易被归类为古代近东地区皇家碑文的一个例子，可称为"法律汇编"。在我们所知的几部楔形文字法律汇编中，汉谟拉比的碑文是最长、最成熟的。"汉谟拉比法典石碑"上的碑文并不是古代美索不达米亚最早的法律汇编，但是，毫无疑问，它是最著名的，也是研究最多的。[②]

有强有力的证据表明，汉谟拉比国王亲自深度参与了整个王国的法律纠纷的判决。他与王国各地的官员和法官进行了广泛的通信联系，就范围广泛的司法程序随时了解情况并提出意见，时而批准、时而质疑"下级"法官的决定。国王的许多信件都被保存了下来，它们表明，汉谟拉比统治时期真实的法律案件和执行的判决，连同这些案件在理论推动下的扩展，可能是被汇集并铭刻在他的不朽石碑上的法律判决，即所谓的"法律"的主要来源。因此，虽然并非全面和系统地宣布法律意义上的一部"法典"，但是石碑上收

---

① 汉谟拉比从约公元前 1792 年到约公元前 1750 年统治着巴比伦王国。他的统治以在政治上巩固与他的城市国家巴比伦相邻的领土而闻名，他通过成功的军事行动以及签订和撕毁精心策划的外交条约来控制这些领土。从历史上看，他的王权标志着长达几个世纪的敌对城邦模式的结束，以及美索不达米亚南部王国的开始，该王国以其首都巴比伦而命名，被称为巴比伦尼亚，这个政治实体一直持续到公元前 539 年被波斯国王居鲁士征服，这一事件标志着美索不达米亚本土统治的终结。

② 在汉谟拉比的石碑之前的已知法律汇编有《乌尔纳姆法》（约公元前 2100 年）、《李必特·伊什塔尔法》（约公元前 1930 年）和《埃什努那法》（约公元前 1770 年）。汉谟拉比的法律之后有《中亚述法》（公元前 1076 年）、《新巴比伦法》（公元前 700 年）。在安纳托利亚，我们有类似的赫梯法律，最早记载于公元前 1650—1500 年。对于翻译和一些评论，见 Roth 1997。关于《乌尔纳姆法》的一个重要的新手稿，见 Miguel Civil（2011）：221—310。关于古代近东法律汇编的讨论，见 Raymond Westbrook（2009a）[最初发表在 Revue Biblique 92（1985）：247—265]。

集和保存的判决确实代表了政府当局制定的法律规则和规定。虽然很少有实际的审判记录提到石碑，但学者们的共识是，石碑上的判决"与日常生活中的实际契约所证明的法律实践并不冲突"（Greengus 1995: 472）。①

卢浮宫的石碑最初很可能矗立在汉谟拉比首都巴比伦的马尔杜克神②的神庙中，也可能是在西帕尔城的沙玛什神③（Shamash）的神庙中。一支法国探险队在1901—1902年的发掘工作中发现了汉谟拉比法典石碑，但不是在巴比伦或西帕尔，而是在东方的敌对国家埃兰的首都苏萨，12世纪的埃兰国王占有并在那里展示了石碑。④在苏萨发现的其他石头碎片表明，有两个，甚至可能是三个这样的汉谟拉比法典石碑，大概是汉谟拉比在其王国的其他城市设立的（Roth 1997: 73）。我们知道，即使在石碑被移至苏萨的数个世纪后，美索不达米亚的抄写员也曾前往埃兰首都研究和复制碑文。

这座石碑可以说是古代近东最知名的人造物，有充分的证据表明它在古代已经广为人知。更重要的是，考虑到正义的文化史，石碑上的铭文在一代又一代受过教育的巴比伦人的智识和意识形态的建构中发挥了作用。由学习阅读和写作的学生制作的碑文片段在美索不达米亚的城市中被发现，其中一些可以追溯到汉谟拉比统治后的1000年（Roth 1997: 74）。一小部分学会了阅读和写作的人继续在宫廷中占据高位，同样也有一小部分人继续接受高级培训，为宗教机构创作礼拜仪式作品。更多的学生在完成了必要的读写训练后，成为官僚、政府官员、行政长官和法官。

通过这样的方式，石碑上记录的反映意识形态的序言和结语，以及法律"判决"，可以说是被广泛且持久地"公之于众"了。我们可以充满信心

25

---

① 也参见 Westbrook 2009（b）。
② 巴比伦城的守护神。——译者注
③ 巴比伦和亚述神话中的太阳神，象征正义。——译者注
④ 在公元前12世纪，一支埃兰人的劫掠队伍洗劫了巴比伦北部的几个城市，国王苏特鲁克·纳胡恩特（Shutruk-Nahhunte）把汉谟拉比石碑带回家，矗立在他的神庙里，还带回了其他一些巴比伦的战利品。

地推测，石碑上关于正义的思想是由那些撰写、抄写和改编文学作品和礼拜仪式文本的饱学之士，以及那些负责通过政府组织和程序维护法律和秩序之人，传播给没有接受过抄写传统训练的广大公众的。[1]

但石碑不仅仅是其上碑文的载体，它的文字和图像被精心设计，融入了表演性和纪念性的文化因素，通过与古代受众产生强烈共鸣，助力其正义的概念化的永续。

对"汉谟拉比石碑"在其文化语境的仔细观察

除了法律汇编，还有数千块记录法律交易的泥板从古代美索不达米亚留存下来。这些泥板上刻着楔形文字，让我们知道了2500多年前的私人和国家的法律活动。这些法律文件也表明，法律程序发生在公共空间，城门前、寺庙内，甚至可能是宫殿的公共区域。地方法院处理财产问题，但涉及生命的丧失或应判处死刑的罪行则由国王任命的王室法官或国王亲自审理。对司法渎职行为的控诉同样被提交给了国王，这强调了根据美索不达米亚的司法标准，这类罪行是极其严重的。对试图破坏法律程序的处罚——提出虚假指控、提供虚假证词和法官变更其判决——构成了石碑碑文的前五条"法律"（见下文），这一显著位置表明了国王和王国对法律程序的重视。

虽然以泥板记载的美索不达米亚的法律文件对阐明法律程序具有重要价值，但很少告诉我们对正义的文化理解。然而，"汉谟拉比法典石碑"通过其文本和图像提供了正义的含义和形象的综合展示。如上所述，石碑上的铭文配以一个引人注目的浅浮雕雕刻，它被置于2米高的石质纪念碑顶

---

① 关于对书吏课程和国王纪念碑在美索不达米亚形成和传播君权神授意识形态中的作用的思考，尤其是"汉谟拉比法典石碑"，见 Michalowski（1990）：尤其是第62—65页。另见 Cooper（1993）。关于古代近东不同水平的楔形文字读写能力的讨论，见 Veldhuis（2011）。

端。此外，由于其他碑文只是作为后来复制到泥板上的摘录保存下来，汉谟拉比碑文是唯一一个作为王室纪念碑组成部分保存下来的法律汇编，其完整的雕刻和文本可作整体性研究。

重要的是要试着理解汉谟拉比的目标受众是如何回应他的石碑的构成元素的。该文本是唯一已知的古代近东最长的连续碑文，开头和结尾都是用高度形式化的巴比伦语的诗歌语体风格书写的。[①]碑文以颇有古风的楔形文字镌刻而成，它的符号形式以及在纪念碑表面的空间定位可以追溯至公元前三千年。雕刻的图像生动，它被突出地、庄严地置于石碑的顶部。整个作品刻在一块硕大、稀有、坚硬的石料上，这一材质本身也为其文字和视觉的综合信息增加了份量。[②]此外，石碑竖立在寺庙里，在空间上是极其神圣的，因此在物理上和概念上都与日常的世俗活动分开。所有这些元素，无论是单独考虑还是结合起来考虑，都强烈地表明这座纪念碑旨在开辟一个空间，可以说是一个公共空间，用于对正义的思考，甚至——尤其是——在汉谟拉比死后。因此，这座纪念碑的目的是为其受众——平民请愿者和未来的国王——提供一个持久的获得正义的公共资源，同时为汉谟拉比作为一个被神认可的正义之王的统治提供一个永恒的纪念。

26

碑文

亚述学家传统上将石碑的长篇碑文分为三个部分：序言、法律条文和结语。如前所述，序言是以一种巴比伦的高雅诗歌的语体风格创作的。关于过去，序言总结了汉谟拉比的军事征服和虔诚的建筑工程，这些都是导致众神特意选择他作为国王为王国带来正义的成就：

---

① 关于编辑碑文的历史的总结和完整复原碑文的挑战的概述，见 Roth（1997）：73—76。
② 石头在美索不达米亚很罕见，国王们经常在他们的碑文中夸耀自己从外国获得了石头。关于石碑作为一种明确的王室特权，请参见 Slanski（2003a）：237—245。

在［众神使巴比伦伟大的时候］，安努和恩利尔，为了增进人民的福祉，命令我：汉谟拉比，崇敬众神的虔诚君主，使正义（misharu）发扬于世，灭除不法邪恶之人，使强不凌弱，像我有如太阳神沙玛什一样崛起，统治全人类，光耀这片土地。（i 27—49）

中间部分以散文体写就，接在序言之后，叙述了大约第275条到第300条的法律条文或判决。这些都是根据同一个公式写成的："如果一个人做了x，他就会受到y的惩罚。""法律条文"是根据主题组织的，大致如下：

第1—5条　伪证

第6—25条　盗窃

第26—41条　国有土地上的劳动

第127—194条　家庭法

第195—214条　故意伤害

如前所述，第一部分的法律条文涉及通过提出虚假或未经证实的指控或证词来破坏诉讼程序的企图：

第1条　倘自由民宣誓揭发自由民之罪，控其杀人，而不能证实，揭人之罪者应处死。

第2条　倘自由民控自由民犯巫蛊之罪而不能证实，则被控犯巫蛊之罪者应行至于圣河进行神明裁判［参与者被送到被神化的河流中接受考验］。

第3条　自由民在诉讼案件中提供罪证，而所述无从证实，倘该案可判处死罪，则此人应处死。（v 26—67）

最著名的法律条文可能是那些被认为通常与古代世界相联系的报应正义（retributive justice）原则的例子（即所谓的同态复仇法）：

第 196 条　倘自由民损毁任何自由民之子之眼，则应毁其眼。

第 197 条　倘彼折断自由民之子之骨，则应折其骨。

第 198 条　倘彼损毁穆什钦努之眼或折断穆什钦努之骨，则应赔银 60 舍客勒。

第 199 条　倘彼损毁自由民之奴隶之眼，或折断自由民之奴隶之骨，则应赔偿其实价之一半。（xl 45—65）

将这一部分与《圣经》中展示的正义规则相比较，这些规则体现在《圣经》的《出埃及记》《利未记》和《申命记》中，并在《马太福音》第 5 章第 58 句提及。[1]事实上，有人认为《出埃及记》中第 20 章第 23 句至第 23 章第 19 句的《圣经》法律汇编是以汉谟拉比的文本为范本的（Wright 2009）。例如，比较《出埃及记》第 21 章第 22 句："……如果有任何伤害发生，你就要以命偿命，以眼还眼，以牙还牙，以手还手，以脚还脚，以烧伤还烧伤，以伤口还伤口，以鞭笞换鞭笞。"

然而，在第三部分即结语中，我们发现了对正义的含义和国王在建立和维护正义方面的作用的明确阐述。通过回归序言的诗意措辞，这两个诗段框定了"法律"的中间部分。碑文的最后部分几乎像是汉谟拉比和他的目标受众之间的约定，其中国王永远为所有向其寻求正义的请愿者提供其明智、公正的判决，同时要求请愿者永远铭记汉谟拉比。结语关注未来，特别是关注真实的石碑的未来及其碑文和雕刻的存续，责成未来的国王保护和尊重石碑；作为交换，汉谟拉比将赐予他们长久繁荣的统治。但为了充分理解结语，我们首先需要考虑纪念碑顶部的浮雕，这是石碑的第三部分，也是最后一部分明确提到的。

---

[1]　例如，参见收录于威尔斯（Wells）和 Magdalene 编辑的文集中收录的雷蒙德·威斯布鲁克（Raymond Westbrook 2009）的文章；Westbrook（2009d）。

浮雕雕刻

浮雕刻画了坐着的美索不达米亚太阳神沙玛什，他面向左侧，站着的汉谟拉比国王，他面向右侧（图 1.1）。沙玛什通过他的风格化的角状王冠被辨认出是一位神灵。他被认为是太阳神，因为从他的肩膀发出的波浪形光线，并且他的脚凳的表面细节让人联想到山区地形——他升起和落下的东西方地点。作为太阳神，沙玛什是美索不达米亚的照明和光明之神。与西方的蒙眼正义的概念相反 ①，近东的正义之神在光线照耀下揭示真相。除了"光线"，该神的常见标志是手拿一把锯子，他用锯子把山分开，在日出和日落时进出山脉，在司法语境中，他用锯子区分虚假和真实（图 1.2）。②

28

图 1.1　汉谟拉比法典石碑（浮雕的局部）。

资料来源：DEA/G. DAGLI ORTI/ Getty Images。

---

① 关于西方在明确的公共和国家语境下对正义的视觉表征的图解概况，见 Resnik and Curtis 2011。

② 关于神的图像学，也可以参见布莱克和格林编辑的条目"Utu（Shamash）"（1992）。

图 1.2　公元前三千年圆筒形印章印记，描绘了带有"光线"和锯子的标志的沙玛什。
资料来源：YBC 9682，耶鲁大学巴比伦藏品。

在石碑上，沙玛什给予汉谟拉比或向其展示了另一个标志：学者们将这个图案标记为"杖与环"，它在视野中心占据了一个突出的位置。

在神的对面，汉谟拉比的头饰表明他是国王。美索不达米亚艺术典型地展示吉祥的右侧，以展示身体的完美，经常——就像此处那样——露出肌肉发达的右肩；这一细节，加上对胡须的突出描绘，凸显了汉谟拉比的雄壮有力和男子气概。[1]当然，汉谟拉比就站在神的面前，神的宝座让人想起了一座寺庙的正面。身高的差异也在视觉上表达了神和国王之间的等级关系。而且，如果这些设计的特征太过细微，无法展示他在神面前的谦卑，国王的动作被描绘成一个明确的"触摸鼻子"的仪式手势。

"杖与环"的标志，在视觉上连接了两个人物之间的空间，在整个古代近东地区已经有将近两千年的历史。它起源于美索不达米亚的正义概念 *misharu*，即"被弄直的东西"（见上文），代表了测量员的工具：用于设置

---

① 关于男子气概的视觉标志及其在近东王室纪念性艺术中的意义的讨论，请参见 Winter（1996）。

笔直的建筑基础的桩和线（Slanski 2007）。① 这里重要的不是这个标志本身，而是其在整个作品中的作用：正义之神向虔诚的国王展示了奠定正义基础的工具，这一形象反映并放大了汉谟拉比在序言中的说法，即他"被众神召唤在这片土地上建立公正之道"。

石碑的表演性特质

重要的是要记住，在美索不达米亚，三维图像，即使是那些浅浮雕的雕刻，如"汉谟拉比石碑"顶端的浮雕，不仅仅是简单的肖像，还是所刻画的神和人的化身。② 这堪与《圣经》中禁止崇拜偶像的神学基础相媲美。③ 对于美索不达米亚的受众来说，每次看到这样的图像，就好像所刻画的场景正在被表演，理论上是无限期的，或者只要图像存在并拥有受众。美索不达米亚的图像的表演性特质是理解汉谟拉比的石碑如何发挥作用的关键。

石碑的设计者构思纪念碑的文字和雕刻时考虑到了受众，这个受众是在结语中明确指出的。结语部分总结了汉谟拉比建造这座纪念碑的多重且相互依存的目标：确保生者永远铭记汉谟拉比，从而提高他在亡灵冥界的地位；确保王国持续公正之道；确保这一石碑本身得以维护，因为它是实现这些目标的手段。

> 为使强不凌弱，为使孤寡各得其所，我以我的金玉良言铭刻于我的石柱上，并置于巴比伦城公正之国王〔shar mishari〕的雕像面前……遵吾主马尔杜克旨意，我之创制必无人可以变更，在我所爱的马尔杜克神

---

① 也参见 Robson（2007）：246—247。

② 参见 Jacobsen（1987）。神之形象的表演力量同样也延伸到国王形象，参见 Winter（1992）。当代符号学理论在美索不达米亚的表演性图像概念中的应用，见 Bahrani（2003）：121—148。阿卡德语术语 *tsalmu* "图像" 在浮雕和立体雕像中的应用，见 Slanski（2003b）。

③ 例如，《出埃及记》20：4—5（"十诫"），《以赛亚书》40：18—29。

寺中，我的名字必将永被追思。（xlvii 59—xlviii 2）

人们相信说出这个名字可以确保逝者继续存在，尽管是在冥界的幽暗世界。只要说出这个名字——对于那些能够提供名字之人来说，只要看到逝者的影像①——逝者就能继续存在。此外，通常由长子或其他家庭成员举行的仪式越频繁，逝者享受的来世生活的品质就越好。②就法律石碑而言，碑文不是要求汉谟拉比的在世亲属记住他的名字，而是要求未来的诉讼人：30

> 其有涉讼的受害的自由民，务来我的肖像亦即公正之王的肖像之前，诵读我所铭刻的石柱，倾听我的金玉良言，使我的石柱为彼阐释案件。使彼获得公正的审判，使其心胸变得安慰［背诵下面简短的祷文］。③
>
> 吾主汉穆拉比，诚人类之慈父，彼遵守其主马尔杜克之言，为马尔杜克上下征讨取得胜利。以悦其主马尔杜克之心，永远为人群造福，并使王国走上正道。（xlviii 3—xlviii 38）

因此，以汉谟拉比的口吻，石碑邀请"任何涉讼之人"来到汉谟拉比的雕像面前。即使这个人不能自行阅读楔形文字的碑文——我们知道当时的读写能力是有限的——也已安排人大声朗读汉谟拉比的文字。④不管是否识字，提起诉讼之人——石碑的预定受众——被召唤来观看正义之王汉谟

---

① 一个著名的例子，参见《吉尔伽美什史诗》，吉尔伽美什承诺他垂死的同伴恩基杜（Enkidu），让金匠打造"你的无与伦比的黄金雕像"［tablet VII, 48，根据福斯特编的版本，Foster ed.（2001）: 54］。

② 背诵名字的行为是古代近东祭奠逝者仪式的核心，通常是在世的家庭成员或后代的责任。关于逝者的仪式和信仰的介绍，见 Scurlock（1995）: 1883—1893。

③ 在未经翻译的巴比伦文本中，下面这段内容被标记为要大声说出的直接引语。

④ 关于近来对衡量古代美索不达米亚识字率的复杂性的评估，以及反对在公元前 2000 年识字率非常有限的论证，见 Charpin（2010）: 53—67。

拉比的表演形象，他站在那里，表现出虔诚的视觉形象，被召至沙玛什神的面前，沙玛什神在他面前展示建立正义的象征性工具。同时，提起诉讼的人被指示通过实时说出汉谟拉比的名字，以及观看国王的雕刻形象来唤起对汉谟拉比的记忆。①

如果汉谟拉比是一个普通人，观看他的形象和念诵他名字的行为可能足以确保他的记忆和他在冥界的存在。但是汉谟拉比是一位国王，他还以这个身份代表国家颁行正义——石碑的预期受众不仅仅是打官司的人：

> 此后千秋万世，国中之王必遵从我在我的石柱上所铭刻的正义言辞。不得变更我所决定的司法判决，我所确立的司法裁定，不得破坏我的创制，不得移除我的雕像……汉谟拉比，沙玛什神授予真理的唯一的国王，我就是他。果其人（即一个未来的国王）明达，则彼务须崇敬我在我的石柱上所铭刻的言辞……（如）其不推翻我之决定……（如）其不改变我之言辞，（如）其不破坏我之创制，则其人如我，亦一公正之王。愿沙玛什使其王笏永存，使其得以公正之道牧养其人民。（xlviii 59—xlix 17）

汉谟拉比在此也呼吁最有能力保存他的法律石碑，连同他的言辞和形象的代理人——未来的国王。正如汉谟拉比向诉讼之人提供正义，以换取挽回其记忆的补偿，汉谟拉比作为来自冥界的王室代祷者，也向未来的国王提供祝福，赐予其长久且公正的统治，以换取对其纪念碑的维护和尊重。通过这种方式，汉谟拉比利用王权制度本身来确保对他的积极纪念，反过来又将他非常成功的统治声望和司法成就延伸到该制度上。

将文字和图像认为是一个完整的综合方案的组成部分一起考虑，"汉谟

---

① 关于碑文和浮雕之间的相互关系的进一步讨论，请参见 Slanski（2007）：52—54。

拉比法典石碑"比报应性的法律原则本身更能阐明近东的正义。众神授予国王为其王国之人民提供和维护正义之责：这正是设立王位的原因。国王强调保护社会中的弱势成员，他适用规则——"法律"或判决——它们提供"正道"并"使王国走上公正之道"。这样的表述暗示了王国并不总是倾向于正道，或者至少，我们不能期望这片土地在没有国王引导的情况下坚持正道，并且暗示了近东的正义从根本上来说是恢复性的（restorative）而不是报应性的（retributive）。

虽然碑文告诉我们，众神授予汉谟拉比王位，是为了在王国建立公正之道，但该雕刻作品也明确地告诉我们，国王制定的公正之道起源于神。"杖与环"是测量员铺设笔直地基的工具的象征，但没有掌握在国王的手中；相反，在这里——以及在所有其他已知的描述中——它牢牢地掌握在神的手中，神将其展示或交给国王。尽管如此，是国王负责按照源自神的原则制定和维护公正之道，只有神才完全知道这些原则。①

"汉谟拉比法典石碑"只是汉谟拉比持续致力于正义的一个例子。古代近东社会被认为是等级制的，这种结构从阿卡德语中"奴隶"的术语"wardu"中就可以看出来。名词 wardu 产生了动词 waradu，意为"降低身份"。wardu 一词既可用来指作为财产的人，也可指下属：作为动产的奴隶是 wardu，但是政府官员也可以被称为国王的 wardu，而国王是神的 wardu。因此，在社会阶梯上占据一个相对于他人较低的位置的观念，就蕴含于"奴隶"这个词中。

因此，强制实行社会正义并不是为了建立平等，而是为了"保护社会弱势阶层，使他们免于被不公平地剥夺其应得的东西：他们有权享有的法律地位、财产权和经济条件"（Westbrook 2009c: 144）。我们看到国王在经济困难时期采取行动维护社会正义，当时报应性的法律授权债权人扣押无力

---

① 人类永远无法完全理解神圣的正义，这一点也许在《圣经·约伯记》中得到了最深刻的探讨。

偿债的债务人的家庭土地及其家庭成员，这造成了小农阶层普遍被剥夺和奴役的可能性。虽然这种扣押是合法的，但"由于其有害的经济或社会后果，被认为是不公正的（Westbrook 2009c: 147）"。

我们最清楚地看到社会正义原则发挥作用的地方是利用国王敕令来减轻债务和债务奴役的长期的、遍及全社会的影响，这种影响破坏了农业家庭的社会地位，并有可能破坏整个社会秩序的稳定。[①]事实上，这些国王敕令在阿卡德语中被称为 misharu（"正义"）。比如，"国王在王国建立了'正义'"。正义敕令的中心条款是"自由"或"恢复"（anduraru），通常用苏美尔语简写符写成 amar-gi，字面意思是"回到母亲身边"。

汉谟拉比并不是美索不达米亚第一位颁布敕令来恢复臣民的社会公正的国王——有证据表明，早在公元前 2400 年就有这种做法。正义和恢复的敕令取消了债务和债务奴役，这对王权意识形态非常重要，以至于国王统治的年份都是根据它们的发布来命名的。在位期间，汉谟拉比颁布了四次取消农业债务和债务奴役的法令，第一次是在他即位的那一年（公元前 1792 年），在他漫长的统治期间又颁布了三次（Hudson 1993: 47）。当石碑的序言和结语赞美汉谟拉比是弱者的保护人时，很可能暗示了这些国王敕令恢复了社会弱势成员的"公正"地位。

32 ## 作为报应和恢复的正义：来自"黄金时代"的雅典的文化见证

公元前 5 世纪的雅典写作者和艺术家给西方传统留下了丰富的文学和视觉艺术遗产，这些遗产继续对我们的正义观产生深刻和持久的影响——这也是我们今天依然重视和研究这些作品的原因之一。

就像"汉谟拉比法律石碑"一样，古代和现代的一些观众最感兴趣的

---

① 除了国王的正义敕令外，还有两种手段被用来改善土地债务对农民家庭的影响：赎回或回购作为贷款担保而被抵押和扣押的家庭土地和 / 或家庭成员的可能性，以及对劳役期限的限制，参见 Westbrook 2009c。

作品都具有表演性的特点。古希腊语世界的作品为公元前 5 世纪的雅典人对正义的探索提供了背景、词汇和意识形态框架。其中最突出的是《荷马史诗》——《伊利亚特》和《奥德赛》，正如伯纳德·诺克斯（Bernard Knox）在序言中所写的那样，它们在公元前 5 世纪不仅为"学生和学者"所知，而且"就像普通希腊人口中的日常用语一样为人所熟知（Homer 1990: 11—12）"。大多数人是通过口头表演来体验这些诗歌的；有些人已经学会了它们（必然是通过听觉），并且为了口头朗诵而记住了它们。两首诗都以向神圣的缪斯祈求开场，通过诗歌吟咏者的"歌唱"，将人们的注意力重点转移至其表演方面，并暗示了《荷马史诗》的朗诵可能有器乐伴奏。赫西俄德的诗歌——不像今天的荷马那样广为人知，但为受过教育的公元前 5 世纪的雅典人所熟知——大约与《荷马史诗》同时创作，可能是在公元前 8 世纪到公元前 6 世纪之间 ①，也通常是以表演的形式体验的。

在公元前 5 世纪的作品中，雅典悲剧见证了正义与文化之间最深刻的关联。像《俄狄浦斯王》（*Oedipus Tyrannos*）、《安提戈涅》（*Antigone*）、《阿伽门农》（*Agamemnon*）和《酒神的女祭司们》（*The Bacchae*）这样的戏剧是我们文化母体的一部分，至今仍在上演——在它们首演大约 2500 年后——正是因为它们引发的关于正义的问题在现在和过去一样重要。通过公开表演，这些戏剧在古代被用作——并且今天继续被用作——在共同体范围内提出和回答这些问题的工具。

流传至今的伟大的希腊悲剧是为狄奥尼索斯节而创作和表演的，这是一年一度全城邦范围的纪念酒神狄奥尼索斯的节日。酒神节是一种明确的公民仪式，所有公民都要参加，无论其财富或地位如何。城邦的青年公民

---

① 确定荷马和赫西俄德的作品的年代是一项大型的学术事业。为了简单起见，我在这里引用了参考文献中引用的作品版本：兰伯顿（Lamberton）对赫西俄德的《工作与时日》、《神谱》的介绍（Hesiod 1993: 1）和诺克斯（B. Knox）对《伊利亚特》的介绍（Homer 1990: 19）。诺克斯的文章也很好地介绍了作品构成和作者身份的问题。

在合唱团中表演，富有的公民则负有资助演出的义务。那些作品流传至今的伟大剧作家——尤其是埃斯库罗斯、索福克勒斯（Sophocles）和欧里庇得斯（Euripides）——也是杰出的领导人：埃斯库罗斯在希波战争中参加了马拉松战役，索福克勒斯是伯罗奔尼撒战争的军事指挥官。他们的戏剧是专门为公众、公民观众创作和表演的，并由他们评判，其中许多人曾在雅典军队中服役。

本章最后要考虑的作品来自修昔底德的《伯罗奔尼撒战争史》，著名的"米洛斯对话"。形式上具有明显的表演性质，"米洛斯对话"又转回到本章开篇涉及的问题，正适合以此结束本章。

33

> 请你记在心上：
>
> 诸神和人类同出一源。
>
> 赫西俄德《工作与时日》，S. 隆巴多（S. Lombardo）译，第 127—128 行。

荷马和赫西俄德的早期希腊诗歌表明，"正义"（dike）既是（1）众神（主要是宙斯）所要求和实施的正义，同时也是（2）宇宙秩序和随之而来的宇宙平衡。正义的两个方面是相互依存的，诗人赫西俄德将它们在宇宙秩序中相互依存的根源写成了神话。《工作与时日》探讨了人类所知的正义是如何被宙斯掌握的，它不仅表现在人类之间的公平交易中，也表现在敬神所必要的常规性、宇宙有规律的循环运动以及地球的季节更替中。

这首超过 900 行的自传体长诗是由叙述者写给他的兄弟佩尔塞斯（Perses）的，佩尔塞斯骗走了叙述者应得的父亲遗产的份额：

> 让我们现在来解决这个争端吧
>
> 用来自宙斯的，也是最完美的公正审判。
>
> 我们已经分割了遗产，并且你已获得并拿走了绝大部分，

去讨好那些贪赃枉法的大人们，他们就喜欢处理这样的案子。

（51—54）

很快，我们认识到古代近东很熟悉的正义的观念被概念化为"正直"的东西，与"歪曲"相对。此外，我们对尘世间的人类法官未能提供"正直的"正义，而是选择个人利益感到失望，并想起了汉谟拉比的前五条"法律"（见上文）。

这首诗把佩尔塞斯描绘成一个懒惰的骗子，他不工作，而是通过借贷和欺骗养活自己，从别人的劳动中获利。而且，佩尔塞斯好像是来找叙述者要钱的。叙述者在诗中的建议清楚地表明，就像在古代近东一样，神创造了人类来耕种土地。[①]

> 愚蠢的佩尔塞斯啊，你要劳动，
>
> 去做诸神为人类规定的那些活儿……
>
> 你所要做的，佩尔塞斯，
>
> 是设法清偿债务、避免饥饿。

这首长诗交织了正义的多个方面，很难归入一个单一的统一定义：正义根植于宇宙的等级体系；宙斯的公正审判；尊重父母、客人和主人之间的关系；诚实的交易和言论；给予神其应得之物；叙述者建议他的兄弟（和我们）诚实地工作是其典型代表。自始至终，《工作与时日》体现了正义的这些不同方面是如何不可分割的。这首诗的大约四分之一是对一年中每个季节的建议，强调在正确的时间采取正确的行动是一种正义，是宇宙以人类繁荣来回报的正义。

---

① 除了美索不达米亚关于创造人类的古代神话之外，当然还参见《创世记》1—2。

但是，当法官对任何外来人和本城邦人都予以公正审判，

丝毫不背离正义，

他们的城市就繁荣，人民就富庶，

你会发现王国上下一片安宁，

年轻人茁壮成长，因为宽额的宙斯，

也从未将他们列入战争名单。

饥荒和厄运从不侵袭坦诚相待之人。

他们享用他们照料的田地的果实，

土地为他们出产丰足的食物。（261—269）

34

在《荷马史诗》中，多层面的正义问题也是值得关注的：无论是从整体故事情节来看，还是从描述个体角色（人与神）之间冲突的情节来看。《伊利亚特》和《奥德赛》在它们的结局中都呈现了这样一个场景，一种形式的正义的实施方式挑战了统一的正义概念的简单假设。

显而易见，《伊利亚特》讲述了亚该亚人为了报复海伦被绑架而围攻特洛伊的故事。我们知道——古代观众也知道——故事将会如何结束这个问题的答案，即使特洛伊的陷落发生在舞台之外，在这首诗的情节接近尾声之后。整个特洛伊城被摧毁，以惩罚帕里斯的家庭和整个家族，他违反了待客之道，偷走了主人的妻子。从表面上看，罪行受到了惩罚，作为报应的正义已经被诸神批准——被要求！宇宙再一次变得有序和可预测。

然而构成这首诗的那些较小的互动（interaction），无法与这样一种过于简化的正义概念相调和。这种紧张关系在第24卷中得到了最充分的展现，当时普里阿摩斯（Priam）恳求阿喀琉斯（Achilles）归还他被杀的儿子赫克托耳（Hector）的尸体，阿喀琉斯答应了。他们之间的互动交流使对正义的任何一维的理解都变得复杂，而且还推翻了人类作为宇宙棋盘上的棋子的

简化形象。类似地，如果《奥德赛》叙事的关键问题是"众神会允许奥德修斯实现他的归乡吗（*nostos*）？"在奥德修斯恢复他在伊萨卡岛作为父亲、丈夫和国王的合法地位之前，读者被迫面对第 22 卷中奥德修斯屠杀求婚者和女仆的令人不安且没有缘由的暴力的正义性。

赫西俄德和荷马的作品提出了通过报应实现正义恢复的问题：是否有些损失永远无法弥补？如果不是——报应的循环会被终结吗？虽然希腊文学比古代近东文学更详细地探讨了这些问题，但正如在古代近东一样，这些作品都抵制古代有一个统一的正义概念这种简单化的观念，并拒绝了任何声称早期更简单的正义概念随着时间的推移演变成后来更复杂的概念的人为断言。① 相反，我们在后来的资料中看到的是与早期资料的对话，如同苏格拉底的对话者一样，为一场正在进行的、日益微妙的辩论增加了新的层次。关于公元前 5 世纪的雅典人如何应对社会和宇宙领域中报应性和恢复性正义方案所带来的相互关联的挑战，我们可以参考埃斯库罗斯的《俄瑞斯忒亚》三部曲和修昔底德的《伯罗奔尼撒战争史》。

埃斯库罗斯（公元前 524—公元前 456 年）的《俄瑞斯忒亚》三部曲借鉴了从特洛伊英雄归来的传统，探讨了仅仅根据以损还损来伸张正义，根据平衡账目（balanced accounts）的模型来看待正义的长期影响。在这样做的过程中，三部曲向观众展示了这种狭隘的正义观所带来的灾难性后果，以及从算术角度纠正不法行为的算术观所造成的无法弥补的损害。

从古代流传下来的仅存的悲剧三部曲，《俄瑞斯忒亚》[《阿伽门农》（*Agamemnon*）《奠酒人》（*Libation Bearers*）和《报仇神》（*Eumenides*）]于公元前 458 年首次上演，为埃斯库罗斯赢得了一年一度的酒神戏剧比赛的胜利。《阿伽门农》以阿伽门农的归来开场，他是迈锡尼的国王和亚该亚人的领袖，从特洛伊十年围攻战中获胜归来。在戏剧结束之前，阿伽门农的

35

---

① 参见，例如 Herington（1973）。

王后克吕泰涅斯特拉（Clytemnestra）和她的情人埃癸斯托斯（Aegisthos）在其宫殿里将阿伽门农杀死。

为了讲述阿伽门农从特洛伊返回的故事，该剧追溯到阿特柔斯（Atreus）家族的早期历史：埃癸斯托斯在国王离家时成为克吕泰涅斯特拉的情人，他也是阿伽门农的堂兄。他和克吕泰涅斯特拉都为他们的弑君行为辩护，认为这是对这个家庭中早期谋杀的正义审判：克吕泰涅斯特拉列举了阿伽门农谋杀他们的女儿伊菲革涅亚（Iphigenia），为了发动对特洛伊的远征而犯下的杀害子女的行为，而埃癸斯托斯则讲述了他的叔叔阿特柔斯，也就是阿伽门农的父亲，杀害他的兄弟的恐怖行为。

克吕泰涅斯特拉认为她对阿伽门农的谋杀不仅是对血亲被杀的"神圣法则"的报应，也是一种最终结束家庭内部复仇杀戮循环的行为：

> 但至于我，我很乐意向家族之灵承诺，
> 这一切我都愿意忍受，无论多么艰难；
> 只要他愿意永远地离开这个家，
> 用亲属间的杀戮
> 去折磨别的家族，
> 无论我的财富多么少，
> 我都心满意足，
> 只要能使这个家摆脱这互相杀戮的疯病。

（埃斯库罗斯1991年，《阿伽门农》第1802—1813行，着重号为后加）

《奠酒人》讲述了大约十年后在被杀害的国王墓前发生的故事，故事的中心是阿伽门农的子女，女儿厄勒克特拉（Electra）和儿子俄瑞斯忒亚（Orestes），他们在神意的、个人的和政治的动机驱使下，被迫杀死了他们的母亲，为他们的父亲报仇。该剧探讨了当暴行发生在至亲身上时正义的特殊复杂性以及这种罪行的后果，并以引入厄里倪厄斯（Erinyes）结束，厄里倪厄斯是自远古时代以来就被要求对家庭内的血案进行复仇的神圣复仇女神。[1] 因为俄瑞斯忒亚挥剑杀死了克吕泰涅斯特拉，她们追捕俄瑞斯忒亚，以求对他的弑母行为伸张正义。该剧以复仇女神对俄瑞斯忒亚的超自然追捕为结尾，表明了血腥复仇的循环并没有结束，这是一个如此令人失望和无法满足的结局，以至于它的情节延续至第三部剧。

《报仇神》开场讲述了复仇女神对俄瑞斯忒亚的追捕从迈锡尼到特尔斐，再到雅典。在雅典，雅典娜组建了一个谋杀罪法庭，作为对上述无法解决、无法逃避、最终毁灭的正义概念的裁判。埃斯库罗斯的三部曲以雅典娜将正义从复仇女神手中夺走，并将其置于国家的公民程序中而达到了高潮。当陪审团陷入僵局时，她投出了决定性的一票，宣告俄瑞斯忒亚无罪，结束了这种循环往复的复仇。该决定是一种妥协，无论是在戏剧上还是在道德上，都不令人满意。这是次优的正义，为了允许社会通过必然不完美的人类法庭和公民程序继续前行而做出的决定。

《俄瑞斯忒亚》，至今被认为是西方传统的高峰之一，在其他戏剧中也有提及（见 Aeschylus 1991，导论第 3—4 页），这表明它在公元前 5 世纪广为人知。它所讲述的故事的紧迫性也反映在许多描绘俄瑞斯忒亚杀死埃癸斯托斯的绘画中，这些绘画保存在彩绘陶瓷上，保存至今。其中的一个例子是一个双耳喷口碗（krater），其上绘画被认为是画家迪科马西亚（Dikomasia）所作，可追溯到公元前 460 年，独特之处在于它不仅描绘了俄瑞斯忒亚杀死杀父凶手这一广为人知的主题（图 1.3），而且在它的反面是目前唯一已知的关于埃癸斯托斯杀死阿伽门农这一场景的视觉呈现（图 1.4）。[2]

视觉上，平行设计使这两个场景在双耳喷口碗上连接在一起；事实上，

---

[1]　参见 Hesiod（1993）: Theogony 185, 477; Works & Days 900。

[2]　事实上，这是阿提卡绘画中唯一留存下来的展示阿伽门农之死的场景（Vermeule 1966: 1）。

图 1.3 带有杀死阿伽门农图案的搅拌碗（萼形双耳喷口碗）（碗面描绘了俄瑞斯忒亚谋杀埃癸斯托斯的场景），此为正面。

资料来源：MFA 63.1246，波士顿美术博物馆。

图 1.4 带有杀死阿伽门农图案的搅拌碗（萼形双耳喷口碗）（碗面描绘了埃癸斯托斯谋杀阿伽门农的场景），此为反面。

资料来源：MFA 63.1246，波士顿美术博物馆。

这位艺术家以众所周知的"埃癸斯托斯之死"（Vermeule 1966: 1）的场景为原型来塑造未经证实的阿伽门农死亡场景。但这两个场景在绘画的视觉领域中也有空间上的联系：艺术家运用了建筑元素——垂直的柱子——来标记"两个场景之间的时间过渡，但将它们统一在一个大厅里……允许第一个谋杀案中的人物穿过障碍物，闯入第二起谋杀案"（Vermeule 1966: 2）（图 1.5）。虽然有人声称画家一定是观看了埃斯库罗斯的三部曲的表演后受到了影响①，没有必要将这种直接的影响与《俄瑞斯忒亚》和迪科马西亚的双耳喷口碗对各自观众的影响相比较。双耳喷口碗的环状形状便于观众将这幅画作为一个连续的长条横幅图来阅读——第二起谋杀案的人物闯入了第一

---

① 韦尔穆勒（Vermeule）认为，这幅画的细节表明该瓶饰被视为埃斯库罗斯的《俄瑞斯忒亚》的"插图"，而不是表达对该神话的一般了解（第6—7、19—21页）。

图 1.5　带有杀死阿伽门农图案的搅拌碗（萼形双耳喷口碗）(侧视图)。
资料来源：MFA 63.1246，波士顿美术博物馆。

起谋杀案的场景，两个场景的平行构图加强了我们正在观看重复表演的印象。观众的眼睛——就像三部曲中和彩绘双耳喷口碗上的人物一样——被困在复仇的循环中，注定要反复地、循环地、没完没了地从一个谋杀现场跳到下一个。

结论

《俄瑞斯忒亚》三部曲和波士顿美术博物馆收藏的画家迪科马西亚的双耳喷口碗将我们带回了表演和观众的讨论，以及古代通过促进多方观点之间的对话来探索正义的含义和价值的旨趣。作为结论，本章转向最后一个案例研究，米洛斯对话（v 84—116），摘自修昔底德（公元前 460—公元前 399）的《伯罗奔尼撒战争史》（431—404）。

长达 27 年的伯罗奔尼撒战争已经进行了十年，雅典通过围攻和逼迫投降迫使一系列以前独立的岛屿臣服于她的帝国。《伯罗奔尼撒战争史》的

"转折点"之一（Connor 1984: 157），米洛斯对话的形式是独特的①，由简短、直白的交流组成，其中雅典代表团要求米洛斯岛要么向雅典投降，要么被摧毁。

在这一对话中，雅典人没有诉诸正义。相反，他们敦促岛民只考虑什么最符合米洛斯的自身利益。对于读者来说，这种效果类似于观看了一幕剧。

雅典人：我们建议你们应该试着去得到你们可能得到的，考虑到我们双方的真实想法；因为我们双方都知道，实际的规则是，正义的标准取决于双方的实力，事实上强者做他们有能力做的一切，弱者只能接受他们不得不接受的一切。

米洛斯人：那么在我们看来（因为你们强迫我们置正义的原则于不顾，而只是从利害关系着眼）——在我们看来，你们不应该破坏一个对所有人都有益的原则——即对所有处于险境中的人而言，应该有公平竞争和公正处理这样的事情，应该允许这些人使用不符合数学准确性的论点来维护自身利益。这个原则对你们的影响和对他人的影响是一样的，因为你自己的沦陷会遭受最可怕的报复，还会成为世人殷鉴的例证。

雅典人：……我们不想让你们加入我们的帝国时遇到任何麻烦，我们希望你们得到保全，这对我们彼此都有益处。

米洛斯人：我们做奴隶，你们做主人，这怎么是对我们彼此都有益处呢？

雅典人：你们如果臣服，就可以免遭灭顶之灾；我们不摧毁你们，

---

① 米洛斯对话是修昔底德在斯巴达国王阿希达穆斯（Archidamus）和来自普拉蒂亚（Plataea）的代表团之间的交流之外唯一使用的对话形式（Book 2.71—4; Connor 1984: 148）。即便如此，这次交流要短得多，作者的解释打断了直接对话的交流，给人一种叙述多于表演的感觉。

就能从你们身上获得利益。

米洛斯人：所以你们不同意我们保持中立，做朋友而不做敌人，不与任何一方结盟的政策了？

雅典人：不，因为伤害我们的不是你们的敌意；事实上，如果我们与你们友好相处，我们的臣民会认为这是我们软弱的表现，而你们对我们的仇视则被视为我们强大的证明。

米洛斯人：把那些与你们毫不相关的人与大多数你们自己的移民或被你们征服的反叛臣民的人同等对待，这是你们臣民对公平竞争的看法吗？

雅典人：就对错而言，他们认为两者是没有区别的，那些仍然保持独立的人这样做是因为他们强大，如果我们没有攻击他们，那是因为我们有所畏惧。因此，通过征服你们，我们不但扩展我们帝国的疆域，而且还增进它的安全。

康纳（R. Connor）译，1984 年版，第 5 卷，第 89—97 段。

如果修昔底德的历史是通过作者的客观超然来实现其影响力的，他让读者自己去建立联系和得出结论（Connor 1984: esp. 12—19），那么这种超然的影响在这组对话中体现得最为明显。读者（或观众）被迫站在交易的见证人的立场上，目睹雅典和米洛斯的代表演绎《国家篇》中色拉叙马库斯（Thrasymachus）的主张，即 "正义只不过是强者的利益"（*Republic* II, 338c）。修昔底德对米洛斯事件结果的报道客观超然且低调，"米洛斯人无条件地向雅典人投降，雅典人处死了所有他们俘虏的成年男子，并将女性和儿童出卖为奴"（第 5 卷第 116 段），这只是放大了我们目睹雅典人变成那样子所感到的恐惧。

当然，我们知道，正如修昔底德的古代读者所知道的，雅典帝国的持续扩张——修昔底德将其与她对正义的漠视联系在一起——将以雅典对西西里的灾难性远征而告终。但修昔底德迫使我们将雅典人对待米洛斯的方式与她在西西里岛的失败直接联系起来，当时他突然从对话的形式回到了他的叙述："在同一年冬天，雅典人决定再次出海驶向西西里岛……如果可能的话，征服它。"①

通过将雅典在西西里的失败与她对待米洛斯的方式联系起来，修昔底德的文本认为，雅典在西西里的失败是正义的，因为她利用了强者的利益（用柏拉图的话来说），或者未能（用汉谟拉比的话来说）"使强不凌弱"。即使没有神权或王权介入惩罚雅典，修昔底德的观众——古代的和现代的——仍然见证了正义在一个隐含秩序的宇宙中的运作。

---

① 更多关于米洛斯事件和西西里远征及其影响的关联，请参见 Connor（1984）: 147—157 and 19, fn. 28。

第二章[*]

宪法

吉尔·弗兰克

在古代，宪法指的是两个方面的惯例、规范或规则：一方面是城市治理机构的统治规则；另一方面是一个城市的既定规则、习俗或生活方式。希罗多德的《历史》提供了一个宪法第一方面的例子，在它进行的辩论中，三位波斯贵族讨论他们的新政府应该采取何种形式：奥塔涅斯（Otanes）主张多数人统治，支持民主；麦加毕佐斯（Megabyxos）主张少数人统治，选择寡头政治；大流士（Darius）支持君主统治（3.80—82）。[1] 在《伯罗奔尼撒战争史》中，修昔底德在描述伯里克利领导下的雅典为"第一公民的政府"（2.65.9）时，也提到了关于城市治理机构的宪法问题。

公元前 5 世纪的悲剧舞台揭示了宪法的第二个方面，即一个城市的既定规则、习俗或生活方式。例如，在索福克勒斯的《安提戈涅》中，安提戈涅的未婚夫海蒙（Haemon）和她的妹妹伊斯墨涅（Ismene）主张宪法统

* 本章得到了康奈尔大学人文科学协会 2015—2016 年布雷特·德·巴里跨学科梅隆写作小组奖的支持。感谢小组成员提出的有益问题和建议：拉腊·弗雷斯科（Lara Fresko）、雷娜·考洛什（Rayna Kalas）、纳兹利·科尼亚（Nazli Konya）、贝克尔·梅达克·塞金（Becquer Medak-Seguin）、阿齐兹·拉纳（Aziz Rana）、尼尔·萨卡曼诺（Neil Saccamano）和雅各布·斯旺森（Jacob Swanson）。我感谢苏珊·巴克-莫斯（Susan Buck-Morss），胡伦·艾特沙白（Julen Etxabe）、迈克尔·基西（Michael Kicey）、马修·兰道尔（Matthew Landauer），梅莉莎·莱恩（Melissa Lane），杰拉尔德·马拉（Gerald Mara）以及政治理论协会 2015 年会议上的听众。感谢乔丹·约基姆（Jordan Jochim）和我讨论柏拉图《法律篇》和他的研究的协助，感谢胡伦·艾特沙白邀请我向本书投稿。
[1] 希罗多德的《历史》的日期是有争议的，但有一点达成了一致意见，即它提到宪法辩论中对公元前 5 世纪中后期的文献引用存在时代错误：参见 Lane（2014: 69—70）。

治必须以底比斯人的生活方式为基础（740—750, 90—92）。① 在埃斯库罗斯的《报仇神》中，雅典娜组建了一个由雅典最优秀的公民（487）组成的"审议大会"（570），以审判俄瑞斯忒亚谋杀其母亲克吕泰涅斯特拉的罪行，阿留帕格斯（Areopagus）② 被描述为最有能力裁判俄瑞斯忒亚案件的组织，比任何一个凡人（470, 696—698），也比任何神祇（471）都好。毫无疑问，雅典娜允许她自己投票，让正义的天平向俄瑞斯忒亚倾斜（735），这似乎表明了神的制定权。但雅典娜仅在得知雅典人向俄瑞斯忒亚开放家园，从而认为他已经清除了克吕泰涅斯特拉谋杀案的污染（451—452、284—285）后才确定他"不会对［她的］城市造成伤害"（475）。这表明她的投票可能会赞同伊斯墨涅和海蒙在《安提戈涅》中的立场，即宪法统治与城邦的生活方式紧密相连。③

42 　　历史学家和悲剧作家实际上关注宪法的两个方面。希罗多德的奥塔涅斯偏爱民主，不仅因为它是由多数人统治的，而且因为它的均法（isonomia），或法律上的平等，使公民能够参与宪法（3.80）。在修昔底德的描述中，在公元前431年纪念伯罗奔尼撒战争第一年阵亡雅典战士的葬礼演说中，伯里克利不仅探问"［雅典的］伟大所赖以成长的政府形式"，还探问"它作为其源头的民族习惯"（2.36.4）。《安提戈涅》和《俄瑞斯忒亚》把宪法统治归于城市的生活方式，正是为了对抗一种特定的政府形式，即

---

① 关于伊斯墨涅为共同法辩护，见 Frank（2006年）。关于剧中次要角色的重要性，尤其是合唱部分，参见 Atkison（2016）。

② 位于雅典卫城的西北，在古典时期作为雅典刑事和民事案件的高等上诉法院。据称阿瑞斯因为杀死波塞冬的儿子哈利罗提奥斯（Alirrothios）在此接受希腊众神的审判。在公元前5世纪以前，阿留帕格斯是雅典的贵族会议。公元前462年，厄菲阿尔特（Ephialtes）进行改革，剥夺了阿留帕格斯的几乎所有的职能，只保留了审判谋杀的司法职能。——译者注

③ 我把雅典娜代表"男性"（736—741）的主张放在一边，因为我认为它是而且应该被认为是似是而非的：毕竟，正如埃斯库罗斯的观众所熟知的那样，雅典娜确实有一个母亲——墨提斯（Metis）。

僭主制。正是为了回应克瑞翁将法律视为来源于他自己，是由他自己所创造的（191），他的技艺（art）的产物（400），以及他将城市视为其私人财产（800），《安提戈涅》将宪法统治视为"公共的或共同体的或共享的财产"（Allen 2005: 388—389）。坚持"没有一个城市只属于一个人"（798），海蒙声称克瑞翁"将是一个沙漠中的优秀独裁者"（801）。先知忒瑞西阿斯（Tiresias）也暗示了克瑞翁的僭主统治（1050—1155）。[1] 合唱团拒绝代表克瑞翁传达法律（230—240），而是把他当作一个自立法者（auto-nomos），一个为自己创立法律的人，并把他描述为无城邦之人（apolis）（405），从而明确地指出他与底比斯的关系是超宪法的（extra-constitutinal）。[2]

在欧里庇得斯（Euripides）的《乞援女》（Suppliant Women）中，忒修斯（Theseus）强调了僭主统治的危险，认为"对一个城市来说，没有什么比绝对统治者更糟糕了"，因为法律不是"公共的，konoi"。取而代之的是，"一个人拥有权力，将法律据为己有（430—432）"。埃斯库罗斯的《阿伽门农》和《奠酒者》可能是首批在舞台上呈现私人所有的法律违背宪法的悲剧，在这些戏剧中，复仇法成为其表现形式（Aeschylus, 2011）。《报仇神》在对俄瑞斯忒亚的审判中提出了这个问题的广泛的政治利害关系。因为，尽管在俄瑞斯忒亚是否应该因谋杀他的母亲而受到惩罚的问题上，厄里倪厄斯和阿波罗站在对立的两边，但他们和克吕泰涅斯特拉、俄瑞斯忒亚一样，被描绘成按照他们各自的城邦辖区，冥界和天堂的法律行事。正如底比斯的毁灭证明了克瑞翁的自立法（auto-nomos）（1398—1425）的超宪法特性，俄瑞斯忒亚的凡人的且不朽的自立法（auto-nomoi）也同样威胁到了阿尔戈斯 [3]（《奠酒者》1068—1076）和雅典（《报仇神》778—787，808—817）的解体。因此，古代历史学家和悲剧作家将作为城市治理机构的规则

---

[1] 对于克瑞翁的不同理解，请参见 Honig（2013）。

[2] 关于克瑞翁以及安提戈涅作为自立法之人，参见 Frank（2006）and Allen（2005）。

[3] 希腊伯罗奔尼撒半岛东北部的一个城邦，是南希腊政治、文化中心。——译者注

的宪法与作为城市的规则、习俗或生活方式的宪法联系起来。

古代的哲学家们也是如此。例如，亚里士多德将宪法、政制（*politeia*）定义为决定一个城市政治形式的"职能组织"（*Politics* 1289a15—17），也定义为一个城市特有的构成或"生活"（1295a40）。把"真正的政府形式"，即君主政体、贵族政体和公民政体（*politeia*），描述为"一个人、少数人或许多人为了共同利益而执政"（1279a29—31），亚里士多德提供了一个政体分类，反映了与宪法相关的治理机构和生活方式的不可分割的二元性。他将那些以统治者个人利益为依归的城市统治，无论是为了一个人、少数人还是多数人的个人利益，如僭主制、寡头制或民主制，都称为"变体"（1279a33, 1279b4—10, 1289a26—30），他拒绝将这些视为适当的宪法。一个根据统治者"自己的喜好"（1295a17）统治的城市，在这个城市里"统治者和被统治者没有共有的东西"（*Nicomachean Ethics* 1161a33），这就是僭主制，亚里士多德将其描述为"宪法的反面"（*Politics* 1293b31）。亚里士多德将"宪法统治"定位为公民轮流统治和被统治的做法（*Politics* 1259b2—5），坚持认为即使是"统治者也必须通过服从来学习"（1277b9—10, 1333a1—2），因为"从未学会服从的人不可能是一个好的指挥官"（1277b14—15）。要使宪法得以持续，全城邦各部分的人都必须希望它存在并且这些安排得以保持（1270b21—22）。那么，对亚里士多德来说，正如对悲剧诗人而言，只有为那些生活于其下之人接受时，统治才是合宪的（Frank 2015）。

柏拉图的政制对话录也注意到了宪法的二元性。《法律篇》关注的是城市的治理机构、职能的安排以及它们自身的制度，同时也着眼于这些如何塑造公民的性格和生活方式（630e—631a）。《国家篇》将宪法理解为"从这个城市人民的性格中诞生"，其他一切随之产生（544e），而且，正如《国家篇》第5、8、9卷所证明的，与城市的治理机构和制度有关。像亚里士多德的《政治学》一样，柏拉图的对话录提出了违宪政体，用雅典来客在《法律篇》中的话说，他们的法律不是为整个城市的利益而制定的（715b）。

因此，雅典来客称僭主制、寡头制和民主制不是宪法，而是"城市处于专制者统治之下的管理方式，它的一部分人奴役另一部分人。每一种政体都以那个成为专制者的权威命名"（712e—713a）。这些政体是违宪的，因为统治者"接管了城市的事务，以至于他们拒绝与失败者分享任何统治权"（715a—b）。在雅典人看来，和亚里士多德一样，公民通过知道"如何正义地统治和被统治"而参与宪法（643e）。和亚里士多德以及悲剧一样，《国家篇》第1卷和第9卷把僭主制作为其专门的批评对象。

和亚里士多德的著作一样，在柏拉图的著作中，宪法统治的两个方面是相互关联的。在《国家篇》中，苏格拉底所说的宪法的"良性循环"（424a）以"同声相应，同气相求"（425c）的方式描述了这样一种思想，即一个城市的治理机构是通过该城市公民的生活方式来维持的，同时，公民的既定习俗和习惯是通过该城市的机构和职能安排来灌输的。例如，在《国家篇》第8、9两卷中，苏格拉底将宪法的衰落解释为制度变迁以及对城市法律的习惯态度改变的结果（548b, 550d）。这种"个人心理和政治环境之间的相互制约"或"灵魂和城市之间的双向因果关系"（Vegetti 2013: 13—14, n. 52）也体现在《法律篇》中，例如，当雅典人对斯巴达和克里特宪法的机构和职能提出质疑，因为他们忽视了自我节制、智慧和正义的美德，只注重战争的胜利和教导军事勇气的时候（625d—626c, 631b—632d, 688a—b, 705d）。① 亚里士多德和雅典人一样对这些宪法表示担忧（*Politics* 1271b1—12），同样，他也批评了法勒亚斯（Phaleas）② 宪法的均等方案，因为它没有认识到"需要均等的不是财产，而是人类的欲望"（1266b30）。

---

① 个人心理和政治环境之间的这种相互作用是出现在柏拉图和亚里士多德的著作中灵魂和城市之间类比的背景，参见 Ferrari（2005）。

② 可能生活于公元前4世纪早期，是古代的一位希腊政治家，他主张一个模范城市的所有公民在财产和教育方面应该是平等的。亚里士多德的《政治学》第二卷中提及他。——译者注

因此，在哲学家的文本中，古代宪政的二元性是由一个城市公民的生活方式所维系的习惯、性格和惯例与构成其治理机构的集体秩序和制度之间的动态和相互关系所支撑的。① 通过将伦理和政治结合在一起，这种宪政的方法将宪法的统治、本源、权威和合法性置于宪法本身之内。这也可以在西塞罗的著作中看到，在那里，宪法，作为 res publica——"公共事物"，因此属于人民。这是一个"联合性概念"的共同体，也就是说，一个具有"体制层面"的个体公民组成的公民社会（Hammer 2014: 30）。

　　突出古代宪政的两个方面及其动态的相互关系，并不是将古代作家视为民主的倡导者。尤其是在公元前 5 世纪和前 4 世纪的雅典，相反，民主是严厉批判的对象。例如，修昔底德在漫长而混乱的伯罗奔尼撒战争（公元前 431—公元前 404 年）的背景下写作，民主的雅典转向寡头制甚至僭主制（公元前 411、404 年），他将雅典的军事政策与其领导人、与雅典人的个人野心的释放以及利益联系到一起（2.65.7）。他描述了雅典人的过度扩张，贪得无厌（pleonexia）——是由他们的帝国的或者用伯里克利（Pericles）的话说——"专横的"欲望所驱动的，这种欲望引导他们的领导人或被其引导，以拥有更多的人民和城市（1.122, 124, 2.63, 3.37, 6.85）（Balot 2001; Wohl 2002）。

　　在公元前 5 世纪的舞台上，阿里斯托芬（Aristophanes）的《骑士》（611—680），上演于公元前 424 年，以及欧里庇得斯的《俄瑞斯忒亚》（870—945），上演于公元前 408 年，讽刺了他们同时代的雅典民主的专制统治（Munn 2000: 118—119, 374 n. 31 Morgan 2003）。由于雅典的民主制度和政策都反映了雅典人民的愿望、意见和判断，作为城市治理制度的宪法与作为城市生活方式的宪法之间的关系尤为密切。在《骑士》中，作为一种身份关系，阿里斯托芬将"人民"（dêmos）的领袖称作"德漠斯"（Dêmos），并把这两者都描绘成对野心和个人利益有着相同的取向（630—

---

① 关于我在亚里士多德书中对这个主题的论述，请参见 Frank（2005）。

680; 788—1276）。

在《国家篇》第 8 卷中，苏格拉底将民主政体描绘成公元前 5 世纪晚期雅典民主的一面镜子，描述了它走向僭主政治的衰落过程（557a—562a）。在《法律篇》第 3 卷中，雅典来客将雅典民主（693 年）视为波斯专制的镜像。类似地，亚里士多德将其等同于僭主政体，在这种政体中，大众"不是作为个人，而是作为集体"，作为"多合一"拥有"最高权力"（*Politics* 1292a4—12；也见 1298a32, 1312b6）。亚里士多德把民主法令和"僭主的命令"联系起来，声称两者都凌驾于法律之上（1292a20—25），认为"在法律没有权威之地，就没有宪法"（1292a32—33）。从雅典公元前 5 世纪到公元前 4 世纪"知识分子批评家"对民众统治的观点来看（Ober 2001），这一时期的雅典人民（*dêmos*）类似于悲剧中出现的僭主，按照自己的利益进行统治，把法律作为自己技艺（art）的产物，把城市作为自己的私人财产。①

如果僭主政治是古典时期违宪的黄金标准，相比之下，宪政的标志是一个城市的公民在宪法中是否有"参与"或"伙伴关系"（Schofield 1996; Rhodes 2009: 60—61）。② 参与意味着什么是各不相同的，因为，正如亚里士多德解释的，公民的参与与他们的宪法有关（*Politics* 4.14—16）。有时，公民通过担任公职、议事和进行审判来参与，有时通过让议事者和法官承担责任的机制来参与，如官员的入职审查（*dokimasia*）和卸任审查（*euthunai*）（Euben 1997: 94—99）。至少，从埃斯库罗斯的《俄瑞斯忒亚》和索福克勒斯的《安提戈涅》，到色诺芬的《斯巴达人宪法》（*Constitution of the Lacedaimonians*）（8.5），再到柏拉图和亚里士多德的著作，古代文献都清楚地表明，宪法的参与依赖于公民自愿默认他们城市的法律。我们可以

---

① 在他的《历史》一书中，公元前 2 世纪罗马历史学家波里比阿（Polybius）有类似的看法，他批评僭主制（5.11）和无节制的民主，称后者为"暴民统治"（*ochlokratia*）（6.57）。

② 关于古代僭主制的"强大但含义模糊的文化象征"，参见 Forsdyke（2009）。

图 2.1　德谟克拉西给雅典人民（*Dēmos*）加冕。这幅公元前 377（366）年反独裁法上的浮雕描绘了德谟克拉西为雅典人民加冕的场景。

资料来源：雅典美国古典研究学院：阿哥拉出土文物网站。

阿哥拉图片：2009.05.0084　摄影师：克雷格·莫兹，2008 年 8 月 2 日。

称之为宪政的必要或最低条件。正如雅典来客在柏拉图的《法律篇》中所言，如果公民非自愿地接受一个城市的法律或未能自由地参与宪法，这个宪法就不是名副其实的宪法（690c, 832b—c, 712e—713a）。如果没有公民参与宪法，自愿默认他们城市的法律，就不会有共同体（*koinonia*）、公民社会（*civitas*）、共性（commonality）或人民的事务（*res populi*）。正是在这个意义上，正如 P. J. 罗兹（P. J. Rhodes）在谈到希腊世界时所说，"城市即为其公民"（Rhodes 2009: 61）（见图 2.1）。

将参与宪法作为宪政的必要条件，有助于理解自古以来对僭主政治的反对，僭主政治很少有机会（如果有的话）让治理机构承担责任，在这种制度下，对法律的遵守不是自由或自愿的，而是由于强制或威胁使用武力。这有助于解释古代思想的另一个共同特征，即从修昔底德的《历史》

（8.97.2），到柏拉图的《法律篇》（681d—e, 693d—e），到亚里士多德的《政治学》（1279a37—b6, 1294a30—b13），波里比阿的《历史》（6.10—11, 6.18），以及西塞罗的《论共和国》（1.45, 1.69），对混合宪法的偏好。无论是通过波里比阿喜欢的制衡机制，还是通过早期希腊人喜欢的混合或融合，混合宪法都试图确保精英和大众都参与进来（Hahm 2009: 178—198; Lintott 2009: 269—285; Lane 2014: 260—274）。将参与宪法作为宪政的必要条件也有助于解释古代对极端民主的批评：没有法治，就没有宪法可言。法治对于古代宪政的必要性可以追溯到公元前 6 世纪的雅典立法者和诗人梭伦，他将良法之治（*eunomia*）——根据良好法律进行的统治——定义为"使粗糙之物变平滑，制止贪婪，削弱傲慢，让疯狂的生长之花凋谢。它能纠正错误的判断，使傲慢的行为变得温和，制止分裂的派别，结束愤怒争吵的痛苦。"对梭伦来说，良法之治是"人类一切有序和智慧的源泉"（Gagarin and Woodruff 1995: 26）。[1]

法治可能是宪政的必要条件。然而，基于它的来源，它也意味着麻烦。从悲剧舞台到哲学文本，宪政的二元性和互惠性表明，宪法是一种在时间和质量上都领先于立法的规范。亚里士多德对这一点特别明确。他警告说"法律不应该与宪法的原则相混淆"（*Politics* 1289a16—17），他坚持认为"法律是并且应该是根据宪法来制定的，而不是宪法根据法律来制定"（*Politics* 1289a14—15, 1282b10—11）。在梭伦向雅典人展示他的法律的描述中，正如在古代神话立法者——如斯巴达的来库古（Lycurgus）和克里特岛的米诺斯（Minos）的描述中，与之相反，法治不是被描述为起源于宪法，而是起源于丹尼尔·艾伦（Danielle Allen）所说的"指名道姓的"立法者（2005: 390—392）（见图 2.2）。

这些选择的利害得失——先有宪法，后有法律，还是先有立法者，后

---

[1] 关于梭伦，参见 Mosse（2004: 242—259）。

图 2.2　栏杆旁的梭伦雕像。卡罗尔·海史密斯（Carol Highsmith）摄于 2012 年 7 月 19 日。国会图书馆托马斯·杰弗逊大楼，华盛顿州特区。https://commons.wikimedia.org/wiki/ File: Loc-solon-highsmith.jpg。

资料来源：Library of Congress/Carol M. Highsmith/LCDIG-highsm-02101。

有宪法——在柏拉图的政制对话录中得到了最好的例证，特别是《国家篇》与《法律篇》。① 我们已经看到，这些对话致力于宪法的二元和互惠方面，从而将宪法作为先于立法的规范。然而，在他们各自对"最好的"卡利波利斯城（Kallipolis）和"次好的"马格尼西亚城（Magnesia）的描述中，《国家篇》和《法律篇》既没有将法律的来源和权威定位于这些城市的治理机构，也没有定位于它们的生活方式，而是定位于它们的创立者—立法者：在《国家篇》的卡利波利斯城中，是苏格拉底、格劳孔（Glaucon）和阿得曼托斯（Adeimantus）；在《法律篇》的马格尼西亚城中，是雅典来客、斯巴达人梅奇卢斯（Megillus）和克里特人克列尼亚斯（Cleinias）。在这些理

---

① 《政治家》也包含在这一组中，但是基于本章的目的，我没有涉及这部对话录。关于阅读《法律篇》和柏拉图其他对话录的重要性，参见 Rowe（2010: 29—50）。

想化的"话语中的城市"（*Republic* 369a, *Laws* 702d—e）中，正如迄今为止探索的治理方法一样，"政制和它的法律是不可分割的"。但是在这些城市中，正如梅丽莎·莱恩（Melissa Lane）最近指出的那样，"是［法律］定义并构成了［宪法的］特征"，而不是相反（2013a: 112）。[①]

本章的其余部分探讨了这种反转对宪政的影响。我认为，《国家篇》和《法律篇》提出了卡利波利斯城和马格尼西亚城的宪法，这两个城市的宪法是从它们的创立者—立法者的法律的角度来制定的，因为它们甚至未能满足上述宪政的最起码的必要条件，即公民通过自愿默认他们城市的法律来参与宪法。我认为，这一失败强化了该对话录对宪法的总体承诺，即宪法是统治机构和公民生活方式之间不可分割的互惠关系。对这种失败和强化予以考虑，凸显了柏拉图在宪法问题上与亚里士多德和诗人的近似。它也指向了对柏拉图政制[*]著作所提供的政治宪法教育的新评价。学者们经常把卡利波利斯城和马格尼西亚城作为柏拉图的宪法美德的保证。在接下来的行文中，我将这些城市解读为柏拉图对寻求这种保证所付出的伦理和政治代价的体现，并提出充分的理由。

超宪法统治的技艺

梅丽莎·莱恩在柏拉图的政制对话录中解释了以下"因果顺序"：首先，城市的建立是由创立者—立法者"以法律的框架来表达"的；其次，是城市统治者的教养和教育；然后是由统治者制定的城市的法律，以最初由创立者—立法者制定的"重要的"法律为依据；最后，统治者的法律"通过良性循环的教育灌输支持它们的价值观"（2013a: 111—112, 110）。莱恩指

---

① 关于卡利波利斯城的立法，另请参见 Pradeau（2005: 100—123）。

* 柏拉图所著《国家篇》一书分别有"Politeia"和"Republic"两个名称，前者是希腊名称，后者是拉丁文译名，两者侧重点有所不同。但是，本文作者以"Republic"指称该书，以"Politeia"指称《国家篇》和《法律篇》多部作品。——译者注

出，在柏拉图的政制对话录中，最好的和次好城市的创立者—立法者"在某种意义上是超宪法的。"他们的治理机构也是如此，因为哲学王被确立为卡利波利斯城的统治者以及马格尼西亚城的立法者／统治者，这并未制定法律。有鉴于此，更准确地说，这些城市的治理机构是超宪法的，它们的创立者—立法者则是远超宪法之外的（extra-extraconstitutional）。正是从这些宪法以外的各自立场出发，创立者—立法者确立法律，统治者制定和执行法律，这些法律支配着共同构成城市政体的机构和生活方式。

在《国家篇》第6卷中，苏格拉底称这位创立者—立法者为"宪法画家"（501c）。雅典来客在《法律篇》第4卷（709b—710b）中介绍了作为一门技艺、基于知识的技术（technē）的立法，在《法律篇》第6卷（769a—e）中介绍了作为宪法画家的立法者，在《法律篇》第7卷中把他自己以及他的共同创立者—立法者，梅奇卢斯（Megillus）和克列尼亚斯（Cleinias），称为"诗人的竞争对手"，"最美丽戏剧的艺术家和表演者"，他们构建了一部宪法，即理想政体作为"对最美丽和最好的生活方式的模仿"，"只有真正的法律"才能使其完善（817b）。[①] 因此，通过参考由远超宪法之外的创立者—立法者设定的"真正的"法律来理解，宪法成为一门技艺、基于知识的技术的作品。克列尼亚斯提到"以言辞构建一座城市，就好像我们从头开始建造它"（702d）。雅典来客提出"用蜡塑造城市和公民"（746a—b）。如此理解的宪法技艺，在亚里士多德的意义上是一种基于知识的技术，也就是说，它根据一张蓝图，一种形式，一种理念（eidos）来设计它的产品，该蓝图、形式、理念起源于艺术家的灵魂或心智，并且是其产品之外的原因、原则或规则、本原（archē）（Metaphysics 1032b23，Nicomachean Ethics 1140a10）。

通过参照一种远超宪法之外的统治技艺来趋近宪政有一个清晰而明显的好处。当宪法如此确立时，它们的良性循环似乎得到了保证。苏格拉底

---

① 关于这一段落的讨论，请参见 Laks（2010：217—231）。

在《国家篇》第4卷中这样说:"一旦有了一个良好的开端,我们的宪法将是一个良性循环(424a—b,我加了着重号)。"为了"有一个良好的开端",正如苏格拉底在《国家篇》第6卷中所说的,"宪法画家必须把石板擦干净","从一开始就拒绝与任何个人或城市有任何关系,或起草任何法律,直到他们得到了一块干净的石板或已经将石板擦干净为止"(501a)。在《国家篇》中,为卡利波利斯城的宪法擦干净石板要求驱逐所有10岁以上的人(541a)。在《法律篇》中,"从一开始就用蜡来塑造[马格尼西亚]城及其公民",要求先发制人的清理(735b—737a)。

因此,远超宪法之外的统治技艺不是来自这些城市现有的治理机构,也不是来自"生活方式"(Politics 1295a40)、"习惯"(History 2.36.4),或"公民的性格"(Republic 544e),而是,如前所述,来自他们的远超宪法之外的艺术家的理念(eidē)。亚里士多德对卡利波利斯城提出了这一观点,他评论说,虽然那些并非统治者的人占大多数,"关于他们,没有什么是确定的"(Politics 1264a14—15)。亚里士多德将卡利波利斯城的哲学王称为"仅仅是占领的卫戍军"(1264a26—27),他问"在什么原则下"(1264a19—20),卡利波利斯城的"真正公民"(1264a27—28,即大多数)会服从他们统治者的统治?亚里士多德可能会对《法律篇》中的马格尼西亚城提出同样的问题,因为在《法律篇》第3卷的末尾提示,这座城市是克里特的殖民地,由克列尼亚斯和他的九位同胞被授权建立(702b—d)。虽然这座城市在文化上是斯巴达和克里特式的(707—708d),它的法律主要借鉴和改编自雅典的法律(Morrow 1960; Schofield 2006: 76; Annas 2010)。

值得注意的是,这两个城市的"石板"不仅必须在开始时被清理。它们也必须保持干净。为此,卡利波利斯的法律要求实施广泛的优生学计划(459d—461e),而马格尼西亚城的法律要求更多的清洗(740e, 929c—d)和多种的惩罚和刑罚(774a—e, 784d, 854d—855c, 864e, 866b, 914b—d, 917d),包括对所有人和各种违法行为广泛适用死刑(854e, 856c, 860b, 915c, 933d—

e, 937c）。因此，以武力为导向，依据由远超宪法之外的创立者—立法者—艺术家创造的法律来建立和统治，马格尼西亚城和卡利波利斯城看起来不像悲剧舞台上描绘的政体那样，看起来像是披着法律外衣的僭主政治。《法律篇》中的雅典来客同样暗示了立法者的心声，他建议将"年轻的僭主"与立法者配对，以建立最快速最有效的宪法（709e—712a）。正如马里奥·维格蒂（Mario Vegetti）所言，在这种情况下，宪法似乎是"一种保证方法链的顺序实现的集权式体制，简而言之就是一个知道将要创造的模式并能够从中得出整个社会的合理规划之人的独裁（2013：8）"。①

49　　当然，在古代文本中对僭主制的描述和柏拉图对卡利波利斯城和马格尼西亚城的描述之间有一个重要的区别，那就是柏拉图在演讲中所构想的城市的创立者—立法者—艺术家不是为了他们自己的私利而是以善的名义立法，以期通过他们的"真正的"法律，如前所述，建立有德性的宪法。或者是柏拉图让他们这么说的。读者通常相信他们，认为他们代表柏拉图说话。② 然而，柏拉图的政制对话录没有给出任何依据来假设他们的人物，包括雅典来客和苏格拉底，是代表柏拉图说话。正如斯蒂芬·哈利威尔（Stephen Halliwell）所坚持的那样，"在柏拉图的对话录中，没有可靠的解释学可以追溯到一个单一的作者立场（关于任何事情）(2009: 19)"。无论如何，苏格拉底在《泰阿泰德篇》(Theaetetus)中说，"论点从来不是来自我；它们总是来自我与之交谈的人（161b）"。那么，也许我们不应该把柏拉图让创立者—立法者—艺术家关于他们的统治技艺的言说当作对话录关于宪政的最终定论。事实上，如果苏格拉底在《泰阿泰德篇》中所说的，

---

① 另见 Popper［1944］（2013）。

② 众多例子中的一个，见 Menn（2006: 24），"雅典来客充当了柏拉图本人的替身，与民主的通常产物相比，他是一个优秀的雅典人，拥有斯巴达人和克里特人可悲地缺乏的哲学和数学知识"（脚注从略）。关于柏拉图对话中的人物代柏拉图发声的理论的详细讨论，见 Nails（1999: 15—26）和 Press（2007）。

对《国家篇》和《法律篇》来说也是正确的——也就是说，如果像《泰阿泰德篇》的苏格拉底的论证一样，《国家篇》的苏格拉底和《法律篇》的雅典来客的论点来自他们的对话者——那么，在柏拉图的政制对话录中出现的创始人—立法者—艺术家的观点，被一些读者认为是柏拉图的立场，实际上是格劳孔和阿得曼托斯（苏格拉底在《国家篇》中的对话者）以及克列尼亚斯和梅奇卢斯（雅典来客在《法律篇》中的对话者）的观点，对话中提出的所有这些观点都是需要修正的。

以这种方式阅读柏拉图的政制对话录（下文详述），可以得出结论，当柏拉图描绘苏格拉底和/或雅典来客声称以善的名义立法时，将其理解为在他们的对话者看来是以善的名义立法可能更好。然而，这本身是复杂的，因为在《国家篇》中对格劳孔和阿得曼托斯是善的东西，以及在《法律篇》中对克列尼亚斯和梅奇卢斯是善的东西，似乎在对话的过程中发生了变化。在对话的开始，对这些角色来说善似乎是他们所熟悉的伦理和政治：就克里因尼亚斯和梅奇卢斯而言，伴随着他们成长的多利安制度和惯例，如前所述，以战争的胜利和军事勇气为导向（626a—c）；格劳孔和阿得曼托斯所熟悉的是《国家篇》第 1 卷中与苏格拉底的对话者色拉叙马霍斯有关的专制正义，后者对两兄弟想象力的掌控在《国家篇》第 2 卷中表现得淋漓尽致（358e—362c, 362e—367a）。

当雅典来客认为斯巴达和克里特的宪法只是表面上的善的时候，《法律篇》中的多利安人被描绘成能够接纳不同的宪法安排（632d—633a）。《国家篇》中的两兄弟积极要求对色拉叙马霍斯正义的替代方案（358b—d, 367b—e）。进入马格尼西亚城，并通过灵魂和城市之间的类比，雅典来客和苏格拉底提出了一个名为卡利波利斯城的理想城市模型，他们将这城市作为不同的替代方案，最初对于对话者来说似乎是不错的选择，但它们的差异最终被证明主要是表面上的。可以肯定的是，雅典来客质疑了多利安法的战争取向。然而，他提出的马格尼西亚城立法明显倾向于军事勇气和战争（753b，755c，756a，796e，809c，813e，814c，829a—b，942c—d）。诚然，苏格拉底质疑色拉叙马霍斯关于正义是统治者的利益（338c）和法律的产物（339b）的观点。然而卡利波利斯城的正义要求城市的所有部分都服从统治者（428a—434d）的统治，它本身就是（创始人—立法者—艺术家）法律的产物。尽管苏格拉底和雅典来客一再请求他们分别对卡利波利斯城和马格尼西亚城提出的法律、制度和惯例三思而行，格劳孔对苏格拉底为卡利波利斯城提出的正义表示满意，而克列尼亚斯心甘情愿，甚至是热切地默许了雅典来客对马格尼西亚城的立法。① 为什么不呢？雅典来客所提供的立法反映了对话者最初认为善的东西，即他们所熟悉的伦理和政治。②

  这些细致详尽的表象作何理解？根据它们自身的权利，并且考虑到之前讨论过的贯穿柏拉图政制对话录的相反承诺，对于参照一个城市的治理机构和生活方式在宪法中定位统治，我们应该如何理解它们？可能是柏拉图提出将超宪法统治的技艺作为宪法美德的保证。或者，可能是柏拉图提供了《国家篇》的"驻军的"卡利波利斯城和《法律篇》的殖民地马格尼西亚城以及这两个城市的超宪法和远超宪法之外的统治者以及宪法的说明，作为治理机构和公民生活方式之间不可减少的、互惠的相互关系，从而促使他的读者提出了亚里士多德提出的问题，即"基于何种原则"言辞中的城市的"真正公民"会服从统治者的统治？换句话说，如果柏拉图表示超宪法的和远超宪法以外统治的技艺，不是为了保证宪法的美德，而是为了揭示僭主政治、寡头政治和极端民主的风险、危险和代价，以及寻求对抗这种违宪政权的保障所带来的风险、危险和代价，那会怎样？简而言之，如果通过参照定位在政治联合之上和之外的不受限制的原则（apoleis archai）来达到宪政的清晰而明显的好处被证明只是表面上的怎么办？

---

① 值得注意的是，《国家篇》中的阿得曼托斯和《法律篇》中的梅奇卢斯比格劳孔和克列尼亚斯更频繁地拒绝默许。

② 关于马格尼西亚和斯巴达的宪法之间的相似之处，见 Menn（2006）。

以这样的方式解读《国家篇》和《法律篇》，柏拉图使卡利波利斯城和马格尼西亚城看起来像僭主政治，以此来说明寻求宪法保障对伦理和政治的危险。以这种方式解读，这些对话就像埃斯库罗斯和索福克勒斯的悲剧一样，通过阐明超宪法统治技艺产生的条件，对它们所呈现的超宪法统治的技艺提出了挑战，用亚里士多德的话来说，产生了"宪法的反面"。如此解读，柏拉图把理想化城市的（非）宪法的创立者—立法者—艺术家描绘成悲剧诗人（*Laws* 817b）的"竞争对手"，以便在他的艺术作品中把他自己定位为诗人在揭示立法者取代宪法中不可削减的二元互惠关系的代价的计划中的盟友。

以这种方式处理柏拉图的政制对话录，不仅需要重新考虑将柏拉图视同于《法律篇》中的雅典来客和／或《国家篇》中的苏格拉底，还需要将这些对话中的对话者视为"读者的替身"（Menn 2006: 43; Cotton 2014）。相反，读者既像又不像戏剧中的观众（Monoson 2000: 206—226），站在柏拉图的文本之外，与出现的情况保持批判性距离，同时参与他们的宪法。因此，柏拉图的对话录提供了一种教育，而不是一种保障，这种教育通过展示超宪法统治技艺的危险，导向了一种宪法技艺，这种技艺，用亚里士多德的话来说，本身就是一种活动模式，其自身就包含了目的（*Nicomachean Ethics* 1040b4—6）。这种技艺将创制的生成特性与完全实现（*entelecheia*）的行动特性结合在一起，通过伦理和政治的自我建构，指向宪法美德。

在本章中，要为以这种方式重读柏拉图的政制对话录提供充分的理由是不可能的。[1]在下文中，我提供了这样一种解读的轮廓，从我前面所说的参与宪法的必要或最低条件开始，也就是说，公民对他们城市法律的自愿默认，正如马尔科姆·施菲尔德（Malcolm Schofield）所说，没有法律，公民就像在僭主政治中一样，"只是统治者的奴隶"（2006: 80）。亚里士多德

---

[1]　我在 Frank（2018）中对《国家篇》一书这么做了。

表达了他对卡利波利斯城是否满足这一最低条件的担忧，如前所述，他声称，关于卡利波利斯城的"真正公民"没有什么是确定的。然而，这并不完全正确。在《国家篇》第 4 卷中，例如，苏格拉底提出了卡利波利斯城的"一般多数"的问题，并得出结论说，当统治者和他们的法律有节制时，他们愿意服从（431c—d）。正如我们所见，《法律篇》的雅典来客将公民的自愿服从（684c）作为宪法的核心，他坚持认为，如果公民不是自愿接受城市的法律或无法自由参与宪法，就不存在名副其实的宪法（690c, 832b—c, 712e—713a）

如果像苏格拉底和雅典人声称的那样，公民们愿意服从卡利波利斯城和马格尼西亚城的法律，那么这些政治联合体将会被恰当地称为宪法，既有对话录本身的理解，也是根据亚里士多德和诗人对宪法的描述的理解。然而，如果不管雅典来客和苏格拉底对公民的自愿服从说了什么，柏拉图呈现的公民的自愿服仅仅是表面上的，那么卡利波利斯城和马格尼西亚城将不能满足宪政的最低条件，因此将被视为根本没有任何宪法。

自愿默认法律？

立法中创新性的"双重法"（double-method）（719c—d）是《法律篇》的核心，它以序言（720a）为雅典来客提出的马格尼西亚城法律作了开场白。这些序言解释了法律的目的和意图（721e），旨在说服那些受到法律规范之人遵守它们（721e），而不是仅仅依靠武力（721e—723b）。在雅典来客的著名类比（720a—e）中，正如自由的医生不会在未经病人同意的情况下开药一样，双重法也是如此——先有序言，后有法律——旨在通过说服（722e—723a）来改善"未混合之法"的"专制处方"，从而保护马格尼西亚城公民的自由和他们对法律的自愿同意。雅典来客在这里指出，这种情况与奴隶医生的情况并不相似；与自由医生不同，他们开处方"就像一个刚愎的暴君"，迅速而有效，然后匆匆离开（720c, 723a）。

双重法可能被引入来保护新殖民地公民的自愿服从，但它被描述为并没有达到这样的效果。相反，只要法律得到执行，无论公民是否被说服，"立法在本质上仍然是一种威胁"（Schofield 2006: 85; Hitz 2009: 367—381）。马尔科姆·施菲尔德（Malcolm Schofield）坚持认为"柏拉图不可能没有意识到"这一点，他声称，尽管立法和序言对马格尼西亚城的实际公民构成了威胁，但它们可以"被证明（对我们，这些共同参与体制设计的批评者）是合理的"，因为它们"包含了与更懂行的理性人审议后自愿达成的结果。"施菲尔德继续说："序言只是体现了这种商议的结果，因此被视为满足了公民被说服的权利。它可以更准确地表述为公民有权获得被说服的机会的规定——如果它们是合理的，他们就会同意的主张"（2006: 85—86）。换句话说，序言是合理的，只要它们能说服"我们"，让我们相信它们对那些能够适当商议的人也是有说服力的。

谁是施菲尔德的"我们"（"共同参与体制设计的批评者"），他声称拟议的立法对谁是合理的？"共同参与体制的设计的"，大概是指创始人—立法者—艺术家，即雅典来客、斯巴达人和克里特人。就多利安人默认雅典来客提出的序言和法律而言，他们似乎都不是立法的"批评者"。更确切地说，是《法律篇》的读者，像施菲尔德本人一样的，才是对序言能够说服人的主张持批评态度的人。读者可能会被吸收共同参与体制设计（例如，如果克列尼亚斯和梅奇卢斯被视为《法律篇》读者的替身）。但是，如果读者拒绝认同克列尼亚斯和梅奇卢斯呢？如果对话录给了读者很好的理由去发现序言并不比马格尼西亚城的公民更有说服力和正当性呢？如果对话录因此提示读者拒绝我们对体制设计的参与，会怎么样？

在我看来，对话录正是以这些精确的方式提示读者，通过让雅典来客在论述中、形式上、实质上削弱双重法，甚至在他提出这个方法的时候。例如，在《法律篇》第4卷（719c—d, 721e）的末尾介绍了这个方法之后，雅典来客表示他将转向新殖民地的法律。然而，《法律篇》第5卷并没有提供立法，而是以它自己的序言开始（726e—734e）。在整个序言中，事实上，在整个《法律篇》第5卷中，只有雅典来客说话。他的对话者——克列尼亚斯和梅奇卢斯——完全沉默，根本没有对话。与序言所类比的自由的医生与他们的病人的互动模式不一致，雅典来客的序言不是对话式的传达，而是"独白式的"（Nightingale 1993: 285），也就是说，以奴隶医生的方式。①

几乎到《法律篇》第5卷的中间，雅典来客才宣布序言结束了（734e），但是他没有像他说的那样转向法律（734e），而是提出了另一个序言（735b）。当他后来表明他已经开始制定法律时（744d），很难区分哪些是法律，哪些是序言（738b, 739a, 744c）。此外，在《法律篇》第6卷中，他首先提出了法律（772d—e），然后是序言（773a—774a），而不是按照双重法的顺序反过来。在《法律篇》第7卷中，他宣布了一系列没有任何序言的法律（800e—801e）。在所有这些例子中，雅典来客抹去了序言和法律之间的差别，而这种差别本应是双重法的基础。当他在《法律篇》第4卷中引入双重法时，可以看出他预料到了这一消除，他声称，到目前为止，他只提供了序言（722d），而他在《法律篇》第3—4卷中的演讲包括了被呈现为法律的内容（689c—690d, 705e, 721b—e）。

事情似乎在《法律篇》第7、8、10—12卷的过程中发生了变化，雅典来客清楚地表明并区分了他的实际法律（824b—c, 842e, 844d, 845e, 907d—e, 909d—e, 910b—c, 919d—920b, 921a—d, 928a, 943a, 944c）。然而，在对话的这些部分，双重法的基本规则也一直被违反。在《法律篇》第8卷中，有些法律持续了好几页（842e—844d），而在《法律篇》第7卷和第10卷

---

① 南丁格尔（Nightingale）（1993: 293）认为，由于"它们来自一个几乎被赋予神的地位的立法者"，并且是"公民不能质疑或挑战的铭刻的独白"，序言如同法律，与其说是劝说，不如说是命令服从。我完全赞同这一观点。我们不一致的地方在于如何看待这一点。在南丁格尔让雅典来客代表柏拉图的地方，我认为柏拉图给了他的读者充分的理由去理解南丁格尔所理解到的，从而与雅典来客所代表的观点保持批判性的距离。

中，祈文被插入序言和法律之间（823d, 887c—d）。序言和法律之间的区别被大大削弱了，例如，雅典来客在《法律篇》第9卷（854c—d, 862d—863a, 870d—871a）的序言中规定了对不服从的惩罚。这些序言依托为了将其与法律区分开来而本应排除的东西，充斥着强力。那么，如果雅典来客引入双重法是为了确保马格尼西亚城的公民自愿服从，柏拉图则让他以一种强调服从将得到保证，无论愿意与否的方式呈现双重法。

如果《法律篇》因此引起了人们对马格尼西亚城公民的服从意愿的怀疑，那么它在其他方面也是如此，最明显的可能是，雅典来客坚持新殖民地的公民和统治者将像奴隶一样受到他们的法律的约束（762e, 715d, 772b—d）。学者们注意到，像奴隶一样受法律约束可能不同于像奴隶一样受到人的约束（Annas 2010: 71—91）。事实上，雅典来客提到他的雅典同胞在波斯攻击希腊期间"作为他们现有法律的心甘情愿的奴隶生活"（698b）。[①] 他似乎是在暗示，就法律而言，奴隶制和自由可以同时并存。苏格拉底在《克里同篇》（*Crito*）中对雅典法律的论述为这一矛盾的观点提供了一些启示。在那里，苏格拉底说雅典法律"并不粗暴地强加它们的命令，而是给予公民服从法律或说服法律，说明法律是错误的选择"（51e—52a）。雅典的法律之所以能够保持公民的自愿服从，是因为并且在法律可以被说服改变的程度上。

然而，治理新殖民地的法律却不是这样。因为，如上所述，虽然马格尼西亚城的法律主要是从雅典法律中借用和改编的，但确立新公民与他们的法律关系的法律来自斯巴达（634d—e），它禁止与法律协商，或者，事实上，禁止在公共场合质疑法律。随着这种"反对质疑的法律"（Fraistat 2015）更真实地奴役新殖民地的公民和统治者，正如我们刚才看到的，这些法律本身依赖于武力，而不是说服，雅典来客为新殖民地规定的法律充斥着强力。由此看来，马格尼西亚城的公民服从他们的法律不是自由的和

[①] 同样的想法也出现在伯里克利的葬礼演说中。

自愿的，而是通过胁迫和惩罚的威胁来实现的。①

梅奇卢斯和克列尼亚斯，对这些几乎一点都不感到奇怪。相反，他们自愿默认作为雅典立法（783e—784d, 794a—b, 856b—c, 929e—930a）标志的警察和监视，以及羞辱、威胁和惩罚（784d），痛苦的、抑制性的教育（808d—e），如前所述，强调军事勇气和战争（753b, 755c, 756a, 796e, 809c, 813e, 814c, 829a—b, 942c—d）。这并不奇怪，因为，如前所述，雅典来客提出的立法，在所有这些方面，都反映了他们本国的宪法。他们被雅典来客提出的法律说服了，这证明他们并不认为以战争和军事勇气为导向的宪法是有缺陷的。此外，他们被雅典来客提出的法律所说服，这表明他早期对于他们宪法的特殊性和他们作为他的对话者就关心的问题所提供的服务，就像一个自由的医生会做的一样，是不起作用的。也许正是因为这个原因，从他在《法律篇》第5卷中的独白演讲，到他在《法律篇》第9—11卷中日益严厉和教条化的立法规定，这些立法规定是他在匆忙进入下一个问题（857b—c, 886e—887a）之前不耐烦地颁布的，在《法律篇》的后半部分，雅典来客似乎改变了策略，以奴隶医生的态度来对待克列因尼亚斯和梅奇卢斯。

就在介绍他的双重方法之前，雅典来客对克列尼亚斯和梅奇卢斯说，"他们现在所说的一切都应该想象成是在殖民地未来的公民面前说的"。一位学者认为"立法方案的逻辑要求采取这样的行动或手段……立法必须公开进行"（Zuckert 2009: 84）。确实如此。然而，如果雅典来客从现在开始为新殖民地立法，就像在未来公民面前公开立法一样，继而实施"反对质疑的法律"，这意味着，克列尼亚斯和梅奇卢斯像新殖民地的公民一样，不被允许说服雅典来客改变主意；因此，他们实际上是他的法律的奴隶。那也就是

---

① 史密斯·潘格尔（Smith Pangle）（2014）认为，在政治中不可避免地需要采取强制手段。我同意这一观点。但强制的种类和程度是有区别的。我相信柏拉图让雅典来客提出的法律，展示了奴役性质和程度的强制。

说，与克列尼亚斯和梅奇卢斯（雅典来客的共同创始人—立法者—艺术家）的关系，就像与新殖民地的公民的关系一样，《法律篇》将自愿服从和强力之间的区别视为一种无差别的区别。① 在这种情况下，法治不是通过维护自由和自愿默认来维护宪政的；相反，它通过认可强制服从和强力来破坏宪法。

54

《国家篇》中的自愿默认？

柏拉图借苏格拉底之口提出的卡利波利斯城的一般多数之人自愿默认的方式表明了类似的东西。如前所述，苏格拉底将卡利波利斯城公民的自愿服从描述为是他们的节制发挥了作用的结果。他说，当他们的欲望"被有洞察力的少数人的欲望和智慧所控制"时，他们是有节制的。柏拉图让苏格拉底用"良好秩序"（kosmiotês）而不是"自我控制"（sôphrosynê）一词来描述一般多数之人的欲望的"节制"。这值得深思。苏格拉底刚介绍"良好秩序"是"对快乐和欲望的控制，一个人被描述为在某种程度上是自己的主人"。他就接着说，"但是'自己的主人'这句话不是很荒谬吗？自己的主人必定也是自己的奴隶，而自己的奴隶必定是自己的主人。这两种说法说的是同一个人"（430e—431a）。说一个灵魂同时是主人和奴隶可能是荒谬的，但以这种方式说一个城市可能并不荒谬（Laws 627a—c）。因此，正如苏格拉底在《国家篇》第 4 卷中所描述的，"良好秩序"是少数人对多数人的欲望的控制，如果我们完成了苏格拉底从灵魂到城市的类比，那么多数人都是被奴役的。在这种情况下，也就是说，当公民被完全来自外部的命令所"节制"时，他们的服从不是由他们自己的意志决定的，而是由他们的统治者的意志决定的。②

那么，亚里士多德有理由怀疑卡利波利斯城的公民会根据什么原则服

---

① 关于"雅典来客对对话者的态度与立法者对马格尼西亚城公民的态度之间的相似性"的讨论，请参见 Nightingale（1993：295—296）。

② 有关详细说明，请参见 Frank（2018）。

从他们的统治者：通过强加既不由一般多数之人参与制定也无需一般多数之人自愿默认的法律，哲学王确实起到了"仅仅是占领的卫戍军"的作用（*Politics* 1264a20—28）。回想一下，治理卡利波利斯城的法律实际上不是由哲学王制定的，而是由超宪法的创立者—立法者—艺术家制定的，我们也可以重新提出亚里士多德的问题，并问：哲学王是自愿默认的吗？对于这个问题，《国家篇》似乎也给出了否定的答案。相反，正如罗斯林·韦斯（Roslyn Weiss）所证明的那样，柏拉图把哲学王们自己描绘成完全受强迫的：被迫提升到善，被迫学习他们的课程，被迫整理他们自己的灵魂，被迫统治城市，被迫根据创立者—立法者—艺术家的法律这样做（2012: 70, 81—83, 103—112, 118—119, 74—77，参考 *Republic*）。用《国家篇》第10卷对"模仿"（*mimêsis*）（596e—598c）的描述，我们可以说，卡利波利斯城（以及马格尼西亚城）的法治与那些被迫生活在法治之下的公民之间存在三层隔阂，与那些被迫服从、重建和执行法治的统治者之间存在两层隔阂。统治者和公民被描绘成顺从的，因为他们被强迫或命令，但并不心甘情愿，卡利波利斯城，如同马格尼西亚城一样，似乎没有通过宪政的最低测试。

良性循环？

在这样的背景下，让我回到苏格拉底在《国家篇》第4卷的主张，预先考虑一下《国家篇》第5卷中对卡波利斯城的描述："一旦有了一个良好的开端，我们的宪法将会是一个良性循环。"苏格拉底继续说："如果你能保持一个良好的教养和教育系统，他们自然会产生良好的本性。良好的本性再接受良好的教育，产生出比前代更好的本性，总体上会更好，尤其是有利于人种的进步，动物世界也是如此"（424a—b），因为"'同声相应，同气相求'，事情不总是这样吗？"（425c）。如果说在这一段中，苏格拉底似乎在认可远超宪法之外的统治技艺，通过让宪法有一个良好的开端，来保证

55

它的美德，这种表象是欺骗性的。因为，在他对卡利波利斯城的叙述过程中，苏格拉底给了阿得曼托斯和格劳孔一个又一个理由，以怀疑的态度来迎接这种对宪法保障的主张。

苏格拉底说卡利波利斯城保有的"教养和教育系统"和这个系统产生的"本性"是"良好的"。真的是这样吗？① 柏拉图让苏格拉底将教养和教育比作"动物世界"中的过程，这可能会让人犹豫，特别是当格劳孔在几页后（430b）将动物教育与人类教育区分开来，理由是前者与后者不同，是一种无意识的训练（Mara 1997: 123; Berger 2015: 158—159）。在《国家篇》第5卷中，当苏格拉底通过引用格劳孔用来繁殖他的纯种公鸡和猎狗的技术来展示这个城市的优生学计划时，将卡利波利斯城的人类作为动物训练再度出现了（459a）。苏格拉底狡猾地从称哲学家—统治者为"牧群的守护者"（451c）转而称他们为"我们的牧群"（459e），这也暗示了卡利波利斯城强制推行的教育和培养把该城的人类，无论是统治者还是被统治者，都变成了动物（466d）。

如果我们把这些关于卡利波利斯城的教养有多好的疑虑放在一边，转向苏格拉底关于那种良性的宪法"同声相应，同气相求"的主张，那么进一步的问题出现了，尤其是因为苏格拉底，在他对卡利波利斯城的描述中，提供了一个又一个相反的例子。《国家篇》第3卷中建立了卡利波利斯城的"高贵谎言"，描述了那些出生时血液中有黄金的人有时会生下银血或铁血的孩子，反之亦然（415a—c）。在《国家篇》第5卷中，苏格拉底宣称哲学家统治者所生的孩子有时是"有缺陷的"（460c）。考虑到兄弟俩自己关于繁衍后代对一个城市的宪法的重要性的尖锐评论（449d—450a, 450c），可以预期他们会质疑苏格拉底的前后矛盾。但是他们没有。他们也不好奇这个城市将如何繁衍人口：只有统治者被允许繁衍后代（459年），没有缺陷的统

---

① 关于早期教育的目标不是培养美德，而是导向战争的观点，见 Frank（2007）。

治者的孩子在无法保证他们安全的情况下参加战争（467 年），城市中所有其他的孩子都被流产或杀害（461a—c），卡利波利斯城似乎从一开始就注定要灭亡。也许最明显的是，如果卡利波利斯城意在例证"宪法的良性循环"，如果"同声相应，同气相求"，为什么格劳孔和阿德曼托斯对《国家篇》第 8—9 卷中完美的城市沦为僭主政治这一事实毫不在意？因为这根本不是一个"良性循环"，更不是一个保障，用亚里士多德的话来说，卡利波利斯城似乎是"宪法的反面"。

宪法统治的技艺

学者们将《法律篇》中的雅典来客比作莱库古和米诺斯，认为《法律篇》展示了"一个哲学家如何影响了一个城市的法律"，从而表明"未来应该尝试什么"（Zuckert 2009: 57）。在我看来，柏拉图将马格尼西亚城的远超宪法之外的统治技艺和卡利波利斯城的超宪法统治技艺放在舞台上，并不是为了倡导这种宪法，而是要与其保持批判性的距离。把根据超宪法的法律，从无中（ex nihilo）创造出来的宪法当作"照着食谱做出的布丁"（McIlwain 1940: 4）①，柏拉图的政制对话录，像亚里士多德的伦理和政治著作以及诗人的戏剧，都导向一种统治技艺，不是作为一种私人的和 / 或超宪法的实践，充满了强制和强迫，而是作为一种共享的东西，一种个体化的公民和集体机构之间不可削减的互惠关系。

亚里士多德坚持认为，"最好的法律，尽管得到了国家的每个公民的认可，如果不是以符合宪法精神的习惯和教育培养年轻人，那也是没有用的"（Politics 1310a15—18）。柏拉图的政制对话录提出了同样的建议。例如，在《法律篇》中，柏拉图声称他不是在立法，而是在教育。雅典来客坚持认为，作为他们教育的一部分，马格尼西亚城的公民将学习他们的法律，以

---

① 麦克尔文引用了 Arthur Young's Travels in France during the Years 1787, 1788, 1789, ed. Matilda Betham-Edwards（London: George Bell and Sons, 1909），para. 4.32.

图 2.3　雅典法令。刻有雅典五百人议事会的一道法令的大理石石碑局部，约公元前 440 年—公元前 425 年。

资料来源：Wikimedia/Future Perfect at Sunrise/Public Domain。

及立法者的著作，以及《法律篇》本身的对话记录（811c—e）："雅典来客与两个老多利安人对话的书面记录［将］成为基本文本，或者我们可以说，该政权的宪法（Zuckert 2009: 140）。"这意味着雅典来客提倡的教育将教授创始人—立法者—艺术家的法律，同时揭露这些法律以及它们所构建的宪法的强制和强迫性质。从这个角度来看，柏拉图笔下的雅典来客最终可能更像梭伦，而不像来库古。根据普鲁塔克的说法，来库古"没有把他的法律写下来"，因为他想把它们"植入"斯巴达青年的心中（1998: 21）。① 相比之下，梭伦把他的法律写下来，让雅典人去执行。当被问及他是否给雅典人留下了最好的法律时，梭伦回答说，"这是他们能接受的最好的法律"（1998: 58—59）。或许，梭伦把他的法律写成文字，让雅典人去接受，也就是说，去阅读和解释他的法律，使其成为他们自己的法律，并在这样做的

---

① Lane（2013b: 59）指出，普鲁塔克是"提出来库古禁止成文法"的唯一来源，相反，柏拉图的《法律篇》（858e）和《斐德罗篇》（258c）暗示，莱库古确实颁布了斯巴达的成文法。

时候，参与他们的宪法（图2.3）。

柏拉图、亚里士多德和诗人们，通过他们的著作，不仅揭示了远超宪法之外的强力造成的宪法的伦理和政治危险，而且像梭伦一样，揭示了政治自我塑造的力量和可能性，政治自我建构的技艺。通过这种方式，他们可以预见到汉娜·皮特金（Hanna Pitkin）最近在不同的语境下所说的话：

> 我们所拥有的宪法取决于我们制定的宪法、我们实施的宪法、我们成为的宪法。除非我们实施宪法，否则我们认为我们拥有的宪法是没有影响力的，很快就会消失。除非在实践中我们尊重我们是谁——我们的现状和我们内心真正的潜力——否则我们的所作所为将是一场灾难。忽视其中的任何一个，你所获得的……对宪法的理解都是错误的。（1987: 169）[1]

---

[1]　关于柏拉图及其著作的更多内容参见：Nightingale（1993）; Lane（2013b）; Frank（2018）。

第三章

法典

巴里·温普费默

"文化"和"法律"都是难以简单定义的模糊术语。自20世纪90年代以来，文化与法律之间的对话在学科之间展开，通过不断积累，产生了一种将法律与文化置于对话中的方法，这种方法利用术语的不确定性将两者结合在同一个无界限的讨论中。[1] 这种解构超越了在法律中研究文化（将法律作为静态领域，在其中文化表现为文学、艺术或社会）或在文化中研究法律（将文化作为静态领域，其中法律是一种制度、一套实践或一个智识空间）。通过将法律和文化视为开启组织人际互动以及思维方式的论述术语，学者们能够将两者视为组织或描述社会互动的动态（不断变化的）模式。这使得人们认识到，文化一直都是法律，而法律也一直都是文化，因为两者都在彼此的陪伴下不断地成为自己。[2]

相邻的文化话语和法律话语争夺控制权的一大阵地是对文本的思考，特别是对法律文本的思考。法律话语遇见一个法律文本，用一套关于其含义的假设和一系列使文本能够有助于该含义产生的实践方法来处理该文本。[3] 虽然文化话语有一套更模糊的假设和实践，甚至可能将特定文本的解释权让给法律话语，但处于文化话语中的人们可以赋予自己权利，采用一种解读实践的方法，使得认定的法律文本能够对社会实践、道德假设、种

---

[1] 关于"法律与文学"和"法律与社会"的著作促成了这类学术成果的产生。Binder and Weisberg（2000）提供了关于法律和文化意义之间的交叉的最全面的概览之一。

[2] 这方面的基础性著作是 Cover（1992）。Kahn（1999）和 Rosen（2006）的两部重要著作试图推进这一进程。另见 Mezey（2001）。

[3] 本章在解释学的假设下工作，即法律文本作为文本与其他文本一样受到同样的解释挑战，但在共同认可的假设和实践框架下运作。参见 Fish（1980）和 Fish（1989）。

族多样性和政治关系发言。①

　　法典是最典型的法律文本。作为一套形式上排列整齐的规则，在法律话语中，法典引发了高度的关注。即使一部法典非常古老，与读者相距千年或更久的时光，它的体裁也会吸引受过法律训练之人，他们像律师那样阅读规范的内容，将具体的结果提炼为一般的概念或原则，将案例与类似的案例进行比较，以发现法律推理中隐含的细微差别。这些律师式的解读实践及其结果只是法律文化研究的一小部分。将法典作为文化来解读隐含了一个挑战。这一挑战——理解古代法典的文化影响——并不只是在现在才被感受到。早期的读者，包括古代的读者，有时觉得有必要使古代法典更具文化意义，他们通过在法典的边缘，或者更少见地，在法典中产生叙事来满足这种需要。这些叙事化行为产生了故事性叙述：为法典提供历史、文化或道德背景的故事。作为一名负责对古代法典进行文化解读的学者，我认为重要的是要将这项任务中的叙事化元素视为伴随着这种故事性叙述的传统而发生的。古代的编纂者用起源神话设计美索不达米亚法典，晚期古代时期的古代拉比为了理解一套圣经法典而创作了一部道德剧，当代学者在研究古代法典时将法律和文化相融合，他们都在试图对法典进行故事性叙述。

　　法典拥有一个隐含的基本叙事环境，它是由立法者以权威的声音对听众讲述时建立起来的。这种隐含的政治和社会权威的叙事场景常常通过更精细的故事性叙述得到强化，这些故事性叙述为这种法律传播的基本场景提供了更大的语境。在现代情况下，立法程序的脚本（法案如何成为法律）在高度的故事性叙述中起着重要作用：代议制立法者通过议会的动议和表决制定法律，从而反映更广泛社会的意愿。这种叙述提高了法规汇编和法典隐含的政治和社会权威。历史起源故事也有助于故事性叙述：在现代美

---

① 这种激活的例子可以在 Wimpfheimer（2011）的关于《塔木德》的法律故事中找到。

国语境中，法律对话中对"开国元勋"的使用产生了一个起源神话，暗示了革命和缔造的整个背景，这是美国法律故事中不可或缺的部分，并赋予了本来具有专制性质的法律文件以一种多数主义的精神。

本章关注古代法典——规范性规则的形式列表。它将介绍四种不同的古代文化的法典，并关注在传承这些汇编（*corpora*）的过程中，故事性叙述的增长。在提供了四种古代文化及其法典的初步概述后，本章将详细探讨其中一部古代法典如此详尽的故事性叙述的生成——一个叙事化改写了法典本身的文本，使其成为一个更完整的故事的例子。这个例子表明了一个具有讽刺意味的事实，即虽然被解释的法典包含了鼓励这种故事性叙述的特点，但这种具体的故事性叙述也破坏了原初法典本来的文化成果。这一范式将使这样一种主张具体化，即将高度的故事性叙述强加于古代法典，有可能冒着遮蔽这些文本的某些文化含义的风险。

古代法典：概述

四种不同的"文化"产生了自古代留存至今的法典。美索不达米亚、古以色列/犹太、希腊和罗马文化不仅是不同的古代文化，它们还产生了独立的学术分支领域，只是偶尔会有交集。[1]尽管把它们看作一个群体有好处，但它们很少被这样看待。

美索不达米亚这个词的字面意思是"两河之间"。最早的西方文明位于底格里斯河和幼发拉底河之间，这两条河起源于土耳其，流经土耳其、叙利亚和伊拉克。被确定为古代美索不达米亚法律文化的一部分的资料包括来自底格里斯河和幼发拉底河产生的地理边界以外的资料（Westbrook 2003a: 1）。在过去的两个世纪里，古代近东的考古学家出土了

---

① 其中一些文化催生了多个学术领域。古以色列/犹太的传统包括来自希伯来圣经、死海古卷和拉比文献的材料。这些材料一般由不同子领域的学者研究。在希腊和罗马的背景下，法律材料由专门研究法律的学者研究，但古典学者也对此进行研究。

七部独立的楔形文字法典，时间介于公元前 2400 年至公元前 500 年间。①
虽然这些法典使用了不同的地区语言（苏美尔语、阿卡德语和赫梯语），但
其中大部分是阿卡德语（甚至在阿卡德占主导地位的地区之外），并且该组
法典的一些共同点证明了它们具有一个共同的传统（Westbrook 2003a: 4）。
这些文书在文体上如此相似，以至于它们在某种程度上可以互换，尽管最
早和最晚的法典之间相隔了 1500 年。

61　　将第二种文化命名为"犹太文化"需要一种追溯命名法；在公元前 6
世纪之前，"犹太的"（Jewish）这个词不能被可信赖地使用，有些人认为合
适的观点是它仅适用于公元 1 世纪。与此同时，仅根据其最早的例子来称
这种文化为"古以色列"，就切断了这些最早的例子与后来的犹太法典之
间的宝贵联系。②古以色列 / 犹太文化保存了大约从公元前 8 世纪至公元
前 600 年的一些法律汇编。这一传统中最早的法典是那些保存在《出埃及
记》《利未记》《民数记》和《申命记》中的法典。这些法典被称为《圣
约法典》（Covenant Code）、《申命法典》（Deuteronomic Code）和《祭司法典》
（Priestly Code）；《祭司法典》的某些部分有时被分离出来，被称为《圣洁
法典》（Holiness Code）。关于这些法典各自的年代争论激烈，但人们可以
将《申命法典》追溯到公元前 7 世纪，《祭司法典》和《圣洁法典》可以追
溯到大约一个世纪之后（Westbrook 2003a: 9; Westbrook 2015: 47）。在第二
圣殿时期后期，大约在公元 1 世纪初，犹太精英学者团体分裂成不同的宗
教派别，他们在法律和神学问题上存在分歧。在过去的半个世纪里，作为
《死海古卷》（Dead Sea Scrolls）的一部分，公元 1 世纪的宗派法典被挖掘出

---

① 这些是：1. 乌尔纳姆（公元前 2100 年）；2. 李必特-伊什塔尔（公元前 1925 年）；3. 埃
　什努那（公元前 1850 年）；4. 汉谟拉比（公元前 1680 年）；5. 赫梯（公元前 13 世纪）；
　6. 亚述（公元前 12 世纪）；7. 新巴比伦（公元前 6 世纪）。
② 一些人可能想追随威斯布鲁克，把圣经法典加入美索不达米亚组群中。这种分组也有
　好处。

图 3.1　圣殿卷的部分，标注为 11Q19，是死海古卷中最长的内容之一。
公元前 2 世纪。https://commons.wikimedia.org/wiki/File: Temple_Scroll.png.
资料来源：希伯来博物馆的死海古卷数字项目。

来并加以研究。[①]（图 3.1）两部拉比法典，《密西拿》(*Mishnah*) 和《陀瑟62
他》(*Tosefta*)，可以追溯到公元 2 世纪和 3 世纪。《密西拿》是一部卷帙浩
繁的法典，有四千多条独立的法律规则，按照三个层次组织结构，分别是
回目（orders）、篇（tractates）和章（chapters）。它涵盖了生活的方方面面，
从神圣的（寺庙仪式）到世俗的（侵权法）。《陀瑟他》遵循《密西拿》的结
构和功能，既是对其的评注，也是对其的补充。尽管不是法典，两部《塔

---

① 这些文件包括《教条规章手册》(*the Manual of Discipline*)、《大马士革文件》(*The Damascus Document*)、《会规手册》(*The Community Rule*)、一些法律戒律（4QMMT）和其他几个较小的法典或法典片段。有关这组文本的法典质量的最近的思考，请参阅 Schiffman（2010）。

图 3.2 巴比伦《塔木德》的第一个完整印刷版（1522 年）。
资料来源：由纽约苏富比拍卖行提供。

木德》（巴勒斯坦和巴比伦）记录了起源于法典的口头陈述，并在《密西拿》和《陀瑟他》口头发布后的几个世纪里，保留了以戒律作为表达法律的默认模式的理想。[①]（图 3.2）

虽然古希腊（公元前 5 世纪和公元前 4 世纪）在古代艺术、学术和文学作品方面无人能及，但希腊人并没有产生（或留下）重要的法典（Gagarin 2005b）。一条关于杀人罪的法律条文，是从德拉古的法典（公元前 7 世纪）（形容词"严刑峻法的"源自该法典）中唯一留存下来的。公元前 7 世纪，刻在克里特岛德里诺斯（Dreros）的一块石头上的一条法律也保存了下来。公元前 7—6 世纪的雅典人梭伦据说通过颁布他自己的法典改革了德拉古的法律，但梭伦法典只有残篇流传至今。在克里特岛格尔蒂（Gortyn）发现的内容丰富的法律铭文，可以追溯到公元前 7 世纪到公元前 4 世纪，为希腊法典做了大量基础工作，但这些精心制作的铭文来自一个相对鲜为

① 所有的拉比文献最初都是口头产生的，只是在后来才被写成文字。

图 3.3　格尔蒂（Gortyn）法典（描述继承法的片段），公元前 5 世纪。卢浮宫。
资料来源：Wikimedia/Jastrow/Public Domain。

人知的文明，人们对其知之甚少（Willets 1967; Davies 2005）（图 3.3）。

在现代对古代法律文化的研究中，罗马法占据了最大的领域。罗马法在很大程度上影响了从古代开始产生的作为法典的法律的主导形象。罗马法典有三个重要的资料点。最早的法典是《十二表法》（公元前 5 世纪），不是以完整的文本留存下来，而是作为后来的著作，特别是法律著作中发现的《十二表法》的引文（Westbrook 2015）而存在。保存《十二表法》的资料来源之一是公元 2 世纪盖尤斯的《法学阶梯》，这部著作为后来的罗马法奠定了组织基调（Gordon and Robinson eds., 1988）。这部《法学阶梯》是为优士丁尼 6 世纪《民法大全》提供基础的几部作品之一，《民法大全》包括《学说汇纂》《法典》《新律》和《法学阶梯》。和《塔木德》一样，《学说汇纂》是法律理论和观点的重要来源，这些理论和观点源于该作品产生前的几个世纪中关于法典的思考（图 3.4）。

雷蒙德·威斯布鲁克（Raymond Westbrook）提出了这样一种观点，即

图 3.4　优士丁尼的《学说汇纂》。《优士丁尼法典》评注抄本的早期羊皮纸手稿页的一部分。

资料来源：著录在线项目（Provenance Online Project）（POP）来自宾夕法尼亚大学基斯拉科（Kislak）特别藏品、稀有书籍和手稿中心 /Flickr/CC BY 2.0。

相对统一的美索不达米亚法典和圣经法典不仅鼓励了它们的编纂文化中的强烈的统一叙事，而且也是希腊和罗马早期法典的基础（Westbrook 2014）。在与那些希望保持其领域（圣经法和罗马法）的例外性、独特性和原创性的学者们的抵制作斗争的时候，威斯布鲁克注意到这些不同文化中的法典在种类、组织、观念和法规方面的相似性，并认为一场长期的学术运动既产生了这些法典又将其用作教育训练的材料。[①] 威斯布鲁克的论文为本章的其余部分提供了基础：先是对古代法典诗学（poetics）的思考，然后是在犹太法律传统的一个具体的解释性叙述实例中的体现。

"法律"和"法典"的现代回声

一位学者发现了一个古代的文本，其中包含了一系列将情节与结果联

---

① 芬克尔斯坦（J. J. Finkelstein）在抵制将美索不达米亚法典视为后来圣经法典的负面道德模式的比较视角方面发挥了重要作用。

系起来的陈述。其结果是身体上的惩罚或经济上的处罚。这位学者不费吹灰之力就得出结论，该古代文本是一部法典。然而，在称其为法典的时候，这位学者无意中通过使用"法律"和"法典"这两个词引入了一套关于古代资料的历史、性质和功能的假设。

在当代的用法中，"法律"一词与国家、执法和政治联系在一起。尽管法律也是一门理论学科，但它是与实践相联系的。在（民主背景下）个人自主和权利的世界里，法律代表着一种求助的机会。尽管现代法律与世间现实紧密相连，但它也是一个丰富的理论视角，通过它来审视社会。现代法律文化研究的核心干预措施之一是识别这种理论视角在捕捉法律观念、现实或法律主体体验法律的各种方式方面的不足。我们不能认定古代文本存在于现代国家、其政治和执法机制的框架内。我们可以推测（尽管这也不是没有问题的），场景中描述的个人并不享有那些术语的现代意义上的自主权或权利。

"法典"这个词在现代法律中起着深远的作用，尽管该作用没有得到广泛认可。"法典"体现了全面性；就其最理想化的意义而言，一部法典能够决定性地表述所有需要法律的人类互动。[①]虽然有些人会在法典方面区分普通法和成文法体系，但这种区分在法典这一术语作为法律的默认形象的概念性工作中并不显得特别重要。法律通常被概念化为一系列的规则，这些规则共同创造了一个体系。如果法律是个人寻求法律救济的对象，法典就是人们期望从中找到救济措施的文本。理想的法典是作为目标的法律（law-as-an-object）——一种对生活的完美表达，因为它被认为是独立存在的，不受操纵，无需解释。从这个意义上说，法典被认为是客观的，凌驾于需要法律干预的人类纠葛之上。当然，从经验上看，没有任何法典是全面的——没有一套规则能够预见到生活中所有的潜在纠纷。法典也并非完全

---

① 从这个角度来看19世纪蒂博–萨维尼关于德国法典化的争论。尽管法典作为一种理想受到了极大的推崇，但萨维尼认为罗马法典本身只是软弱的法学家的产物。

是封闭的客体，因为它们由主体作者产生，由主体解释（在法律是实践的情况下适用）并影响（在法律被实施的情况下）不同的主体（Balkin 1994）。

当考虑到古代法典时，有必要尝试摆脱这些术语的现代内涵。或许用描述性的方式将它们归类为将行为与结果联系起来的陈述列表是值得考虑的做法。有一个强有力的学术论点认为，美索不达米亚、古以色列/犹太、希腊和罗马的"法典"（不包括优士丁尼的汇编）都没有作为现行法律实际实施过（Finkelstein 1966; Bottéro 1992; Westbrook 2003a）。仅这一事实就从根本上改变了人们对该汇编及其在社会中的作用的理解。这些法律的陈述是理论性的、学术性的、未实施的，而不是一套先例，既描述了实际案例又作为在新判决中实施的模式。它们通常是在一个特定的宗教的或祭司的环境中产生的，不出意料地，其中一些将相同的通用形式应用于宗教的或祭司的行为和对象。① 历史语境的问题——对所谓的《格尔蒂法典》（Gortyn Code）最为尖锐，因为人们对这一邻近的文化一无所知——对所有这些古老的法典而言都是意义深远的（Davies 2005）。

上面提到的所有法典都通过其体裁进行了轻微的故事性叙述，毫无疑问，是因为它们的类型：在所有情况下，文本都以权威的口吻向读者讲述了一系列情节和后果。在某些情况下，在收录了这些法典的文件中，附加的故事性叙述与法典一起流传下来。例如，美索不达米亚的法典通常包括序言和结语。这些作为附带说明的结构试图具体体现法典的声音，并提供一个历史语境（例如，反腐改革），进一步为法典的规则定位并证明其正当性。《圣经》中的法典被嵌入到如此宏大的叙事中，以至于人们很难在阅读这些法典时不假定法律的声音是上帝通过摩西发出的，以及不将历史语境视为以色列人摆脱埃及奴役后穿越沙漠游历。

---

① 《死海古卷》的无与伦比的法典（相对于圣经法典的副本的卷轴而言）主要涉及宗教仪式及其成员资格问题。例如，私法的理论化并没有留下什么强有力的遗产。有关这方面的更多信息，请参见 Schiffman（2010）。

就其他古代法典的例子而言，额外的叙述性内容通常是在文档的直接周边区域外被提出，这些内容基于几乎同时期的对背景和目的的传统理解。《密西拿》的首章《父执伦理》（*Tractate Avot*）通过描述一系列的传播过程，将摩西在西奈山接受的《摩西五经》和《密西拿》自身的律法连接起来。这意味着《密西拿》规则背后的权威声音是通过传统的传播方式传承过滤后的上帝之声。[①] 公元 10 世纪一位重要的拉比谢里拉·盖昂（Sherira Gaon）提出了一个广为接受的观点，即《密西拿》的作者只是因为知识的衰落威胁到了传统的连续性才将早期的口头传统整理成一部正式授权的法典（Levin 1921）。同样，《十二表法》的解释史认为，这些规则的产生是为了专门回应阶级斗争以及遏制基于阶级的腐败行为的需要（Westbrook 2014）。其中最后两个传统是以故事的形式展现的，通过以不幸的社会环境作为这些法典存在的条件，在某种意义上，削弱了法典的权威。

以上是宏观叙述，从外部描述了各个法典汇编的整体，描绘了一幅历史语境的画面。不过，还有一些较为次要的故事性叙述，是通过对各自法典文本本身的内部审视而产生的。[②] 法律人对案件的具体细节及其基本推理的关注可以产生法学的基本原则和基本可操作的文化假设。这些可能会基于对《格尔蒂法典》一个段落的深层结构性解读，以论证该法典反映社会假设和道德类别的具体方式。或者，通常，学者可以比较两个独立的古代法典（来自相同文化的法典，或者来自不同文化的法典），从而对特定法典的道德和伦理特征或者法典与文化神话或者历史事件的接近程度作出相对的评价（Greenberg 1960; Finkelstein 1981）。深层结构方法和比较方法都是使一部法典的基本资料具有更深刻意义的方法。

考虑到"法律"和"法典"这两个术语存在难以确定的潜在偏见，并

---

① 学者们认为，《父执伦理》的日期稍微晚于《密西拿》的其余部分。

② 在对古代法律的学术研究中，一个常见的主题是在法典的编排中发现了深层结构。参见 Paul（1970）；Eichler（1987）；Kristensen（2004）中引用的文献。

认识到故事性叙述为使古代法典有意义的意图所固有，本章的其余部分将谨慎行事。本章首先尝试更全面地描述古代法典的技术诗学的特征，同时抵制故事性叙述的冲动。然后，将探索一位古代读者产生了一个不寻常的，甚至令人难以容忍的故事性叙述的例子。对这种故事性叙述的探索将创造一个时刻，在这个时刻，法典可以对这种故事性叙述的尝试进行回应，并予以抵制。

古代法典的诗学

古代法典是规则的汇编作品。规则是在法律语域中使用的事实陈述。规则通常提出禁止或予以批准，但它们也可以在具体的法律因果语域中确定一个或一组行为的结果。规则的诗学相对简单。学者们很久以前就注意到了在古代法典的书写中，存在决疑式陈述（casuistic presentations）与绝然式表达（apodictic articulations）的基本区别，前者通过描述一个场景及其结果来阐明一个法律事实，后者用直截了当的句法句子断言法律事实（Mackenzie 1964; Alt 1966）。

67想想《圣经》中杀人的例子。《出埃及记》第 20 章第 13 句的《十诫》的表述是"你不可杀人"，这是一个绝然式的表述。然而，在《出埃及记》第 21 章第 12—13 句中，《圣约法典》决疑地表达了这个观点："凡殴打他人致死的，应被处死。"绝然式断言是对第二人称主语的命令性断言。决疑式表达是第三人称描述。这种第三人称的特征与条件从句—结论句（protasis-apodosis）的形式相结合，在场景中引入了一个渐进的表达：虽然"你不可杀人"是一个事实发生之前的告诫，但"凡殴打他人致死的……应……"产生了一连串的时间上的瞬间——犯罪的瞬间和惩罚的瞬间。这种时间性的变化赋予决疑式的阐述具有更强的叙事性。[①] 由于古代法典主要是以决疑

---

① 有关叙述性程度的相关概念，请参见 Simon-Shoshan（2012）。

的方式叙述，所以大多数规则都有一个基本的微观叙事。[1] 单个的决疑式法律就像一个微型故事。

尽管决疑式的表达具有更高程度的叙事性，但它们最好被认为是脚本，而不是成熟的叙事。[2] 古代法典中的决疑句通常在一个相对有限的时间层面（两个时间点）内描述事件，很少关注人物塑造、戏剧性、情感甚至情节。

与诗歌一样，法典也是以一种非常正式的文体书写的（Wimpfheimer 2011: 13—21）。与诗歌一样，法典更容易受到解释学视角的影响，这种视角将作者意图视为文本含义之所在。[3] 即便如此，读者的行为对于决定一个规则的最终含义是至关重要的。专注于一个单一的规则会改变这一单个的规则和作为整体的法典的含义。在一个方向（而不是另一个方向）上的对比将整套规则的意义推向那个方向发展。例如，拉比法典通常包含处理特定法律主题类别的规则，例如人这一主题。但是，"人／男人"（man）一词可以是对人类的一个通用术语，也可以与法律上不属于同一类别的人（女性、儿童、外国人等）形成对比。

单个规则以一种无从追溯的声音进行描述性陈述。整套规则也同样直接，并没有作出更多的努力来确定其叙述者的身份。如果规则被理解为曾经口述过的事件的文字记录，那么无法确认叙述者是可以理解的，因为对该口述的听众来说，最初叙述者的身份不言自明。但是令人吃惊的是，作为一种书面体裁，法典并没有指明它们的叙述者的身份。这表明了这种体裁的诗学的一个基本特征：无需作者的权威——规则及其更大的法典表达自有权威性。

形式批评（form criticism）是一种普遍使用的文本批评技术，在这种

---

[1] 更多关于作为叙事的决疑形式，请参见 Bartor（2010）。

[2] 关于脚本和叙事之间的区别，请参见 Bruner（1991）。

[3] 新批评派对作者意图的许多表达都发生在关于诗歌意义的写作背景中。例如，见 Wimsatt（1954）。

技术中，学者们使用体裁作为一种工具，按照文学标准，对文本进行筛选分组。一个最基本的形式批判举措是将圣经法典与其周边的叙事分离开来。从形式批评的角度来看，很容易将这些明显的美索不达米亚法典与其周边的叙事框架分开。学术界的争论趋于两极化，迫使人们选择是在脱离框架的情况下解读法典，还是在框架内解读法典。圣经叙事也是如此——人们可以选择抛开古以色列的叙事解读法典，也可以选择结合古以色列的叙事来解读法典。对于这种二分法的选择，更好的替代方法是关注法典本身隐含的有限叙事场景和人们在构筑框架的序言、结语和（在汉谟拉比的例子里）雕像中发现的关于历史和法律背景的明确评论之间的差距。

《汉谟拉比法典》是保存最完好的古代近东法典。著名的玄武岩石碑保存了整套法规的三个补充：序言、结语和图像（图 3.5）。序言和结语把规则和汉谟拉比联系在一起，把汉谟拉比和改革倾向联系在一起，把他和古代近东神话中的神祇联系在一起。石碑顶部是汉谟拉比站在太阳神沙玛什面前的雕像。沙玛什把一根木杖和一个绳环交给了汉谟拉比。在不涉及这一材料的复杂问题的情况下，请注意序言、结语和图像都试图对其中包含的法律进行故事性叙述。①

汉谟拉比站立在坐着的沙玛什面前的形象为王权，以及引申开来，为其下铭刻的法律的神圣认可提供了一个强有力的视觉论据。哪位神祇坐在宝座上几乎无关紧要（序言让汉谟拉比看起来像沙玛什，尽管他的权威来自马尔杜克）（Grimme 1907）。不知道从何而来的声音变成了为神所授权的国王的声音。自明的规则和法典的自我授权形式已经与神祇和君主的明确的权力结构结合在一起，这种权力结构与众所周知的神话相联系。

在某种程度上（令形式批评家惊讶的是），有时候，法典的框架叙事篡夺了法典本身的首要地位。西方历史上首个被提及的法典是公元前 2350 年

---

① 根据 Hurowitz（1994）的观点，更正确的说法是，这些法律的产生是为了给序言和结语的叙述性主张提供内容。

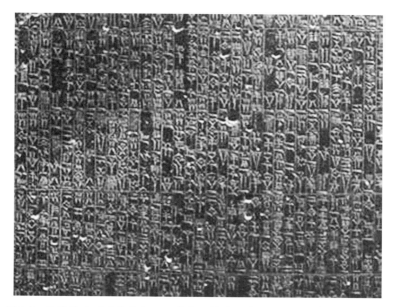

图 3.5　汉谟拉比石碑的局部，以清晰可辨的形式显示楔形文字的书写风格。
资料来源：Flickr/Gabriele Barni/CC BY 2.0.

左右的《乌鲁卡基那法》(laws of Urukagina)。这部法典的具体规则无一存世；留存于文化记忆中的内容只是断言乌鲁卡基那国王制定了一部法典作为反腐败改革的一部分的故事性叙述（King 1910）。该法典本身并未留存于世，但它存在的记忆伴随着激励它的伦理动力一起流传下来。乌鲁卡基那改革保护普通民众免受政治权贵的权力滥用。汉谟拉比的序言和结语借鉴了这一传统，将汉谟拉比塑造成当时的"乌鲁卡基那"，用这些法律来提升受压迫者的地位。

　　《圣经》文本通过在它们的新环境中压倒性地呈现法典，避免了序言 /结语的一些人为性（artificiality）。[①] 史诗般的《圣经》叙事塑造了法典，该叙事的庞大规模将法典包含在更大的叙事框架之下。不同于结语和序言的装饰作用，圣经材料完全包裹住法典，并确保不知从何而来的声音都被理

69

---

① 　对于试图在圣经中寻找序言 / 结语格式的尝试回顾，参见 Hurowitz（1994）。

解为通过摩西表达的上帝的声音。① 在一些决疑式的阐述中，由神以第一人称进行表达，起到了将神授叙事与法律本身的内容相统一的黏合作用。②

古代法典的诗学要求一场运动，从单个规则的简单语域到更为复杂精致的整套规则，最后是将法典的一个部分或整个法典置于解释框架内的故事性叙述。考虑到这些诗学，我现在转向一个来自拉比文献的文集的例子——该文本的文集由生活在公元 1 世纪到 8 世纪之间的拉比们创作。这个例子提供了一个机会来评估一部法典和它的故事性叙述之间的差距；在这种情况下，尽管故事性叙述是从法典本身的材料中产生的，但这种差距仍然存在。在这种情况下，法典与其解释性的故事性叙述之间的解释关系将允许法典抵制故事性叙述，并为其自身的文化意义进行论证。

圣经律法的米德拉什故事性叙述

古代的读者，和现代的学者一样，使用类比、并置和对比（以及其他方法）来查明他们从历史先辈那里得到的法典模式。活跃在 1—8 世纪期间的拉比是圣经文本的极其精确和细致的读者，他们偶尔允许自己使用与后现代自由演绎（freeplay）相类似的米德拉什 ③ 的解释模式（Stern 1996;

---

① 我感谢西米恩·查维尔（Simeon Chavel）让我相信了这一观点。关于最近对摩西作为先知和律法的声音的角色的重新审视，请参见 Stackert（2014）。

② 参见《出埃及记》第 21 章第 13 句；《利未记》第 19 章。有关这一表达的更深入的文学分析，请参见 Bartor（2010）。

③ 米德拉什（Midrash）（原义为"探索、研究"），是一个旨在注解《希伯来圣经》而发展出来的诠释传统，它通常涉及三个彼此相关但又应予以区分的含义。第一，米德拉什意指对《希伯来圣经》经文进行逐节注释，即所谓的"米德拉什解经"（midrashic exegesis）。一般认为《希伯来圣经》本身就有某些经文是这种解经工作的产物，就连新约都包含有类似米德拉什解经的经文。米德拉什解经的核心原则是"以经解经"，但个别经文的所属脉络乃是整本圣经，而不限于经文所在书卷。第二，米德拉什还意指注释《希伯来圣经》的整个诠释过程，可视为一种"米德拉什方法"。第三，最后，也是最常见的用法，米德拉什意指对《希伯来圣经》进行注释的集成，也就是一般所说的"米德拉什文献"。——译者注

Yadin-Israel 2004; Yadin-Israel 2014）。我现在要举的例子是，拉比们将相邻的规则转化为时间上的瞬间（temporal moments），并将一套三部律转化为一部三幕剧的情况。虽然人们可以争论作者想要表达的究竟是一种向往的东西还是一种可以自信地获得的东西，但这些规则不太可能被设计成一种扩展的叙事。[①] 这一解释性做法的强制性（violence）提供了一个评估圣经法律文本和鼓励这种解释的拉比法律解释文化之特征的大好良机。

《申命法典》中的法律案例涵盖了一系列广泛的主题，这些主题要么是随意排列的，要么是通过某种形式的自由联想排列的（Tigay 1996）。

三个相邻的圣经律法——关于被征服的女性的地位，关于长子继承权以及关于一个忤逆的儿子——成为拉比故事性叙述的基础，这一故事性叙述产生了一个可辨认的故事。

《申命记》第21章详细描述了如果一位古以色列战士深深迷恋一个居住在被征服城市的女子会发生什么：

> 当你出征对敌，主、你的上帝把敌人交给你，使他们成为你的俘虏，而在俘虏当中，倘若你看中了一个美丽的女子，想要娶她为妻，你就可以带她回家，吩咐她剃去头发，剪短指甲；她也应当换掉被掳时所穿的衣服，留在你家中为自己的父母哀悼一个月；之后，你便可以娶她。结婚以后，倘若发觉自己不再喜欢她，就应当给她自由，却不可用钱卖掉她，也不可奴役她，因为你已经羞辱了她。（《申命记》JPS 1985）

70

这一精心叙述的决疑式表达准许了军人的性征服的惯例，但将其驯化为婚姻性行为的文化规范。该俘虏被人性化对待，被体贴地嫁人而非被强奸。该文本立法将该女性的装扮过程作为其同化的一部分，并且同情她需

---

① 对于米德拉什以及它经常以强制性的方式对圣经文献进行解读的概述参见 Hartman and Budick（1986）中搜集的文章。

要应对从一种文化到另一种文化的转变。这段内容并不天真。理解到身体的吸引驱动着战士的欲望，它预见到了一种可能性，即战士在满足了自己的欲望之后会想要抛弃她。① 希伯来语中的"你不再想要她"有明确的性含义。该文本要求控制性行为的含义；强奸他的征服对象的战士必须把他的欲望对象当作一个自由的希伯来女人，而不是可以被操纵以换取金钱利益的财产。

《申命法典》的后续段落描述了一个场景，一个男人的长子（他有两个儿子）是他厌恶的妻子的孩子，他的幼子是他深爱的妻子的孩子。② 虽然一家之长可能希望将他的财产留给他所爱的子女，但他必须按照长子继承制将双份遗产留给长子。

这个长子继承的段落后面紧接着的是"忤逆的儿子"的段落。一个反抗权威的男孩被他的父母抓住，带到镇法庭，由父母作证。长者们给男孩定罪，男孩被镇上的人用石头砸死，以从社会中消灭邪恶。三个看似独立的法律——被征服的女人、长子继承权和忤逆的儿子——被放在一起，但彼此之间几乎没有什么联系。

关于古代晚期（公元 2—6 世纪）对《圣经》的一些最清晰的拉比解释可以在 11 世纪的圣经注释家赖施（Rashi）③ 的著作中找到。赖施提炼出了一种在拉比时代 ④ 早期的一些文本中存在但没有被充分发展的故事性叙述，他写道：

---

① 请参阅圣经中《撒母耳记下》第 13 章中暗嫩和他玛的叙述。
② 这个案例是罗伯特·科弗（Robert Cover）的"法意与叙事"（"Nomos and Narrative"）（Cover 1992）一文的核心。
③ 所罗门·以撒（R. Solomon Isaac, 1040—1105，宗教文献中通常按希伯来语缩写称为"Rashi"）。他是最著名的犹太教《圣经》注释家，把难懂的希伯来语和阿拉姆语翻译成古法语。——译者注
④ 拉比时代是指 1 世纪末—6 世纪初。——译者注

妥拉只涉及邪恶的欲望：如果神圣的主不允许［想要的女人］，［战士］将在禁忌中娶她。但是当他娶她的时候，他最终会恨她，就像后来所说的"如果一个男人有两个妻子……"他最终会和她生下一个忤逆的儿子。这就是这些段落为何被并置的原因。①

赖施将法典的叙述者拟人化为"妥拉"，妥拉（The Torah）是希伯来语中称呼《摩西五经》的术语，赖施声称这一段并非描述一个社会理想，而是对人类基本欲望的务实回应，这些欲望最终将产生灾难性的后果，导致妻子被轻视，儿子成年后被处决。

赖施拉开了立法者与居于战士与被征服女人的关系中心的道德选择之间的距离。法律（妥拉是被拟人化为主体的文本）并没有被用于这场征服，而是通过对现实世界中预期的欲望进行规范来回应它们。② 这一部分的解释并非曲解；一个对历史负责的并且假定了作者意图目标的文本批评家，可能会把该文本理解为正在努力遏制战士的欲望。赖施并未局限于战士案例中的这一部分；米德拉什解读利用圣经立法者对战士的性征服持敌对态度的观念，将被渴望的女子的场景与相邻段落按时间顺序放在一起，来讲述一个故事："一个男人在战争中遇到了他的妻子，他最终轻视她，这导致家里的孩子有的受偏爱，也有的被轻视；被轻视的孩子变得忤逆，社会别无选择，只能将其处决。"这一故事性叙述不仅有否认《圣经》中性征服的道

① 赖施发展的故事性叙述在巴比伦塔木德法庭书（BT Sanhedrin）107a 的拉比文献中有所暗示，该文献被认为是多斯泰（R. Dostai），一位 2 世纪的巴勒斯坦拉比所作。它也在《塔乎玛》（Tanhuma）关于《申命记》第 21 章的布道中被提及。米德拉什·塔乎玛（Midrash Tannaim）是一部塔木德时期的米德拉什作品。这部作品在介绍 2 世纪的拉比时经常是不可靠的（一些观点迟至 12 世纪），它也提到了一个普遍的观点，即由于与一个不合适的女人结婚而生下一个邪恶的儿子（Stern 1998）。

② 将妥拉作为主体的概念是早期拉比的米德拉什的一个共同特征。对于这一现象的清晰理论，见 Yadin-Israel（2004）。

德责任的好处，而且也有助于为一个对忤逆少年所实施的明显不道德的处决辩护。① 男孩之死的责任不在于法庭或真正用石头砸死他的人，而在于那个无法控制自己欲望的战士，他把被征服的女子带到了古以色列，成为被他轻视的妻子以及忤逆孩子的母亲。

在我看来，在法律解释的框架内，至少有八个压力点对于在更大的文化话语中解释法律文本是至关重要的。这八个点是相关的并且不仅呈现了现代法律文化研究的多个方面，而且它们在现代国家之前的古代背景中被放大，并由于解读古代法典所固有的差异而变得更加尖锐。这八个压力点包括一些文学方面的压力点（诗学、文学动态学、解释学和叙事性），以及其他与法律在世界上的实施有关的压力点（权力、权威、社会和范围）。

对于这八个特征，我将结合赖施的故事性叙述进行更具体的描述。绝然式和决疑式这两种阐述之间的区别是文本诗学关心的问题。正是这种决疑式阐述的渐进的时间性使得我们有可能将被征服新娘的法律解读为对既有社会习俗的反映，而不是提倡这种习俗。关于被征服女性的法规的断言式表述（例如，"在战争中获得的女性必须被视为妻子"）将传达更高程度的先验意图。相比之下，决疑式阐述中更高程度的叙事性（"例如……当你开始作战……你看到一个美丽的女人"）揭示了一种可能性，即法律在场景（scenario）中的位置完全在结果子句中——在场景的结果中，而不是在场景本身的初始表述中。在一个绝然式的表达必然证明性征服是正当的时候，决疑式的阐述让读者对法律的利益和干预感到不确定。决疑式法规的诗学引入了某种程度的模糊性，这种模糊性在米德拉什的故事性叙述中得到了更充分的展现。

至于文学动态学，圣经学者认为《申命记》中的单个规则之间只是松散地彼此关联，言辞的重复或更大的组织模式证明了排序基本上是随机的

① 摩西·哈尔伯特尔（Moshe Halbertal）将忤逆之子的案例作为迫使拉比出于伦理批判而进行重新解释的几个圣经段落之一（1997）。

（Tigay 1996）。即便如此，圣经学者承认，这三个案例之间存在松散的生命过程的排序，始于两性邂逅，继而是一夫多妻制的家庭冲突，最后以一个忤逆的儿子被处决结尾。① 虽然立法者可能并没有打算构建彻底的米德拉什叙事，《圣经》文本中隐含着某些内容，促成了序列的时间动态。也许更顺理成章的是，米德拉什的故事允许圣经文本在多个时间点上保持其渐进的一面。但是，当决疑式表述为可能由法律程序保证的法律情境（法律因果关系）提供法律后果的时候，米德拉什式的故事使对渴望的战士的惩罚成为他的行为的自然且自动的后果。

米德拉什的解释涉及一个解释学的基本问题，这个问题与权力和权威的问题有关。赖施认同米德拉什式的读者的看法，认为作为希伯来人律法的《申命法典》有一个神圣的作者。② 尽管《申命记》自称是由摩西表达的，然而，确认作者只是提出了解释学背景的问题。如果是摩西或上帝在说话，他们的话语传达的是一种人们在世界上应该如何行动的纯粹理想，还是反映了一场与先前存在的文化习俗、无法控制的人类性欲或一套叙述者无力取消的习惯规范的一场邂逅？古代法典是以一种经常断言法律事实的形式产生的，这种形式不提供基本原理或正当性。因此，它们可以被解读为在一套预先存在的共同体结构中的交流，在这种结构中，法律事实的断言只是王室、祭司、军队或神祇的权威的延伸，这种权威可能反映也可能不反映文化现实。

米德拉什式的故事吸引人们对法典中存在的福柯式权力给予额外关注。法典并非简单地体现现存的社会结构，而是涉及产生这种权力结构的过程。这在《圣经》文本的层面上是真实的，其中《申命法典》通过它的表达产生了权力动态，在拉比的解释中也是如此。当拉比们叙述《申命记》的案

72

---

① 人们可以补充接下来的案件，将下一个需要悬挂一个被处决的尸体的情况作为该序列的延续。

② 上述第 114 页注 ② 指出，这种神作为立法者的身份出现在各种圣经法典的语境中。

例，作为道德上重塑法律传统中被接受的规则的一部分时，他们主张自己对文本的控制，他们的解释成为他们自己对文化权力的新主张的工具。[①] 通过将作者身份归于上帝，然后将这种作者身份建构为被动的和略微无力的，拉比们声称自己有能力废除作为先例的被征服的女性和忤逆的儿子的法律。解释学成为一种权力主张的工具，这种权力主张赋予了文化权威（Halbertal 1997）。这种对权力的主张可以与共同体和机构的权力结构合作，也可以与之对抗。

考虑这样一种可能性：《申命法典》反映的是祭司的愿望而不是活生生的实践。制定一部旨在控制由军方及其授权者（国王）授权的难以控制的强奸行为的法典，本身就是在相互竞争的权力结构中对权力的主张。拉比的解释把法典写成一个故事，认为法律是对军人强奸的反应，而非支持，这是祭司写作者的真正继承人。但是，从宗教实用主义（祭司写作者）到宗教实用主义（拉比的读者）的道路是通过这样一种假设行进的，即文本来自上帝（或至少是摩西），代表的是理想而不是实用的情境。当拉比从假设的神圣立法者手中夺取文本含义的控制权时，在这种情况下，他们实际上是将文本还原到一个与产生它的社会环境非常相似的社会背景中。

米德拉什式的故事将圣经律法构想为在先前存在的文化习俗或规范的框架内运作。渴望的战士在存在论意义上先于支配他行为的法律。这一现实表明，法典和文化之间存在一种特定的关系，文化产生了法典，法典反映了文化。由于其形式上的简单和直接，法典（尤其是缺乏其他信息的古代法典）通常被认为是对文化现实的直接报道。关于范围的问题是对某一特定法典与其更广泛的文化之间的关系的考察。它是否全面反映了文化现实？它能反映与其产生相关的特定亚文化的文化现实吗？它可能完全是由一个狭隘的亚文化产生的理想主义幻想吗？米德拉什式的故事性叙述提供

---

① 拉比的福柯式的权力主张在过去十年里一直是一个常见的论题。在这方面，参见 Berkowitz（2006）；Rosen-Zvi（2008）；Wimpfheimer（2011）。

了古代法律理论的一个例子，该理论能够缩小一套法律的范围，使其不被视为代表或针对更广泛的文化。这一法律是专门写给那些无法抑制自己欲望的战士阶层的，并且必须以某种方式适应他们。它反映的不是一种理想，而是一种糟糕的变通方式，其后果是灾难性的。

现代人类学的殖民主义技巧之一是假定古代法律反映了人类和法律发展的原始阶段。当被应用于古代法典的时候，这使现代学者得以对正义、道德和复仇的原始概念进行假设。米德拉什式的解释也认同这一假设，因为它认为被征服的女人的法律是对不道德的倾向的原始反应："妥拉只针对邪恶的欲望。"这句话隐含的判断是，圣经是写给一个原始的，而不是一个文明的拉比。拉比的故事削弱了这一观念，即妥拉的意识形态反映在性征服许可中。拉比们对这种想法感到厌恶，认为这反映了不道德的倾向。对圣经文本的仔细审查表明，《申命法典》本身更加矛盾。[①] 需要强调的是，《圣经》文本鼓励该女子的美化，并提出了一种哀悼仪式，以使她能够有效地融入古以色列；把这一段落解读为对习俗的反对是不公平的。人们可以抵制拉比的故事性叙述，就像人们可以抵制一般的进化人类学模型一样。有时候，"原始的"法律救济甚至可以被描述为偶尔优于看似进化的潜在可能。想想现在那个被征服的女人的案例吧。自古至今，战争在人类社会的发展中难以避免。"强奸和掠夺"是胜利者对受害者、对他们的家园和他们的文明所作所为的再熟悉不过的描述。《申命法典》中关于被征服女性的立法规定要尊重女性的尊严，并在一种很可能轻易将其作为奴隶对待，甚至更糟糕的文化中坚持她的人之属性；当然，在我们今天，战争罪行的受害者往往受到更恶劣的对待。通过将该立法简化为被拉比伦理思想所遮蔽的原始陈述，拉比们抑制了《圣经》文本对受害者尊严的坚持，这种坚持通过美化身体，认识到心理创伤的痛苦，以及坚持她获得了以色列女性的充

---

① 这种矛盾心理反映在圣经解释者之间的分歧上，参见 See Stern（1998）。

分地位予以表达。

在考虑了诗学、动力学、解释学、权力、权威、范围和人类学之后，让我们转向叙事性本身。虽然法典的某些部分可以被解读为叙事的，但法典不会被混淆为一部连贯的短篇故事，更不用说一部小说或史诗了。这一事实使得法典容易被叙事化。故事性叙述可以采取对单个制定法进行故事性叙述的形式；这对于决疑式假设特别容易做到（Bartor 2010）。拉比对三个案例的故事性叙述扩展了最初设定的叙事时间，以包括后来战士和他的爱人之间关系的场景。在扩展到不同的场景时，故事也向后延伸，将更多的人物角色放入叙事中。虽然圣经的决疑式规则只包含几个人物，但是忤逆的儿子这个案例除了儿子和他的父母之外，还引入了镇上的长老和更大的古以色列共同体。通过将渴望的战士扩展到叛逆的青少年，拉比的解释使更广泛的共同体成为叙事中一组相关的人物。所以，当法律把战士作为一个法律主体，对其言说之时，它也把社会的其他部分作为另一个法律主体，对其言说。在将通过暴力获得的新娘与忤逆的青少年联系起来时，米德拉什将管理共同体边界和确保顺从这两个规则联系起来。虽然《圣经》中对新娘故事的最初叙述鼓励读者同情她的经历，但她的故事与青春期儿子的故事之间的联系标志着她依然是一个更大的社会应该以怀疑的眼光看待之人。通过将规则结合在一起，米德拉什式的故事将这个似乎是针对战士阶层的决疑式的法律转变为针对整个社会的警世故事的框架。

拉比的故事性叙述产生了一个故事，这个故事使得揭示法律规则与文化话语的文学、社会和政治方面相互作用的一些方式变得更加容易。作为一种文本类型，法典的简洁有时掩盖了它所隐含的专断宣告的叙述。它也忽略了读者在产生文本意义中的作用。引入解释性故事及其对原初法典的篡改，使得法典的解读这一方面变得极其明显，同时为更仔细地反映原初文本中一些隐藏的文化观点创造了机会。原初文本和解释都涉及性欲、性别关系、权力动态，以及法律规范与其力图规范的文化实践之间的关系。

解释的故事性叙述对原初法典的唯一干预是将连续事件变成了结果，这种叙述是对原初文本的伦理的评判。但是，评判及其隐含着进化意义的改进并非没有问题的。《圣经》文本能够抵制这种改进的主张。在这种抵制中，存在着这样的可能性，即古代法典发挥作用不是作为原初的、过时的或被取代的，而是作为一种替代方案。

古代法典是自四个不同的古代社会留存下来的文件中的规则的集合。其中的一些文件留存至今，而另一些则消失了数百乃至数千年之后方才被发现。这些法律的显而易见的体裁要求使它们看似是在一个狭窄的法律世界中运作，并鼓励进行最低限度的律师解读实践。但是这些法典不仅仅是法律文件。它们可以说是古代社会和文化最重要的档案。历史学家们利用这些文件来挖掘有关古代文明的重要线索。法律文化研究的解读实践让学者们有机会从正式法律分析的狭窄范围中提取这些文本，并允许他们谈论更广泛的文化问题。然而，这种解读方式也有危险，因为它们让当代的兴趣和道德观念影响了这些古代文本的含义。当人们试图让这些材料更有意义时，就有可能冒着将其转化为更宏大、更复杂的叙述的风险。保持谨慎是明智的。

第四章

协议

罗贝托·菲奥里

无论我们是否接受"社会契约"的理论，协议在社会中的重要性都不容低估。每天我们都被提醒，生活在社会中意味着我们要么赞同他人，要么不赞同他人。考虑到法律的社会重要性，也考虑到法律是规范社会的一种方式，人们可以认为，任何法律体系都不能不为协议保留一个核心位置，因此，从协议的法律史的角度来看，只要描述随着时间演变的各种形式的契约、条约和和解协议（settlements）就足够了。然而，每一种法律体系也是文化的产物。任何法律制度都不能被视作理所当然，而应该根据每个文明的思想和价值观来衡量。

现代主观主义与意志

弗里德里希·卡尔·冯·萨维尼（Friedrich Carl von Savigny）的《现代罗马法体系》（*System des heutigen römischen Rechts*）是对法律的现代观念的发展最具影响力的著作之一，在该书中，"法律关系"（Rechtsverhältniss）被表述为两个人之间的关系，这种关系是由法律规则决定的，法律规则给予个人意志一个不受任何其他意志干涉的自主支配的领域，其客体是意志者自身和外部世界（von Savigny 1840: 331, 333）。因此，整个私法被视为在全球范围内对 Rechtsgeschäft 结构的复制——这是德国自然法学派创造的一个概念，可被译为"法律行为"——其最简单的模式就是主体对客体的意志声明。

很明显，如果"法律关系"的主要结构以意志为基础，那么协议将成为该体系最重要的驱动力：不仅仅是因为它们与现代经济的相关性，还因为它们的意识形态价值。对于这种意识形态来说，协议实际上既是个人决定自己的财产或行为的自由权的表达，也是个人处理物化世界的手段。如果从某个特定的角度考虑，这就是今天整个西方法律文化的意识形态。然而，纵然法律的这种表现对我们来说如此常见，以至于我们可能认为它是"自然的"，因此几乎是不可避免的，我们也必须记住，它是多种因素造成的历史结果（Fiori 2011a）。

这些因素中最重要的一个是基督教的宗教观念。基督教从犹太人的宗教中继承了人与上帝之间的盟约（covenant）的教义。然而，在犹太教中，这是一个上帝和被选中的民族整体之间的盟约，他们被耶和华选中，并在近东崇拜的众多神祇中选择他作为他们唯一的神——可能是复制了当时国际条约中的服从的公式（Liverani 2003: 180, 378）。相反，基督教并非一个"民族"的宗教，而是一种普遍性的宗教。就此而言，这一盟约已经成为信徒个人和上帝之间的一种个人关系，旨在拯救灵魂。这使人们相信，除了人类法庭之外，还有一个基于每个信徒的良心的内心法庭。它促进了伦理学的个人主义维度的兴起，这是康德区分"道德"和"法律"的义务范围的根源①：前者的基础是个人对普遍价值的感知，后者的基础是根据普遍法则在个人选择和对他人自由的尊重之间的共存。

在基督教中，违背这一盟约会导致个人的罪孽。这种思想与个人灵魂的拯救紧密相连，并不为古代的民族宗教所知，他们认为宗教犯罪是对整个共同体的威胁。②为了避免罪孽的风险，教会法非常重视允诺的履行：一个好的基督徒不应该说谎。因此——不像在罗马法中，我们将看到——在教会法中，每一个允诺都是有约束力的（Calasso 1967: 267），最初的契约意志，就像信徒崇拜唯一上帝的个人选择一样，涵盖了这一关系的整个规则体系。

---

① Prodi（2000）对这些问题的历史进行了出色的讨论。然而，他没有区分犹太教和基督教的概念；另见 Schneewind（1998）。
② 关于罗马宗教，参见 Scheid（1981: 117 and esp. 150）。

基督教的另一个重要特征是创造了人与自然之间的距离。在许多传统文化中，植物、动物、人类和神祇都是自然秩序的一部分；尊重法律和宗教规则往往是为了维护这一秩序。基督教已经将这种对世界的整体观念转变为个人主义观念：上帝是世界的创造者，而人，是唯一按照上帝的形象所造的生物，已经把世界纳为己有：正如基督教的上帝是人类的立法者一样，后者也是自然界的立法者。自然不再是现实的一个活跃部分，在某种程度上是神圣的，而是人类意志的物化对象。

当然，这些思想是整个欧洲文化的一部分，但在中世纪和文艺复兴时期，它们只在教会法的有限领域内对法律产生强烈的影响。虽然中世纪的民法学家，自然受到了基督教世界观的影响，但严格遵守罗马渊源，发展了他们的学说，因此，一般类别发生了变化——尤其是在亚里士多德哲学的影响下 [1]——但保留在优士丁尼《民法大全》中的实际法律规则没有发生变化。直到 17 世纪，随着自然法学说的出现，教会法的规则才通过西班牙晚期经院哲学家的媒介被引入民法制度中。同样在民法中，纯粹的允诺就具有约束力（1959; 1967; 1991），意志被视为个人在自己财产范围内的自由的表达（Grossi 1973）。

正是在这一点上，这些思想在主观主义和个人主义的视角下被戏剧性地强调（Fiori 2003a; 200—212）。一方面，自然法最显著的特点之一是主张自然权利的存在，这些权利属于个人，不是系统的一部分，而是人与生俱来的（Tierney 1997）。另一方面，现代哲学把认识的唯一确定性简化为"我思故我在"（*cogito ergo sum*）：在古代和中世纪文化中，主观主义被认为是认识现实的限制，而在 17 世纪，"主体"反而成为与世界每一次接触的起点。此外，这种观点还得益于对现代语言，尤其是法语的思考所导致的新语法理论的发展。新语法的核心是"主语—动词—宾语"模式（scheme）：

---

[1] 关于契约法，特别参见 Gordley（1991: 40—45），然而，我不能赞同他这样的观点，即中世纪的民法法学家得出的结论是，所有的契约都是经同意而具有约束力的。

由于逻辑与语法之间被认为存在平行关系，这一模式被视为推理的主要模式。法学家们在描述后来被称为法律行为（Rechtsgeschäft）的内容时也采用了这种方法。

在这一过程的最后，正义和法律不再表达共同体的集体道德。"伦理"被认为是个体良心的总和与协调统一，而"法律"则被认为是对权威命令的服从。这为实证主义法律观念打开了大门，这种观念本质上因为存在制裁而与伦理区别开来。现代国家实现对法律体系完全控制的野心、自由市场意识形态以及现代社会的碎片化已经完成了其余工作：规则之所以具有约束力，不再是因为它们传达了一个共同体的情感和信仰，而是因为它们是由一个政治权威建立起来的；可以这么说，每个公民都与法律有一种"个人"的关系；在他的自治范围内，他是统治者，他的意志就是法律。因此，法律主体之间的相互作用完全是以协议为基础的。

罗马的法律和社会

在古代，特别是在罗马法中——考虑到它对西方法律传统发展的重要性，我们可以将其作为我们的主要参考——我们发现了一个完全不同的框架。

首先，古人不可能用"主体—行为—客体"的结构来描绘"法律关系"，也不可能从主观主义的角度来看待法律。在古典时期，主体的概念有另一种含义，而客体的概念则完全缺失。拉丁语 *subiectum* 是希腊语 *hypokeimenon* 的直译，这个术语在亚里士多德哲学中有双重含义。从存在论上讲，它是在物质转化过程中保持不变的物质基质（Aristotle, *Physics* 190b20; *Metaphysics* 1024a9 and 985b10）；但是在逻辑—谓词的意义上，它就是我们所讨论的内容（Aristotle, *Categories* 1a 20; 1b10—11; *On interpretation* 16a1—17a7）——这一语义含义在英语中仍然是这个词的主要含义，但在其他欧洲语言中已经变为次要含义了。因此，希腊语和拉丁语的语法理论使用了与"谓词"相对的"主词"的概念，其含义与今天通常给予了"宾语"的含义相似，短语的各个部分之间没有等级之分：单词的功能是由词尾变化及其与动词的关系在平等基础上定义的（Lepschy 1992）。然而，这不仅仅是一个术语问题。正如我们已经说过的，古代和中世纪的哲学相信真实认识世界的可能性，而个人的感知（perception）往往被视为认识的障碍，而不是一个坚实的起点（Gill 2006: 36, 391）。

更重要的是，罗马人的法律观念并不是实证主义的。法（*ius*）的根源是习俗（*mores*），共同体的祖先的传统。即使在共和国末期，由于希腊史学的影响，人们想象许多习俗是由国王的法令创设的，但事实上，这些习俗自不可追忆之时起就一直被遵循着。作为社会生活基础的法律规则被认为是共同体留存的关键，因为神和人在某种程度上是同一个社会的组成部分（Scheid 2001），违反这些规则不仅被认为是一种违法行为，而且也被认为是一种宗教罪行：形容词"宇宙的"（cosmic）也许是对它的最佳描述方式（Sabbatucci 1981）。可能正是因为这种观点，罗马人很少就关于私法的公律（*leges publicae*）① 进行投票表决——当他们这样做时，这些法律往往与债、公民身份或婚姻等社会问题有关 ②——而制定法是宪法和刑法的通常来源，即那些法律中与国家（*res publica*）的政治选择更相关的部分（Serrao 1973: 794—850; 1974: 5—130）。甚至在帝国时期，与私法有关的皇帝敕令（*constitutiones principis*）也从未改变过由法学发展并完善的原则。（Gualandi 1963; Coriat 2014）。在那些罕见的例子中，当这种情况发生时法学家们尽最大努力限制法律（*lex*）的干预，并通过他们的解释（*interpretatio*），恢复该体系的"自然"逻辑。③

---

① 公律是指由罗马人民在民众大会中投票通过的制定法。——译者注
② 一个众所周知的例外是关于损害赔偿的《阿奎利亚法》（*lex Aquilia*）。关于这个问题的传统观点的令人信服的辩护，请参见 Santucci（2014a）。
③ 参见 Lab. 4 遗作中的典型案例，D. 19.1.50，其解释见 Talamanca（1997）。

像许多古代民族一样，特别是在上古时期，罗马人相信存在一种必须维护的宇宙秩序，否则对它的违反可能会导致对神之和平（pax deorum）的破坏，危及共同体的生存（Fiori 1996）。这是一个等级秩序：宇宙的每个部分都有一个不可变更的位置，因此每个人都应该按照他或她的角色行事。最重要的罗马美德之一——当然也是罗马人认为是他们文化的一个显著特征，尤其是与希腊相比——是庄重（gravitas），是某物或某人"持重"的能力，也就是说，根据等级制度（maiestas），各安其位（dumézil 1969: 125—152）。高尚（honestas）不仅是"诚实"，还是按照自己角色（honor 荣誉）行事的美德（Jacotot 2013），每个社会成员的信誉（fides）是根据他的社会地位计算的（Fiori 2008; 465—481）：根据民事诉讼的古老规则，如果没有证人，只有在其社会地位和道德标准等于或优于原告时，被告才能被宣告无罪，否则他必须被判有罪。在这方面，罗马社会不仅分为贵族和平民，也分为善人（boni）和恶人（mali），第一个术语表示富人和体面人，第二个术语表示下层阶级。这种分裂一直持续着——甚至由于罗马社会的总体变化而以不同的形式发展起来——直到共和国末期，贵族被称为最优秀者（optimi），他们的政治支持者被称为贵族派（optimate）（Fiori 2013: 169—249）。并不存在一个普遍的"公正"概念：公正就是与一个人的社会状况相匹配。

这些思想很可能源自印欧人的法律和社会概念。根据一个有影响力的理论，印度、罗马和早期的爱尔兰保存了印欧民族最古老的法律和宗教传统，因为对法律和宗教的解释由祭司团体掌握（Vendryes 1918: 265—285）。事实上，尽管这些历史文化之间存在明显的差异，但我们发现每一种文化中都有一种相似的价值体系。当我们读到在罗马法中，对保护人而言，将被解放的女性作妾而不是为妻被认为"更符合身份"（honestius），即使一般来说，婚姻被认为比同居更"诚实"（见下文），我们想起了《薄伽梵歌》（Bhagavadgītā）中的一段话，提到了不完美地履行自己的义务胜于完美地履行他人的义务（Bhagavadgītā 3.35），因为每个社会成员都有自己的义务，根据人生和阶级的各个阶段——最初是人生和阶级的各个模式。^①奥维德^②（Ovid）主张——在一段关于祭司教义的诗句中——在朱庇特基于尊威（maiestas）的秩序建立之前，宇宙万物生活在平等之中（Fasti 5.11—52）。^③早期爱尔兰最重要的法律之一《伟大传统》（Senchas Mór）则述说在律法制定之前，世界处于（无秩序的）平等中，而在律法制定之后，每个人都获得了他的等级（Corpus iuris Hibernici, 348.10—11）。在奥维德的主张和《伟大传统》之间存在着惊人的相似之处。这与我们的文化截然不同；但我们必须记住，直至 18 世纪末，《普鲁士民法典》仍然基于受害者的地位提供了不同的法庭和不同的伤害赔偿（Koselleck 1981）。虽然理论上是基督教教义的一部分，但所有人平等的理想实际上是非常近代才出现的，在古代社会中只是在一定程度上被接受。

通常在论述罗马法时，所有这些都必须牢记于心（Garnsey 1970）。对罗马人来说，法律更像是一门科学，而不是一套规则：它是祭司及其后的世俗法学家所遵循的技术（ars），来理解根据自然的秩序什么是适当的；当然，这被他们描绘成是其社会的普遍投影。因此，法（ius）主要是基于传统的，"市民法"（ius civile）不仅包括罗马人特有的基于习俗（mores）和制定法（leges）的奎里蒂法（ius Quiritium^④），而且也有其他民族所知（ius gentium）并被罗马接受的法律，因为它被认为是符合自然秩序的。这就是人类学家所说的传统文化：神、人和自然都是同一系统的一部分；世界是由共同体的相同规则来规范的，因此共同体要继续生存必然要尊重这些规

79

---

① 关于四灵性晋阶原则（varṇāśramadharma），请参见 Hiltebeitel（2011: 215—227）；关于它的起源见 Olivelle（1993: 73—111）。

② 古罗马诗人（公元前 43 年 3 月 20 日—17 年），代表作品有《变形记》《爱的艺术》《爱情三论》。——译者注

③ 关于这一段落及其与希腊神谱模型的关系，请参见 Fiori（1996: 107—110）。

④ "奎里蒂法"（ius Quiritium）是罗马市民法的早期称谓，它们仅适用于罗马公民，受制于宗教，具有拘泥形式、象征和保守等特点。——译者注

则，这些规则是法学家通过他们的技艺（ars）发现的。这种对世界的看法是等级化的、客观的和整体的，而不是平等主义的、主观的和个人主义的；因此，法律被视为一套规则的集合，主要来自理性，而不是权威的命令。

在这种背景下，与我们今天所体验的相比，意志的作用就不那么重要。重要的是维护秩序，这是共同体生存的必要条件：改变是允许的，但它们应符合这个一般范围。当然，这并不意味着，意志和协议不会参与到法律的发展和罗马人的法律生活中。然而，这意味着它们的角色必须被历史地研究，而非抽象地研究，要将罗马文化和社会的发展纳入考量。①

上古时期罗马法中的协议（公元前 8 世纪—公元前 4 世纪）

在对罗马法的研究中，上古法（archaic law）的重要性往往被低估。②这种态度在某些方面是可以理解的。与古典时期的资料相比，可获得的关于上古法的资料非常匮乏，而那些我们已经获得的资料对法律研究者而言也是非常多样化的：不仅有历史学家的著作，而且有时还有古文物研究，甚至还有诗歌作品。然而，当我们发现与其他印欧文化相比，共和国晚期和元首制时期的意识形态仍然可以与其他印欧文化有益地进行比较时，我们就明白了罗马文化中的传统是如此的根深蒂固，以至于要真正理解罗马法，对上古时期的研究是必不可少的。

可能王政时期的第一阶段——通常被称为拉丁君主制——对传统罗马世界观的形成影响最大。

在这一时期，罗马的经济是以农业和畜牧业为基础的。土地被划分成

---

① 为了简单起见，在下面的段落中，我将根据塞劳（Serrao）（2006）描述的罗马法发展的三个主要时期，在相当一般的意义上使用术语"上古时期""古典时期"和"晚期"，重点是它们的社会经济价值。其他手册使用更微妙的区分，倾向于低估上古时期的重要性，并主要集中在古典时期的法律上，将其描绘成一个"体系"。

② 这一时期私法的最出色的描述参见 Serrao（2006）。关于公法，参见 De Martino（1972）。对于这段历史的出色的英文导论见 Cornell（1995）。

小块，成为家庭的私有财产，或分成大块，成为氏族（*gens*）的集体财产。家父（*pater familias*）对家庭中的物和下属之人拥有绝对的权力，并在私人事务上有很大的自主权：国王和氏族都不能干涉他的权力。他是家庭中唯一一个自权人（*sui iuris*），也就是说，他不受家庭中任何其他成员的约束。

然而，这种自主权并不被认为是一个个人主义的问题。对家父权力（*potestas*）的尊重是对传统秩序的尊重，当两位家父达成协议时，重要的是协议的约束力，而不是协议本身。共同体不被认为是其成员的总和，是自由个人缔结"社会契约"的结果；相反，它的成员在不同层次上，是一个以某种方式预先存在的群体的一部分，因为只有这个群体作为一个整体才与神存在关系：没有群体，个人什么也不是。

协议的社会效果具有突出重要性，表现为以下事实，即在此期间，双方可以一致同意建立一个具有社会关联的传统团体，或者使用赋予交易以社会意义的仪式形式来表达其协议。　　　　　　　　　　　　　　80

第一种情况的一个例子是保护关系。这是一个被称为保护人（*patronus*）的氏族成员（*gentilis*）和一个被称为被保护人（*cliens*）的下属之间的垂直关系。被保护人同意为他的保护人工作和作战，以增加他的财富和权力；保护人允许被保护人获得氏族的土地，并以他更高的信誉（*fides*）在群体内保护他。另一个例子是兄弟会（*sodalitas*），它也是一个社团，但是在一个更具贵族性的层面上：同伴（*sodales*）都是贵族，他们组成了一支战队和一个政治集团（图4.1）。因为这两个团体都源自印欧历史，　81
它们是根据古代的习俗来组织的。被保护人和同伴的义务自不可追忆之时起就已经明确；同伴们之间采取的协议（*pacta*）很可能是针对特定的成就，例如，掠夺牲畜或者战争中的行动，但是他们没有规定该社团成员的一般义务。①

---

① 虽然罗马的保护关系是一个众所周知的制度，但对兄弟会（sodalitates）的研究较少（Fiori 1999a）。

图 4.1 罗马卡萨利别墅墓地石棺上的浮雕，描绘了农民采集豆类和挤羊奶的场景，局部。

资料来源：DEA/A. DAGLI ORTI/De Agostini/Getty Images。

在其他情况下，协议应该采取仪式行为的形式。最简单的是口头契约（sponsio），一开始可能是宣誓，后来演变为正式承诺给予某物或做某事。第二种被称为要式买卖（mancipatio），是指称出铜或青铜的重量，以换取对有价值的东西或人（res mancipi，要式移转物）的权力。这种行为的正式性不是由于对仪式的热爱，而是由于缺乏书面记录以及口头形式的记忆传递：这种庄重性确保了未来能够提供证据的证人的存在。然而，尽管正式，但无论是口头契约还是要式买卖都不是僵化的。第一种，仅仅是一个允诺，可以包含一个人想要的任何东西：它表示作出允诺的一方根据该协议所承担的义务。第二种由于在仪式上宣布的各种各样的言辞（nuncupationes）可能服务于多个目的：它可以用来出售、租用动物或雇佣人，通过债务人服从债权人而为债务提供担保，获得对妻子的权力，以及——不晚于《十二表法》——

收养子女并将遗产交给第三方，后者随后将遗产传给逝者的继承人。

因此，很明显，与人们通常认同的情况相反，在上古法中存在大量可能的交易。因此，我们不应该惊讶于发现在后来的古典资料中出现的相同的术语，但它们还不具有与后来相同的技术含义——购买（emere）、出售（vendere）、出租（locare）、雇佣（conducere）等。事实上，上古法的典型特征并不是没有交易，而是这一事实，即与古典法不同，交易的经济内容和当事方的相关协议仍处于次要地位。相反，仪式的完成是显而易见的，因为它在双方之间建立了一种社会纽带关系：这种关系只有在得到共同体认可时才具有法律价值。

一个非常具有启发意义的例子是婚姻（Fiori 2011b）。在罗马法中，婚姻的基础体现在协议中（如果双方同意，婚姻即告成立，consensus facit nuptias）。然而，可以这么说，这是一个"有条件的"协议。有几种稳定的结合：奴隶之间，是同居（contubernium）；自由人之间，是结婚或姘居（concubinate）。在姘居中，共同生活的意愿也很重要，因为它将妾与露水情人区分开来，但它并不意味着，像在婚姻中那样，丈夫和妻子分享相同的社会地位。因此，结婚就需要结婚的特定意愿（婚意，affectio maritalis）。婚姻的这种特性，在社会层面上，通过许多标志表现出来。婚礼是一种仪式性的庆典，在此期间要进行占卜、举行祭祀和宴会，妻子被公开带到丈夫家中。仪式结束后，最重要的社会标志是参加典礼和着装（图4.2）。

首先，已婚妇女和妾是有区别的。前者与丈夫享有同等的尊严（dignitas），而后者是社会地位较低的伴侣。因此，根据一项归于努马·庞庇里乌斯（Numa Pompilius）的法律，只有已婚妇女才能向朱庇特的妻子朱诺（Iuno）献祭；她的祭坛甚至不可以被妾触摸。[1] 只有已婚妇女可以在头

---

[1] Paul Diacon, epitome to Sextus Pompeius Festus', On the Meaning of Words, s.v. pelices（Lindsay 248）。

图 4.2　罗马大理石石棺，其上浮雕描绘婚礼仪式。

资料来源：DEA/A.DAGLI ORTI/De Agostini/Getty Images。

发上佩戴丝带（*vittae*），穿斯妥拉 （*stola*），斯妥拉是一块浅色的布（与妓女的俗艳服装形成对比）。

　　然而，基于尊严（*dignitas*），已婚妇女之间也存在差异。在几个世纪之后，原来保留给贵族，甚至拒绝给予那些嫁给平民的贵族女性的特权才被扩展到所有已婚妇女。公元前 296 年，贵族已婚妇女（*matronae*）阻止一位贵族出身的平民妻子向贞洁女神浦狄喀提亚（*Pudicitia*）的祭坛献祭（图 4.3），所以她创造了"平民的贞操"（*Pudicitia Plebeia*）的祭礼，这原本是为高贵的平民家庭保留的（Livy 10.23.3—10）：事实上，即使是在"诚实的"女性中，也要求一种以社会等级制度为基础的不同的伦理规范（Langlands 2006: 365）。最初仅允许贵族女性穿着斯妥拉；后来，平民女性也获准穿

---

① 一种束腰外衣。——译者注

图 4.3 女神浦狄喀提亚（梵蒂冈，梵蒂冈博物馆，公元 1 世纪）。

资料来源：B&Y Photography/Alamy Stock Photo。

着，只要她们不是奴隶（*ingenuae*）的后裔。直至公元前 3 世纪，被解放的女性才被允许穿着斯妥拉，前提是她们要嫁给其他被解放之男性，或者她们是其保护人的妾。同样的社会标记也适用于孩子们：在一开始，只有贵族男孩才能穿托加长袍（*toga praetexta*），其特色是镶有紫红色宽边；只有随着时间的推移，生来自由人（*ingenui*）才被允许穿它，而奴隶的后代不得不等到公元前 3 世纪。

在一个社会纽带如此牢固的共同体中，协议对解决争端很重要。任何争议都是整个共同体的问题。由于当事人必须对其主张宣誓，被判有罪的人会失去信誉（fides），如果他不遵守判决，就会被降格为奴隶①——或

---

① 关于 addictio（债务人因无力偿还债务而被迫成为债权人的奴隶）及其奴役罗马城中的罗马人的奴役性质——通常为学者们所否认——参见 Fiori（2001）and Masi Doria（2012: 321—325）。

者，根据一些理论，失去共同体内的每一项权利，被宣告为不受法律保护的（*sacer*），即一个没有任何财产或家庭关系、被剥夺法律权益和保护之人（Fiori 1996）。这也可能对他的朋友和亲戚产生影响，因为当事人的所有社会关系人都参与了审判。诉讼当事人不仅带来了证人——如果他们拒绝作证，可能会被公开羞辱，如果他们撒谎，就会被扔下塔尔珀伊亚岩石（Tarpeian Rock）① ——而且还带来了赞美者（*laudatores*）。这些亲戚或朋友基于他们的信誉答辩说，他们在审判中支持的一方是值得信任的——这是一个非常重要的角色，如果我们记住了我们之前回忆的古老规则，即使没有证人，法官也应该优先选择一个善人（*bonus vir*），一个"信誉良好的人"，而不是一个善人（*malus*）（Fiori 2013）。有时需要保证人；此处冒着被贬为奴风险的是保证人，而不是当事人。民事审判对当事人及其支持者来说是一个非常危险的程序。很可能这是一个相当罕见的事件，参与其中的社会群体拼命地试图避免它。我们确实知道罗马人在不同的阶段授予和解（*pacisci*，协议）② 的可能性：在当事人之间，在审判之前或审判期间 ③，或在判决后三十天内；因为在三十天之后，在第三方的帮助下，在市民集会广场（Comitium）公开宣布债务，以便债务人可以找到一个愿意承担债务以清偿债权人之人。④

　　这一制度或多或少也在国际关系中得到了再现。只要罗马人与意大利各民族有接触，他们就会发现国际习惯和宗教崇拜的共同传统，因此可以

① 古罗马卡皮妥拉山上的一块岩石，在此把叛国犯掷下处死。——译者注

② pacisci（本义为实现和平）。在《十二表法》中，该词指为不法侵害、盗窃者与受害人达成了后者不起诉的协议，双方实现了和解。——译者注

③ 在《十二表法》中，和解（*pacisci*）被作为一种救济措施，用以在撕裂肢体导致伤害的案件中避免同态惩罚（第 8 表第 1 条）。在审判期间的和解见第 1 表第 6 条。

④ 这些规则是由《十二表法》制定的：见第 3 表第 5 条（在债务委员会审判后和在集会中宣布债务后的和解协议）。宣布的目的是寻找一个人来承担债务，这是一个普遍的猜测（see for all Pugliese 1962; Albanese 1987）。

发展出一套与我们在私法中看到的规则非常相似的规则体系。① 协议隐身幕后，但信誉则显而易见（*fides*）。军队指挥官所做的允诺（*sponsio*）必须得到人民和元老院的批准，否则它只对这位将军本人产生义务：真正的条约（*foedus*）是由罗马代表在人民和元老院的同意下制定的，他宣誓遵守该条约的条款。宣誓再次成为用来创设义务的主要手段：就像私人的伪证会玷污神之和平（*pax deorum*），所以只有驱逐罪犯，共同体方能避免神的愤怒，一项未获批准的国际允诺会导致将军被移交给敌人，违背条约会引发一场战争——对犯错的人民来说这场战争是"不公正的"——因此不能指望神的庇护，是没有希望的（De Martino 1973; Cursi 2014）。

古典罗马法中的协议（公元前 3 世纪—公元 3 世纪）

所谓的伊特鲁里亚君主制时期（公元前 7 世纪到公元前 6 世纪）一定是罗马历史上一个相当特殊的时期。罗马第一次被纳入地中海贸易网络，这显然导致了社会上相应变化。如前所述，在伊特鲁里亚国王统治之前的一个时期，这个共同体是由氏族成员（*gentiles*）和他们的被保护人（*clientes*）组成的，致力于种植氏族成员的土地。罗马作为一个贸易中心的重要性日益增加，从国外涌入了许多人，特别是伊特鲁里亚人和希腊人，他们对农业不感兴趣，因此不需要进入同一氏族成员的土地，因此也就不会成为氏族成员（*gentiles*）的被保护人。这个新的社会阶级，最终以平民（*plebs*）的名称出现，随着伊特鲁里亚国王的改革，在罗马宪法中找到了一席之地，这位伊特鲁里亚国王采用了希腊的城邦模式，并以人口普查为基础，模仿梭伦的金权政治，创建了一个包含所有公民的集会。

然而，在私法中，几乎没有什么变化。可能有两个独立的世界共存。

85

---

① 关于与意大利各民族共享法律和宗教信仰的问题，见 Catalano（1965）。Watson（1993）清楚地看到了国际法和私法之间的相似之处（他认为上帝是私人争议和国际争议的法官，但我并不赞同）。

图 4.4 罗马商船。
资料来源：Flickr/Carole Raddato/CC BY-SA 2.0。

一方面，特权贵族和他们的被保护人继续使用"奎里蒂法"（*ius Quiritium*），因为他们的经济并没有急剧变化。另一方面，参与国际贸易的平民在地中海市场上遵循商人法。"奎里蒂法"受到一种程序的保护，这种程序由城邦组织并由一名执政官管理，被称为"法定诉讼"（*legis actiones*）。相反，商人法可能只通过私人仲裁受到保护：重要的是，拉丁语中的仲裁者（*arbiter*）一词似乎借用了布匿语，表示在市场上担任经纪人、证人、顾问和仲裁员的专业人员（Martino 1986）。

只有在公元前 4 世纪末到公元前 2 世纪上半叶，随着罗马在意大利和整个地中海地区越来越重要，情况才真正发生了变化。[1] 那时，罗马的经济不再以农业为中心：贸易也变得至关重要（图 4.4）。这既是一种经济变革，又是一种社会变革。公元前 5 世纪—前 4 世纪的斗争导致了一个新的贵族阶层的形成，新贵阶层（*the nobilitas*），它不仅包括贵族，而且还包括最显

---

[1] 对于这一时期的一般介绍，Schulz（1951）是英文著作中的一本经典之作。标准参考书是 Kaser（1972），但也可参见 Talamanca（1990），这是最近最好的手册之一。Cascione（2003）对这一时期的协议的作用进行了出色的研究。

86

赫的平民家族；在这个阶层之下是骑士阶层，一个致力于商业和商品生产的资产阶级，而在最底层的是下层阶级。人口大量增加，社会变得如此复杂，以至于形式化行为的社会作用变得毫无价值。由于书写在日常生活中的普及，不再需要用庄重的仪式来帮助记忆。这促使共和国关注国际商业中的非正式交易，并首次给予它们司法救济。

授予这种新保护的手段不是成文法（lex），而是执政官的权力（治权，imperium），裁判官是负责这一司法管辖权的长官。他创造了一种新的民事程序，称为"程式"，因为它不再是基于口头语言，而是基于书面文件（程式，formulae）。

就我们的目的而言，注意到这一新程序的结构是如何以当事方之间的协议为基础是非常有趣的（Fiori 2003: 67, 121）。在古老的法定诉讼中，法官是一位普通公民，裁判官要求他"展示法律"（判决，iudicare）：法官对当事人没有指挥权，因此他的裁断（verdict）的约束力完全基于法官"展示"的"奎里蒂法"。换句话说，裁断具有约束力不是因为该法官的某种"权力"，而是因为该裁断揭示了本身具有约束力的法律。相反，新的程式程序是由裁判官创建的，以保护被认为与法（ius）相异的交易或经济地位：因此，在没有可执行的"法律"和法官权力的情况下，裁断将完全无效。解决办法是要求双方交换他们将执行判决的承诺，这些承诺被书写在程式中。因此，裁断的约束力在于双方同意接受法官的判决的协议。如果法官认定被告有错误，被告应向原告支付与诉讼请求价值相等的金额；如果法官认定被告是正确的，原告应该认为他无需履行其诺言。由于这一程序的结构，判决考虑了该争议，但适当地指示确定承诺的金额是否合理。这就是程式程序中出现奇怪规则的原因，即法官永远不能命令特定履行，只能判决被告赔偿金钱损失。这是古老的自我谴责观念的发展，这种观念在誓言中很典型：如果法律没有规定，家父（pater）不能就其个人事务接受公共行政长官（public magistrates）的命令。因此，如果判决对他不利，他就被要求自愿承担起补偿另一方的责任。当人们意识到这种不如法定程式正式的新程序显然也可以有益地适用于市民法的主张时，法定程序注定要失败，它在元首制初期被废止。在这个阶段，罗马法的整个司法保护最终是建立在案件当事人之间的协议之上的。

多亏了这一新程序，裁判官现在不仅可以对"奎里蒂法"，也可以对罗马人认为存在于所有民族的法律（万民法，*ius gentium*）中的制度，以及与法（*ius*）完全相异的许多经济需求提供司法救济。当这些需求在裁判官法庭中得到保护时，它们开始在某种程度上被视为法律制度，并被统称为"裁判官法"（*ius praetorium*），因为它们的保护是以裁判官的权力为基础的。

在这个时候，如果私人交易没有被一个正式的行为所涵盖，它们也可能是具有相关性的，该正式行为——贷款、出售、出租等——的目的成为了焦点。然而，罗马法学家描述这一制度的方式仍然与义务的产生方式有关。盖尤斯（Gaius）是公元 2 世纪的罗马法学家，他写道，契约可能产生四种义务：有些是通过行为订立的，有些是通过口头的，通过写下义务这一事实，或者通过同意（实物、言词、文字、合意，*re, verbis, litteris, consensu*）而订立（Gaius, *Institutes* 3.89）。在借贷（*mutuum* 无偿消费借贷，*commodatum* 无偿使用借贷）或寄托（*depositum*）中，只有当借出或保管的物品被移交时，才产生义务；在要式口约（*stipulatio*）中，与口头契约（*sponsio*）类似，但是可适用于外国人，其义务通过正式的语言表达产生；在账簿债务（*nomina transscripticia*）中，只有当债务被记在家父（*pater familias*）的账本上时，义务才产生；在买卖、租赁、合伙和委托中，当事人同意承担义务就足够了。

值得注意的是，盖尤斯说的不是"契约"，而是"契约义务"。即使协议的重要性比以前更加明显，社会纽带的观念，履行义务的观念，仍然更加相关：在现代法律中，契约"是"协议，义务只是它的效果，而在罗马法中，契约"是"义务，协议是其必要前提——尽管是必要的，但只是其

图 4.5 契约或遗嘱的规定（意大利，罗马，罗马文明博物馆，公元 1 世纪）。
资料来源：DEA/A. DAGLI ORTI/Getty Images。

前提（Fiori 2012: 40—75）。如前所述，契约并不被视为双方自由处置其财产的表现，而是被视为当事人的家父承担义务的正当理由。在新罗马社会中，这已经变得相当正常，但在契约的概念中，我们可能仍然发现一种古老观念的残留，即只有家父自己才能限制他的自主权（图 4.5）。即使在程式诉讼中，任何判决都是针对被告的全部财产执行的，这些财产被出售以满足债权人的要求，并针对破产债务人发布了丧失名誉（*infamia*）的声明（Kaser and Hackl 1996: 383—407），我们明白，承担一项义务的社会重要性远远大于债务的简单的经济重要性。

法学家乌尔比安在公元 3 世纪概述的协议理论（doctrine of the *conventio*）进一步证明了义务的中心地位（Ulpianus 4, *On the edict, Digest* 2.14.7 pr. 2 and 4）。他写道，简单的协议（*pacta*）不会产生任何义务，因此它们不能在程式诉讼中得到保护，而仅可以由被告在辩护时提及。要产生一项义务并因此受到诉讼的保护，协议必须符合一种特定类型（*nomen*）的契约，即盖尤斯在上面引用的段落中描述的那些类型。然而，即使没有发生这种情况，

88

协议也产生了一项义务，并因此产生了一项诉讼，如果其中一方因此遭受了损失（causa）：在这种情况下，契约是"非典型的"，但仍然是一个"契约"。从这一理论中可以很清楚地看出，裁判官并没有通过诉讼保护协议本身，而只保护可能由协议产生的义务：国家（res publica）选择只对那些具有社会或经济重要性的协议给予最强有力的救济。

古典时期的契约概念虽然新颖，但仍然充满了上古时期的特征，这也可以在信誉（fides）观念的转变中看出。如前所述，在上古时期的法律中，社会中每个成员的信誉是根据他的社会地位决定的：善人（The boni），那些富有和受人尊敬的人，拥有最高程度的信誉。当然，这种信誉的观念是以个人的相识为基础的。然而，在帝国时代的罗马社会和国际贸易中，当事人彼此之间和对法官来说都是陌生人：不可能知道谁更可靠，也不可能根据缔约各方的实际地位来确定他们的义务。因此，罗马法学家用一种抽象的、非个人的新信誉代替了具体的、个人的旧信誉，这种新信誉是以善人（bonus vir）的信誉为模型的，因此被称为善意（bona fides）。当双方同意采用某一契约方案时，他们将自动承担所有固有的义务，即使没有明确列举："诚信"（good faith）是一项原则，根据这项原则，可以考虑到契约的隐含条款，并在判决时假设双方都是善良的（boni）。这似乎是一个"民主"的解决方案。在某些方面的确如此：但如果我们仔细想想，贵族伦理仍然占主导地位，在更现代的法律领域也普遍存在，比如商业。这是一个模棱两可的表述，即当我们阅读这个时代关于罗马伦理的最重要的著述之一，西塞罗的《论义务》（de officiis）时，我们就能解读出来。所有遵循统治阶级传统伦理的人，都是善良的公民（boni cives）；那些跟随保守党派之人是贵族派（optimates）。但只有那些真正属于统治阶级的人在社会上才是善良的和优秀的（boni and optimi）（Fiori 2011a; Fiori 2014a）。正如我们所看到的，这是费尔南·布罗代尔（Fernand Braudel）所阐述的长期历史：即使在帝国主义的罗马的世界经济中，祭司们基于印欧观念所勾勒的核心价值观在几个世纪后仍然在运行。

　　然而，在此期间也有一些重要的创新。在公元前 2 世纪，希腊化的哲学影响了罗马的上层阶级。这一进程在共和国的最后一个世纪已经得到了推进，当时年轻的贵族经常前往雅典或其他希腊城市学习。至于法律科学，谈论罗马法学的"希腊化时期"可能有些夸张（Schulz 1953），因为罗马法学已经有了一个强大的知识传统，而希腊哲学的影响一般仅限于采用一些新的方法来分配学科内容，如使用定义。然而，在某些情况下，希腊的哲学学说也影响了实体法。事实上，我们必须考虑到，在那个时代，哲学并不是众多科学中的一种，而是唯一的"科学"：它不仅包括逻辑学、伦理学、形而上学，还包括我们今天所称的"硬科学"，如数学、物理学和天文学。如果一位法学家被要求给出一个涉及这些学科知识的法律解决方案，他就必须求助于哲学。一个例子足矣。对一些律师来说，如果有人让一个金匠给他做一枚戒指，契约可能会有不同的性质，这取决于是否发生了所有权的转移：如果黄金是由金匠提供的，那么所有权就会转移给客户，而该契约就是一个买卖契约；相反，如果黄金是由客户提供的，那么所有权就没有转移，该契约就是雇佣契约。然而，在建筑契约中，即使材料是由建筑商提供的，如果房子是在属于客户的土地上建造的，该契约也是雇佣契约：事实上，根据斯多葛派哲学，客户已经提供了那部分物，尽管其形态发生了变化，但其本质（substantia）没有改变。①

　　国际法也受到了希腊文化的影响。如前所述，在意大利的各民族中有足够多的共同的习俗和宗教，直到公元前 3 世纪，罗马可以使用一套与它的法律和宗教传统完全一致的规则。然而，当罗马的霸权遍及地中海时，它不得不适应希腊的外交模式。罗马保留了国际条约的法律形式（De Martino 1973: 13），但协议的内容发生了变化：直到公元前 3 世纪，这种关

---

① Pomponius 9 On Sabinus, *Digest* 18.1.20. 关于这个片段的详细分析，请参见 Fiori 1999b: 190—206（一个较短的英文版本见 Fiori 2014b: 44—45）。

系都建立在具有军事意义的"联盟"（*societas*）基础上；在那之后，条约提到了"友谊"（*amicitia*），这是一种和平时期良好关系的概念，借用自希腊的友爱（*philia*），尽管它依赖于传统的罗马概念（Cursi 2013: 195）。

然而，婚姻仍然极度依赖古罗马的习俗。为了找到解决共和国晚期伦理和社会混乱的办法，在元首制初期，奥古斯都颁布了一些法律，旨在恢复尊严（*dignitas*）在婚姻中的重要性。[①] 因此，据说自由民不能与女演员、妓女、在公开审判中被判有罪的女性结婚，元老甚至不能与被解放的女性结婚。在这些情况下，和以前一样，唯一体面的结合是姘居：即使在罗马帝国的先进社会，协议似乎更多的是一种社会事务，而不是私人事务。

晚期罗马法律的协议（公元 4 世纪至 5 世纪）

从公元 3 世纪下半叶开始，帝国经历了一次重大的转变。[②] 元首制至少在形式上是共和国宪法的延续，即使中央集权逐渐导致政府采用官僚主义的方法。这也影响了法学家的地位，他们成为帝国文秘署的一部分。当皇帝宣称自己是"主和神"（*dominus et deus*）时，帝国采取了一种主宰制（Dominate）的形式。君主被描绘成法律的唯一来源，法学失去了它的批判力量：这是"官僚时期"，一个编纂法典和制定法的时代，而不是评论和回应的时代（Schulz 1953）。

所有这一切都符合当时的经济和社会的总体情况：奴隶制度的危机带来了自由劳动者的增加，他们在许多情况下遭受了社会和法律上的贬低，并和他们的后代一起，受其职业的束缚。这是一个静态的系统，存在巨大的社会差距，导致了共和国和元首制时期的政治结构的最终解体。

---

① 它们是《关于等级结婚的尤利亚法》（*lex Iulia de maritandis ordinibus*）（公元前 18 年）和《关于婚姻的帕皮亚和波帕亚法》（*lex Papia Poppaea nuptialis*）（公元前 9 年）。关于祖先习俗在奥古斯都婚姻立法中的重要性，参见 Nörr（1981）。

② 关于这一时期的法律的一般介绍见 Kaser（1975）；关于契约，请参见 Levy（1956）。

基督教也发挥了作用，它的普遍主义理想消解了宗教和城市组织之间的紧密联系，而这正是罗马宗教的典型特征（Scheid 2013）。上帝面前人人平等的想法干扰了罗马的婚姻观念，奥古斯都立法的禁令在公元 4—5 世纪仍然被遵循，以防止元老与地位非常低下或行为不端的女性结婚。（*Codex Theodosianus* 4.6.3，公元 336 年《狄奥多西法典》第 4 章第 6 条第 3 节）。但到了公元 6 世纪，甚至这些限制都被优士丁尼的法律拒绝（*Novellae* 117.6，公元 542 年《新律》第 117 条第 6 节）。然而，传统的罗马观念认为，丈夫和妻子结婚的意愿应该是持续存在的，当这种意愿终结之时，他们可以随时离婚，这种观念被基督教的原则所取代，后者认为婚姻是不可解除的，最初的协议永远具有约束力。

这也是所谓的"粗俗法"的时代，也就是说，一种对古典时期罗马法的简化（Levy 1956）。至于契约法，盖尤斯制定的契约四分法已不再为人所理解，在所有契约中义务的产生时刻被认定为协议达成的那一刻，而行为、言词和书面文件都被简化为形式上的要求。这种对意志内部维度的关注可能是由于哲学和基督教的影响，并具有强调契约范围的重要性的效果，将其与契约的原因（*causa*）相联系（Kaser 1975: 366）。

优士丁尼对古代的崇敬会使一些古典观念复兴，但是一个不可逆转的过程已经开始了：古代已经走到了尽头，古老的价值体系也随之而去。

第五章

论证

戴维·米尔哈迪

演讲稿撰写

在他的剧作《云》(*Clouds*)中，喜剧作家阿里斯托芬(Aristophanes)①暗示，如果他的喜剧主人公斯瑞西阿得斯(Strepsiades)(他是个笨蛋)作为演讲稿撰写人接受苏格拉底的训练，他就可以赢得人气，并获得可观的金钱(*Clouds* 466—468)。他的剧本只是诸多文本中的第一篇，这些文本暗示了对撰写演讲稿(或称"logography")这一活动的怀疑甚至敌意，撰写演讲稿是希腊法律论证活动的典范，却被认为是堕落的。②散文家和修辞学家伊索克拉底(Isocrates)似乎羞于承认他曾与法庭有过任何关联(Isocrates 15.36—38)，尽管有六份法庭演讲稿(16—21)被公认为是他的作品。埃斯基涅斯(Aeschines)批评德摩斯梯尼(Demosthenes)，只是通过称其为"某个演讲稿撰写人"(1.94；请参阅 2.180)，并提到他教授语言技巧，其中包括欺诈技巧(1.117, 170)。他还以私人演讲稿撰写人(logographer)的身份对德摩斯梯尼提出了一项指控，这一指控一直困扰着德摩斯梯尼的每一位评论者，即德摩斯梯尼为银行家帕西昂(Pasion)写了一篇演讲稿，据推测是我们的《德摩斯梯尼》第 36 号作品，然后把其内容透露给帕西昂的对手阿波罗多罗斯(Apollodorus)(Aesch. 2.165；请参阅 Plutarch, 15.1—2)，他又为后者撰写了我们的《德摩斯梯尼》第 45 号作品。如果第 36 号和第 45

---

① 阿里斯托芬(Aristophanes，约前 446 年—前 385 年)古希腊早期喜剧代表作家，相传写有 44 部喜剧，现存《阿卡奈人》、《骑士》、《和平》、《鸟》、《蛙》等 11 部。有"喜剧之父"之称。——译者注

② 请参阅 Plato, Phaedrus 257c, Dinarchus 1.111，参见 Bonner(1926: 219—222)and Dover(1968: 155—157)。

图 5.1　青铜制成的陪审员的身份牌（皮纳基翁）（*pinakion*），上面刻有名、姓和德莫，公元前 4 世纪。这份身份牌上有陪审员的名字：笛摩法尼斯（Demophanes），他父亲名字的第一个字母：菲尔（Phil）；他的德莫：基菲西亚（Kephisia）。

资料来源：雅典美国古典学研究学院：阿哥拉出土文物。

号演讲稿实际上都是德摩斯梯尼的作品，它们确实显示了一个人在创造强有力的论证方面具有的非凡的灵活性，对同一个人能够既赞扬又诋毁（图 5.1）。

作为公认的最伟大的雅典演讲稿撰写人，德摩斯梯尼本人似乎对被批评卷入他人私人纠纷非常敏感。在《诉哲诺提米斯》（Against Zenothemis）（32.32）的演讲结束时，言说者德蒙（Demon），承认他的亲戚德摩斯梯尼为其论证提供帮助，他引用了自己请求帮助时德摩斯梯尼对他说的话：他否认，自其参与政治生活以来，曾自告奋勇地为任何私人案件辩护。然而，在另一篇演讲稿中，这些顾虑并没有阻止德摩斯梯尼利用拉克利图斯（Lacritus）担任法庭辩论教师的行为来攻击他（35.41）。修辞学家阿那克西美尼斯（Anaximenes）也在他的手册中论述了如何处理这个问题的建议（*Rhetoric to Alexander*, 36.37—42）。然而，毫无疑问，从德摩斯梯尼在法庭舞台上首次亮相开始，他就以大师身份而闻名。他想要收回其父留给他的遗产而进行的法律斗争是一次壮举，通过不下于五篇留存至今的演讲稿而得以记录（27—31）。这不仅有助于赢得他的诉讼，即使他没有收回他的全部遗产（Plutarch, *Demosthenes* 6.1—2），而且也有助于向广大客户宣传他的技能，这些客户在德摩斯梯尼余生的大部分时间里雇佣他为他们撰写演讲稿。

书面证据和雅典的民主

使德摩斯梯尼的论辩如此有效的不仅仅是他的语言和叙述能力（尽

管这些在古代和今天是同样值得钦佩和高度赞赏的）(Jaeger 1938; Pearson 1976: 39—74)，还有他对法律技术的精通。特别是，他的成功是由于他使用了雅典演讲稿撰写人可以获得的各种形式的书面证据：诸如法律、证人证言、契约和质疑（challenges）等书证。这些书证，以及雅典法庭演讲中围绕着它们的论证，是了解民主雅典文化的重要窗口。法律本身证明了雅典人对法律的热爱，呼应了历史学家希罗多德和修昔底德的重要主张，在希腊悲剧和其他地方也有所体现（ Herodotus 7.104.4; Thucydides 2.37; Euripides, *Suppliants* 306—313, 434—437)。目击证人的证词是由自由的成年男子提供的，不考虑他的经济状况或公民身份，只因他在所涉事件的现场，因而知道真相。契约提供了商业生活的片段，而对拷问奴隶的质疑在演讲中经常出现，但没有一个质疑被接受和实施，这说明了奴隶的生活以及奴隶容易受到暴力的侵害是如何界定他们的地位的。对基于宣誓解决争端的质疑通常涉及为女性所知晓的事实，她们不能出庭作证，除了宗教节日之外，很少在任何公共场合露面。

正如德摩斯梯尼自己在他的第一次演讲中所指出的，他正在与对手们竞争，这些对手不仅擅长演讲——他可能指的是他们的语言和叙述能力——而且他们擅长案件的准备工作（ 27. 2)。他们了解自己在法律面前的位置，收集证据的必要性，以及记录预审中所应用的策略时所采用的方法。在公元前 4 世纪雅典的民主法庭上，尽管人格诋毁、诉诸情感、可能性论证（ probability arguments ）和有说服力的叙述都发挥了作用，但成功准备和利用书面证据才是成功的关键。德摩斯梯尼在政治领域为自己辩护说："准备好自己要说的话的人才是真正的民主主义者"（ Plutarch, *Demosthenes* 8)。[①]阿里斯托芬强调了这一点：他的喜剧诉讼当事人斯瑞西阿得斯说，如果他因为没有证人而输掉官司，他就会上吊自杀（ *Clouds* 776—780)。

---

① 请参阅 Carey（ 1994b: 181)，他低估了这一点："如果没有任何支持性的证词或证明文件，很可能很难打赢一场官司。花言巧语只能带你走这么远。"

亚里士多德把这种书面证据描述为"无技巧证明"（*atechnoi pisteis*），这带有讽刺意味。① 这个术语表明，对他而言，它们是超出演说家的修辞技巧或基于知识的技术（*technê*）之外的论辩形式。它们是由演讲稿撰写人以外的其他人拟定的，并由法庭书记在诉讼当事人口头发言的间隔时间里不时地宣读（Mirhady 1991a: 5—28）。亚里士多德对这些文献"无技巧的"的描述源于公元前5世纪的智者们，他们认为以可能性为基础的论辩优于更为正式的证明方式和争议解决方式，② 例如宣誓，亚里士多德的描述也源于精英阶层对表现为书面形式的陈述的普遍不信任。从公元前5世纪末开始，雅典的民主意识形态发生了明显的转变，从不受约束的民众大会的人民主权转变为受法律权威的限制（Ostwald 1989 170, 303—320; Harris 1994: 130—152），特别是成文法（Andocides 1.87），书面文字在雅典的司法框架内变得越来越重要。③ 雅典人从民众大会草率做出的非法决定中吸取了部分教训，当时民众大会对雅典将军进行了审判，并因轻微错误处决了其中几名将军。这种非法行为导致雅典于公元前404年在漫长的伯罗奔尼撒战争中惨败给斯巴达。权力随后被"三十僭主"夺取，三十僭主也恣意地处决了许多民主派对手。不久之后，当民主制度重新建立时，忠于法律成了一个口号。

首先也最重要的是法律文本本身，每个陪审员都宣誓维护这些文本，这是其作为法官誓言的一部分（Mirhady 2007）。正如凯里所写："陪审员的宣誓，以及雅典诉讼当事人证明法律支持他们在争议问题上的立场所做的艰苦努力，表明陪审员确实感到受法律的约束，而且在大多数情况下，他

---

① Carey（1994 9b: 96fn6）指出，亚里士多德夸大了技巧性证明（artful proofs）和无技巧性证明（artless proofs）之间的区别。

② Schiappa（1999: 35—39）反对这种观点，这种观点源于柏拉图，《斐多篇》267a。我不太确定我们能否囿顾柏拉图的证据。

③ 参见 Calhoun（1919: 177—193）。Lentz（1989: 72）认为雅典人不愿意在他们的诉讼程序中引入书面证据："在雅典法庭上使用书面证据是对柏拉图在《斐多篇》中表达的写作态度的普遍反映"。我认为，书面形式的整合是民主宪法成熟过程中的一个组成部分。

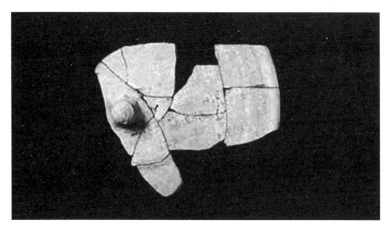

图 5.2　带有彩绘铭文的罐盖碎片，公元前 4 世纪，其中似乎列出了在审判之前需要存放在罐中的书证。文本内容是："在书面副本中，有以下四份：预审（*anakrisis*）的证人证言（*diamartyria*）、关于凌辱女继承人的法律、对证词的质疑、诉讼当事人的宣誓；安特诺（Antenor）盖上了盖子。"随后是诉讼当事人的姓名，可能还有其他相关人员的姓名。

资料来源：雅典美国古典学研究学院：阿哥拉出土文物。

们有意识地寻求让其决定符合法律"（1996: 34 fn 8）。[1] 在向法律主权转变的同时，公共仲裁的出现迫使人们进一步致力于书面文字（Harrell 1936）。几乎所有的私人纠纷都必须首先由民主选举（即抽签）产生的公共仲裁员审理（［Aristotle］, *Constitution of the Athenians* 53.4—5）。公共仲裁员与私人仲裁员不同，私人仲裁员通常由争议各方授权，有权将解决方案强加给争议各方，而公共仲裁员的决定可以上诉。然而，赋予公共仲裁员特殊力量的是，只有在他面前出示、采用书面形式并存放在他的证据罐中的证据（图 5.2），才能随后被提交至民主法庭（*Constitution of the Athenians* 53.2; 请参阅 Demosthenes 54.27）。因此，所有的证据都必须以书面形式提交，并向仲裁员和对手披露。这种提交证据的过程起源于公元前 4 世纪 70 年代，当时的证人似乎无须在法庭上作证（Bonner, 1905）。虽然他们仍然需要出庭，但他们并不发言：他们的证词被预先记录下来，由法庭书记向法庭大声宣

---

[1]　参见 Mirhady（2007: 48—59, 228—233）。Harris（2013: 101—137）反驳了我的观点。

读。德摩斯梯尼描述了这一情景：

> （在仲裁时）与其他证人一起作证后，当听到他的证词被宣读的时候，他没有否认这一事实，在民众法庭上他站在原告一边。（29.18）①

从这段话可以明显看出，法庭上的证人甚至不必确认所宣读的内容。如果想要否认，他就必须在宣誓后这样做。在保存下来的阿提卡（即雅典的）演说家的作品中，德摩斯梯尼的作品是在向书面证据的最终大转型完成后创作的首批作品。

早期的演说家，安提丰（Antiphon）、安多西德斯（Andocides）、吕西亚斯（Lysias）、伊索克拉底（Isocrates）和伊塞优斯（Isaeus），都在一定程度上使用了"无技巧证明"（atechnoi pisteis），但德摩斯梯尼是第一个能够充分利用这种转变的影响的人。②

德摩斯梯尼表现出了一个皈依者的热情，他对使用这些书证的热爱也远远超过了他后来的同时代之人，埃斯基涅斯（Aeschines）、莱库古斯（Lycurgus）、海波里德斯（Hyperides）和第纳尔（Dinarchus）。③ 早期的演讲稿撰写人都依赖站在法庭前发言的证人——我们不知道他们发言的具体内容——来证实诉讼当事人所声称的事情的真实性。也许他们说的只是"他所言为真"。然而，德摩斯梯尼大声朗读了一份确定的书面文件，在场的每一个人都可以评估该文件的确切含义和后果，争端双方都事先知道其内容。他在《诉斯蒂凡努斯》（Against Stephanus）（45.44—45）中强调了这一点：

---

① 本章中德摩斯梯尼的翻译是从 Murray（1936—1939）的译本修改而来的。

② Jaeger（1938: 29—30）强调，与安提丰和安多西德斯不同，在德摩斯梯尼之前的伟大演讲撰稿人，如利西亚、伊塞斯或伊索克拉底都没有在雅典法庭发表演讲的习惯。前两者是外邦人（居住在雅典的非雅典居民），伊索克拉底保持沉默，只以书面形式传播他的"演讲"。

③ 当然，必须考虑到这样一个事实，即后来的演说家所从事的许多案件并不那么依赖于证人所能提供的信息。

请记住，法律要求人们以书面形式作证的原因是，他们可能无法删除书面内容的任何部分，或对其进行任何补充……如果他可以随意作证，并且只对自己愿意的事情负责，谁会被判作伪证呢？不，法律并未在这些事情上进行区分，你们也不应该听信这样的话。直截了当和诚实的做法是这样的：写下了什么？你宣誓作证了什么？证明这是真的。因为你在回应起诉的答辩中写下了这样的话，"我已经提供了真实的证词来证明证词中包含的内容"——而不是"证词中的这个或那个"。

亚里士多德和阿那克西美尼斯的修辞学手册就如何支持和反对每一项书面证据提出了系统建议，[1]但是这些在一定程度上因为它们是课堂上发展起来的思想自由而受到损害。他们的建议并不一定实用，因为在雅典法庭上，其中的大部分建议都是无法接受的。例如，亚里士多德提出的反对成文法的论点，在阿提卡演说家那里根本找不到。[2]然而，当亚里士多德就何时需要反对成文法、何时需要支持成文法的论辩给出一个概念框架时，他的建议确实提出了反映在法庭演讲中的论辩方针，即"正义是某种真实且有益的东西"。[3]

---

[1] 我已经在 Mirhady（1991a: 5—28）中概述了这些描述的相似之处和假定的共同起源。

[2] 有关法律的建议，请参见 Carey（1996: 33—46），关于宣誓和拷问的质疑，请参见 Mirhady（1991b: 78—83；和 1996: 119—131）。

[3] 亚里士多德，《修辞学》1.15，1375b3—5："公正是真实且有益的东西，但表面上的公正不是公正的，所以成文法（不）是（公正的）；因为它没有履行法律的功能。"请参阅 D. Mirhady（1990: 393—410）。重要的是要认识到论证（argumentation）是如何在亚里士多德的方案中运作的。对他来说，"真实的"和"有益的"代表了论证的两个不同的向量，这是他在解释法律修辞时所追求的。在一个向量上，他将真实与公平（对衡平 epieikes 而言）联系起来，在另一个向量上，在法律是普遍有益的这一意义上，将有益的与普遍法（koinos nomos）联系起来。真实和公平与"更公正"（dikaioteron）相联系，所涉及的特定案件和特定个人的细节使成文法的一般规范的应用变得不适当。另一方面，有益的和普遍的法律与不成文法相关联，它们服务于共同体或国家的利益。例如，前者可能导致对个人缺点的宽恕（sungnomê）；后者可能导致惩罚，该惩罚被用作整个共同体的范例。

虽然亚里士多德的观点是，演讲者可能会以此为基础反对该法律，但事实上，他们似乎是在引用这些论点来进行支持法律的论辩。

真实和正义是一致的这一推论可能源自起诉的诉讼当事人在谋杀案中胜诉后必须宣誓的誓言："获胜者必须切碎插条，并向投票结果宣誓——这是我们直到现在的传统——支持他的那些法官的投票是真实且公正的"（Aeschines 2.87）。① 有时，这种论辩似乎反映了何为正确的证据程序（而不是雄辩）（Antiphon 6.18, 6.24, 6.26, 6.32; Demosthenes 18.271, 31.3; Dinarchus 1.1, 11; 请参阅 Dem. 23.147）。事实上，"真实"和"正义"的并置似乎大体上反映了事实和法律的问题："借口、演讲、特别答辩有什么必要呢？正义是明显的，真相是简单的，证据是简短的"（Lycurgus 1.33）。②

关于正义是真实且有益的论证

埃斯基涅斯和德摩斯梯尼将法律是正义且有益的论证追溯到立法者梭伦："你在任何情况下都为了正义来制定法律，而不是为了不正当的利益或偏爱或敌意，而是仅仅着眼于正义且有益的东西（请参阅 Demosthenes 20.94, 22.11）。"然而，有时候人们认识到，法律必须以一种"有益"的方式来解释："一个好公民和一个公正的法官的职责就是以这样一种方式来解释法律，即在有生之年里他将有益于这座城市（Lysias 14.4）。"③ 演讲者明确表示，判决应当是公正的，并且对法官本身是有益的（Hyperides 2.13）。当然，从某种意义上说，法官们是这座城市的代理人。正义且有益的判决也可能为违法之人提供一个严厉的教训（请参阅 Aeschines 1.196, 3.8; Demosthenes 48.58; Isocrates 18.35）。

---

① 类似的论证也出现在安提丰的凶杀案演讲中（5.87 和 6.3, 5）。请参阅 Sommerstein and Bayliss（2013: 113 fn 175）。

② 请参阅 Demosthenes 20.114, 37.47, 41.14, 57.1; Isocrates 1.40; Lycurgus 1.20, 33; Lysias 23.16。

③ 请参阅 Aeschines 3.260; Demosthenes 25.11, 16, 75, 26.7。

正如演讲者认为何为正义且有益之物应该是法官所关切之事一样，他们也认为他们自己也有类似的动机："我现在已经尽我所能地在起诉中提供帮助，无视除了正义且对你有益的事情之外的一切"（Dinarchus 1.114）。①一位演讲者甚至愿意曲解法律来反对他自己，如果这么做符合公众利益的话："如果我因正义、法律和有益的事情而被判无罪，请不要让我遭受起诉者的野蛮行径。但如果像这些人所说的那样，倘若我之一死能对共同安全有所贡献，我就准备好赴死"（Demades 1.4）。当然，相反的动机被归于他们 96 的对手（Demosthenes 18.82, 18.277, 19.132, 57.5）。

关于法律本身的论辩就说到这里。

其他证据形式

对于其他书证，演讲稿撰写人很可能会把仲裁后或预审（*anakrisis*）——即在裁判官面前进行的初步听审——后放在证据罐里的简单书证清单作为其起点。该清单包括书面指控（*enklema*）、证人证言（*martyria*）和以解决争端为目的的质疑（*proklêseis*），质疑以对奴隶的拷问或宣誓过的誓言为基础（*Constitution of the Athenians* 53.2）。在亚里士多德《修辞学》第 1 卷第 15 章对这些文献的权威论述中，书面指控让位于对法律的讨论。对证人证言的讨论扩展到对证人证言和契约的讨论（因为契约的可信度在任何情况下都取决于它是否得到证人证言的支持，其说服功能在于它有点像缔约双方之间的私法）。质疑引发了对拷问和宣誓的讨论，这些通常是争议终结程序中涉及的内容。这种论辩的实际情况在许多方面明显不同于手册的规定。例如，这些手册建议，在对有争议的事件的叙述和该叙述的证据之间要有明确的区分。在演讲中，叙述和证明紧密结合。就早期的演讲稿撰写人，尤其是吕西亚斯和伊塞优斯而言，叙述和证明似乎很大程度上是由作者的

---

① 请参阅 Aeschin. 3.17; Dem. 18.298, 18.308。

图 5.3　水钟（Klepsydra），用于在雅典法庭上为演讲计时。位于前方的是原件，位于上方的复制品显示水从上面的罐子流入下面的罐子。

资料来源：雅典美国古典学研究学院：阿哥拉出土文物。

叙述策略决定的，书面证据主要起辅助作用。在德摩斯梯尼的作品中，这种独立性消失了：书面证据本身就为叙述提供了路线图。同样，亚里士多德把他的"技巧性证明"（*entechnoi pisteis*）置于首位，这种论证以环境证据（*tekmêria*）和可能性（*eikota*）、来自演讲者的品格和来自听者的情感反应为基础。

　　在他的私人演讲中，德摩斯梯尼颠倒了这一顺序。事实上，亚里士多德本人也承认，书面证据尤见于法庭演讲（*Rhetoric* 1.15.1）。正如德摩斯梯尼在他第二次《诉阿弗布斯》（*Against Aphobus*）的演讲结束时对法官说的，"你已经从证人、证据和可能性那里听到了足够的证明"（Dem. 28.23; 请参阅 30.25）。书面的证人证言是他的最佳证明。然而，在公开审判中（请参阅 Dem. 18—26），案件的事实让位于政治的考量（图 5.3）。

德摩斯梯尼的论证

　　在接下来的几页中，我想回顾一下德摩斯梯尼在他写的关于他自己遗产的演讲中的一些论辩。他的策略随着情况的变化而变化，但他专注于书面证据的使用是显而易见的。从他《诉阿弗布斯》（*Against Aphobus*）（27）的第一次演讲开始，德摩斯梯尼就把他的对手逼到了绝境。他攻击了对手的案件的每一个实质方面，并支持每一条论点，首先是从阿弗布斯那里费力取得的承认（*homologiai*）（Demosthenes 27.10, 24, 34, 39, 42—43），然后以证人的证词驳倒了阿弗布斯辩护中的每一点（27.8, 17, 22, 25—26, 28, 33, 41, 46）。阿弗布斯是三位监护人之一，德摩斯梯尼的父亲将自己的财产委托给他们，直到德摩斯梯尼成年为止。据德摩斯梯尼说，他们几乎偷走了所有东西，所以他对他们三人都提起了诉讼。很明显，早在民众法庭上相 97遇之前，德摩斯梯尼就已经预见到对这种证人证言的需求，而且他早就为自己的案件打好了基础。尽管莎莉·汉弗莱斯（Sally Humphreys）（1985）和斯蒂芬·托德（Stephen Todd）（1991 and 1993: 19—39；96—97）提出了不同意见，但德摩斯梯尼提供的证人并不一定是立场有所偏袒之人。[①] 诚然有许多人是德摩斯梯尼的朋友和亲戚，但他的对手也被认为属于这个圈子。德摩斯梯尼的大多数证人甚至不能从演讲稿中被识别出来，当然，他们的身份会在证词本身的文本中予以明确，但这些文本没有流传下来。就像民主雅典的其他事情一样，证人的身份和地位，除了他是一名自由的男性，可能是一个公民之外，其他都是无关紧要的（Mirhady 2002）。证人与将要判决案件的法官类似；他只是一个自由的人，尽管他拥有一些相关的、特定的认识。一些法官已经熟悉了案件的大致情况，所以德摩斯梯尼可以声称他们对他的那一方是友好的，隐含地将他们当作他的证人（57; 请参阅29.49）。在德摩斯梯尼无法提供证人的情况下，比如在他外祖父负债的问题上，他明确表示，这是由于他的对手的诡计，这使他没有时间找到一个了 98

[①] 鲁宾斯坦（Rubinstein）紧随其后（2005: 99—124）。科恩（1995: 110—111）的解释似乎也不令人满意："证人在那里讲述任何需要讲述的事情来支持你。"凯里（Carey）（1994b: 184）指出，在古典时代的雅典，对证人角色隐含着"强调事实问题"。

解情况的证人。只有到那时，他才求助于其他形式的证据（tekmêria: 28.2）。

在他对其案件事件的描述中，德摩斯梯尼不仅要教导（didaskein: 27.3）法官了解事件本身，还要教导他们关于这些事件的何种证据是最重要（megistos）、最精确（akribos）和最清晰的（saphos, phaneros）。因此，他构建了证据的几个层次，这些层次根据案件的情况和可用证据的种类而有所不同。在他第一篇《诉阿弗布斯》的演讲中，他的对手本身就被置于他的名单之首。他们是他的"最主要的"（megistoi）证人，因为他们曾经将德摩斯梯尼的遗产登记为最高的纳税等级（27.7；请参阅 28.4），即使他们是被迫这样做的，因为该遗产的规模使它不可能被隐瞒（27.8）。德摩斯梯尼把他的对手描述为"证人"，这当然是一种明显的修辞手法；在技术意义上，对手根本不作为证人（martyres）出现。他们不会在法庭上大声宣读声明，说他们把德摩斯梯尼列入了最高纳税等级。然而他们确实这样做了，没有人否认这一点。除了证据的重要性（即证明价值）之外，第二个层次涉及细节的准确性或细节的详尽程度（akribeia），因为法官必须获得"准确"的认知（27.1, 7, 9）。因此，在获得了税收等级的重要但直接的证据之后，德摩斯梯尼继续详细说明他父亲的确切的财产持有情况（27.9—17）。第三个层次涉及陈述的清晰性（27.1, 47—48），这是由支持德摩斯梯尼主张的论点积累而成的。

以证人证言为基础的论证

德摩斯梯尼大声朗读的大多数证人的证词都是匿名的。[1] 例如，有人（我们不知是谁）需要指出，阿弗布斯管理着一家代理店，该代理店每年应盈利 30 米纳（minae）。很可能在所有这些涉及阿弗布斯一方部分承认的案件中，证人似乎都是预审程序——也许是一个公开仲裁——的一部分，他

---

[1] 例如，在德摩斯梯尼第 27、22、26、28、33 和 39 号作品中提供证词的证人的身份从未被说明。

们在那里的明确用途是见证每一方在被询问时所说的话："为他们获取并且宣读在他们面前回答的那些人的证词"（27.41）。

承认（*homologiai*）的效力特别大，因为雅典人的原则是，承认的事情是有约束力的（*kyria*；请参阅 Demosthenes 56.2 and Isocrates 18.24）。德摩斯梯尼在第 27 号演讲中确定的第一批证人是他尚未指控的两个监护人，狄摩芬（Demophon）和赛里皮德斯（Therippides），以及他的姑父德摩查雷斯（Demochares），尽管他声称还有许多其他的（未具名的）证人（27.14, 18）。阿弗布斯向德摩查雷斯承认了案件的某些事实，对于这些事实，德摩查雷斯现在作为证人提供证词（27.15）。德摩斯梯尼一再强调这一事实，阿弗布斯向其他监护人书面承认他收到了嫁妆（27.19），尽管他没有出示这份书证（27.19），他还能够利用他的监护人提交的书面账目，以及他们在预审会上以书面证词的形式提供的回答（27.42）。事实上，他的对手在记录书证中意见不一，这给德摩斯梯尼的立场增加了特别的分量（27.43；请参阅28.3）。他嘲笑阿弗布斯的证人（25—26）所支持的观点并不重要，以及阿弗布斯没有能力在实质性的观点上提供证人（27.21, 49, 51, 54, 28.1）。"要求他就每一点提供证人"（27.51）。阿弗布斯的一个证人关于摩耶里阿德斯（Moeriades）性格卑鄙的证词是个转移注意力的幌子；他们应该说出德摩斯梯尼的奴隶在哪里。阿弗布斯也应当有交付动产的证人（27.21）。重要的是要认识到，德摩斯梯尼没有直接质疑阿弗布斯的证人；他只是辩称他们的证词无关紧要。

99

雅典的证人腐败的可能性被夸大了（Cohen 1995: 107）；这一情况相对较少被提及。在腐败出现的地方，如在《诉奥内特》（*Against Onetor 1*）的第一次演讲和《诉科农》（*Against Conon*）中，假证人被描述为一直与对手勾结。他们是起诉演讲者之人的同谋。德摩斯梯尼认为，虽然阿弗布斯作出了各种陈述，但这些陈述中没有确证，其中没有展示性演讲（*epideixis*），展示性演讲由证人证言组成（27.51）。德摩斯梯尼在这里不要求证人具有特定的地位或公正性；他只是要求有证人。

以遗嘱为基础的论证

当然，在论证自己的案件时，德摩斯梯尼和所有的诉讼当事人一样，构建了一种修辞认识论，一种由论证支持的体系，由于有说服力，一些认识来源被认为比其他认识来源更为可信。在德摩斯梯尼构建的认识论中，值得注意的是他的论证，即更准确或确切的（*akribesteron*）认识实际上不仅仅可以从证人证词中获得，也可以从他父亲的遗嘱文本中获得，而该遗嘱已经下落不明：

> 不过，如果他们愿意把我父亲留下的遗嘱交给我，你会对这件事有更确切的了解；因为它包含（我母亲告诉我）一份我父亲留下的所有财产的清单，关于这些人应从给他们的资金里拿走什么的指示，以及关于财产出租的指示。（27.40）

奇怪的是，亚里士多德在他的"无技巧证明"体系中没有为遗嘱作出规定；他很可能是把遗嘱看作是一种形式的契约，反过来，他又认为契约是一种特殊的法律（*Rhetoric* 1.15.21）。德摩斯梯尼在《诉阿弗布斯》中两次使用关于法律的论证。第一次他简单地提到一项表达了雅典众所周知的原则的法律，即拖欠的嫁妆款项应支付 18% 的利息（27.17）。第二次，他真的大声朗读了几条法律（27.58）。对这几项法律的解释一直争论不休，但德摩斯梯尼认为，基于这些法律的推断，他的监护人被要求以每年 12% 的收益率出租他父亲的遗产。由此将产生一笔巨款。

基于质疑的论证

经过仔细研究，德摩斯梯尼对这些法律的运用似乎并不清楚，也不值得称赞。遗产价值的急剧增长似乎是一厢情愿的想法。但是法官们并没有能力进行仔细检查。结合其论证的整体语境来看，对德摩斯梯尼来说，重要的是，他只是表面上忠实于法律条文，运用法律为自己辩护。在回答德摩斯梯尼和公共仲裁员的提问时，阿弗布斯似乎向德摩斯梯尼提出了质疑，说他愿意证明德摩斯梯尼的财产值 10 塔兰特，如果达不到，阿弗布斯会补足差额（27.50—2）。阿弗布斯然后把一些与其质疑相关的证词放进证据罐。德摩斯梯尼显然不接受这一质疑，因为它是基于阿弗布斯的说法——即这 10 塔兰特代表了包含于该遗产之中的所有物品——他还没有证实这一说法。

100

此外，在这次演讲中，德摩斯梯尼对基于质疑进行辩论并不感兴趣。当争议取决于一个可能遭受拷问的奴隶或一个可以宣誓的女人所知晓的信息时，通常会使用这种方法。德摩斯梯尼避开了阿弗布斯的质疑的激烈攻击，他首先说阿弗布斯应该简单地向仲裁员证明他的主张，然后声称质疑是无关紧要的（27.52），这是他的对手在被德摩斯梯尼和公正的公共仲裁员逼到墙角时的绝望之举，公共仲裁员问了一系列棘手的问题（27.50）。但德摩斯梯尼没有提到他自己的质疑，因为在这种情况下他不需要质疑。这个质疑属于司法解决之外的领域，而私人仲裁也属于这个领域。这是一个非正式的、口头争端解决的领域，受在雅典存在了数百年的贵族文化传统规则所支配。① 在他演讲的第一句话中，德摩斯梯尼清楚地表明，阿弗布斯的行为已经排除了在那个领域达成和解的可能性（27.1）。可能会介入的私人仲裁员应该是双方的密友（*oikeioi*），因此他们清楚地知道如何就双方的争端作出决定。由于民主法官没有直接、准确的认知，德摩斯梯尼必须构建一种认识论，这种认识论的基础不是密友间的熟悉度，而是民主法庭的规则。当然，在随后的演讲中，他将不得不诉诸基于质疑的论证，事实上，

---

① 它被包含在 Isocrates 15.27 中。我在 Mirhady（1991b: 78—80）中追溯了从荷马到公元前 4 世纪使用誓言质疑的一些连续性。

他甚至在首次演讲之前就提出了这些质疑，他本可在首场演讲中使用它们，但他最终没有使用。

即兴论证？

《诉阿弗布斯》的第二次演讲（《德摩斯梯尼》第 28 号作品）继续了同一争议，并回应了阿弗布斯在民众法庭上为自己辩护的第一次演讲。因此，这就提出了一个问题，即我们现有的文本在多大程度上实际反映了德摩斯梯尼在某种程度上不得不即兴发挥的论证。当然，这样做的一个结果是，他将不能像以前那样依赖事先准备好的书面证词。他所使用的是反复应用的：在 27 号作品第 8 段读到的证词，在 28 号作品第 10 段被再次读到，等等。德摩斯梯尼演讲的主旨是为了回应阿弗布斯的指控，即德摩斯梯尼的外祖父去世时欠着国家的债（因此德摩斯梯尼也通过继承成为国家债务人）。然而，同样的证明层次又一次出现了。德摩斯梯尼要求提供证人（28.1）："这是他使用的借口；但他没有提供证人证言，证明我的祖父欠国家的债。"他还更加强调缺失的遗嘱，他现在称之为"证人证言"（ *martyria* ）（28.5）："在销毁了如此重要的证人证言后，他们指望在没有任何合理支持的情况下，你们会相信他们。"德摩斯梯尼澄清了遗嘱的可信度与证人证言之间的密切关系："我父亲一去世，就有必要召集许多证人，让他们封存遗嘱，这样，如果有任何争议，就有可能查阅这份文件，发现一切事情的真相"（28.5）。阿弗布斯和其他监护人确实出示了书证来支持他们的主张，清单已经被恰当地封存。德摩斯梯尼认为这些书证是不完整的，只是简单的备忘录，而遗嘱中许多应有的东西都被遗漏了（28.6）。我们可能想知道，这些书证是否远比德摩斯梯尼承认的更有可信度。

关于伪证的论证

101

《诉阿弗布斯》第三次演讲（《德摩斯梯尼》第 29 号作品）是在前两次

演讲之后发表的。① 德摩斯梯尼在民众法庭上赢得了他的第一次对抗。现在，阿弗布斯发起反击，他对德摩斯梯尼的此前未经确认的证人提起了伪证之诉。他还把自己的财产分散给朋友，以挫败德摩斯梯尼夺取财产的企图，这样他就不得不起诉这样的一个朋友——奥内特（Onetor）。然而，在这起诉讼中，他再次面临着"教导"（didaskein）法官的问题，以便他们可以"更准确地"学习（akribesteron: 29.4），而且许多关于证据的情况保持不变。然而，这一次，诉讼涉及伪证，所以德摩斯梯尼必须直面这个问题。阿弗布斯声称，德摩斯梯尼的证人法努斯（Phanus）作证时撒谎，他说，阿弗布斯承认他想要像拷问奴隶那样对待的米亚斯（Milyas）实际上是一个自由人。阿弗布斯的兄弟埃修斯（Aesius）加入了法努斯的这个证词，但现在又撤回了（29.15）。德摩斯梯尼提出的关于自己使用埃修斯证词的动机和埃修斯当前撤回证词的论证揭示了证人证言的几个方面：

> 他现在否认这一点，因为他已经在诉讼中与阿弗布斯结盟；但当时他和其他证人一起提供了这个证词，因为他不想作伪证，也不想遭受随之而来的惩罚。当然，现在，如果我作伪证，我不会把这个人放在我的证人名单上，因为看到他和阿弗布斯比和世界上任何人都更亲密，知道他会在诉讼中为阿弗布斯辩护，他是我的对手。一个人不可能把一个对手和他对手的兄弟作为虚假陈述的证人。（Dem. 29.15）

埃修斯显然是阿弗布斯的支持者，但德摩斯梯尼却征召他作证，利用他的证词来证明阿弗布斯承认米亚斯是自由人。如果埃修斯拒绝作证，他

---

① 这篇演讲的真实性受到了质疑（Blass 1893: 232—234）。有几个部分是对《诉阿弗布斯》1.27 的重复。对我来说，这篇演讲毫无疑问是德摩斯梯尼撰写的，尽管我愿意相信它在达到目前的状态之前已经被（他）彻底推敲过了。

就需要宣誓，他将不得不声称，他不知道阿弗布斯是否作出了这一承认。他作伪证是显而易见的——这是他理应会知道的事情——而且很可能会受到法律惩罚（见49.20）① 仲裁员很可能在强制提供这一证词方面发挥了作用（29.20）。

德摩斯梯尼讨论了伪证的动机（29.22—4），他声称，对于他自己的证人来说这一动机是不存在的，该讨论与亚里士多德和阿那克西美尼斯（Anaximenes）的修辞学手册中的描述有着惊人的相似之处（Mirhady 1991a: 14—15）。他说，他的讨论以可能性（eikota）为基础。事实上，人们在手册中也会找到关于如何处理这个主题的讨论，因为它们也会涉及可能性。他列举了三个动机：贿赂、友谊和敌意，阿那克西美尼斯提到这三个动机时将其视为一个整体（Rhetoric to Alexander 15.5）。他还将他的证人描述为"受人尊敬的人"（29.24），这与亚里士多德的"有声望"之人相一致（Rhetoric 1.15.19）。德摩斯梯尼在这次演讲中还对拷问奴隶提出了质疑，这在一定程度上是必要的，因为双方都有证人证言存在矛盾之处：

> 我知道，陪审团的成员们，我应该发现整个对抗都围绕着文件中记录的证人证言，你们会投票决定这个证词的真假，因此，我决定，我采取的第一步措施是向阿弗布斯提出一个质疑。那么，我做了什么？我提出要把一个能读会写的奴隶交给他拷问，当阿弗布斯做出我们正在讨论的承认时，这个奴隶在场，他还把证人证言记录了下来。我命令此人不得使用任何欺诈或诡计，也不得在记录原告就争议的问题所做的陈述的部分内容的同时隐瞒其他部分，而只是写下绝对的真相，以及阿弗布斯实际上说了些什么。（Dem. 29.11）②

① 有关这种情况的程序，见 Carey（1995: 114—119）。

② 类似的情况，见《以赛亚书》第 8 章第 6 句—第 14 句。关于这一常见论点的其他段落和讨论，请参见 Mirhady（1991b: 80—81）。

基于拷问的论证

该质疑是在市场上提出的，那里有许多旁观者，其中一些人提供了证词。它不仅针对阿弗布斯，也针对他的兄弟埃修斯（29.12, 17）。德摩斯梯尼之所以提出质疑，不仅是因为证人的证词相互矛盾，还因为本案所涉证词涉及之前对阿弗布斯拷问一名奴隶的质疑。阿弗布斯因此被发现在拷问上陷入自相矛盾（basanos），在雅典法庭的意识形态中，拷问被普遍认为是一种最可靠的证明形式（29.14）。"因为他肯定不能声称，对于他自己想要的一些事情，拷问是明确的，而对于其他事情来说，则是不明确的。"阿弗布斯显然用一套不同的问题来对奴隶进行反质疑（29.13；参见第50节）。德摩斯梯尼尽快驳斥了这一质疑，他强调，他本该向奴隶提出的问题直指争论的核心问题，而阿弗布斯的错误要求则与"其他事情"相关。正如他在演讲的后一部分所言，"他在跳过那些公认的奴隶之后，要求拷问一个自由人，如果我屈服，那将是邪恶的；他并非想对此事进行检验，而是想利用他的要求遭到拒绝这一事实来制造一个似是而非的论点"（29.39）。

显然，阿弗布斯仍然认为米亚斯是一个奴隶，尽管德摩斯梯尼的论点是阿弗布斯已经承认他是一个自由人，并且他再次对就该奴隶进行拷问提出疑问（29.25）。作为回应，德摩斯梯尼提供了三名女性奴隶进行拷问，她们年纪足够大，可以记得德摩斯梯尼的父亲已经将该奴隶解放。后来，德摩斯梯尼设想米亚斯仍然是奴隶，并给了我们一个在阿提卡演讲中反对拷问"奴隶"的唯一理由："让我们想象一下米亚斯被绑在轮子上受折磨的样子，让我们看看［阿弗布斯］希望他说些什么。他难道不是不知道这个人有这笔钱吗？"（29.40）。关键词是"他并不知道"。任何对拷问奴隶的质疑都必须以奴隶确实知道的主张为前提。德摩斯梯尼提供了许多证人作证说他们知道阿弗布斯拿了钱。阿弗布斯没有指控他们作伪证，而是试图抓住

图 5.4　刻有文字的陪审员投票球，一个投票球为实心轴，另一个为空心轴。
资料来源：雅典美国古典学研究学院；阿哥拉出土文物。

这位并不知道的前奴隶，并拷问他（图 5.4）。

103

基于宣誓和拷问的论证

除此之外，德摩斯梯尼又增加了一个进一步的质疑，即让他自己的母亲就解放奴隶的问题宣誓（29.26）。这种形式的宣誓质疑是女性作出陈述的最有效力的方式，因为女性不能作为证人出庭。由于女性在雅典很少行使政治权利，她们也没有像其他文化中的女性那样为那么多的事件作证。事实上，雅典人也一定不愿意让他们的家庭中的女性通过进行此类宣誓来接受公众的审视。但在这个案件中，该质疑是在一个本质上可以算是家庭冲突的纠纷中提出来的，因为阿弗布斯是德摩斯梯尼的堂亲（根据德摩斯梯尼已故父亲的意愿，本应与德摩斯梯尼的母亲结婚）。德摩斯梯尼提到母亲时简明扼要。他将拷问奴隶和让他的母亲宣誓支持他的案件的各项质疑称为"正义措施"（*dikaia*）。这是对他的证人所证明内容的"最大的考验"（*megistoi elenchoi*）（29.27）。很明显，与他《诉阿弗布斯》的第一次演讲相比，在这里他让他们发挥了更重要的作用。然而，伪证的诉讼显然没有经过公开仲裁，阿弗布斯引入了像奥内特（Onetor）和提莫克拉茨（Timocrates）这样的证人，他们就监护的资金提供了证词，此后，德摩斯梯尼为自己没有准备好证人来对付他们而辩解（29.28）。

他对自己缺乏准备的回应是极其有趣的。在提醒法官他已经在这些问题上赢得了对阿弗布斯的诉讼后，他重新陈述了他的案件，并亲自说出了在原审中由法庭书记大声宣读的书证中的内容。他从自己的指控（enklêma）开始，接着提到了已经成为伪证诉讼基础的证词（29.31—2）。然而，关于他父亲遗产的数个部分，德摩斯梯尼手头确实有证词，所以他继续按照正常的顺序来呈现他的案件，先概述事件，然后通过解读法律和证词一步一步地支持他的叙述（29.33—9）。但后来，他又回到了自己的方式，即亲自陈述原本通常为书面证据的内容。在最初的仲裁中，当阿弗布斯坚持质疑，对米亚斯施加拷问时（参见 29.14, 39），德摩斯梯尼提出了一个复杂的反质疑：

> 因为我想反驳他的每一个细节，并想向你们揭示他的诡计和恶行，为此我问他作为一个"了解事实"的人，他要求对米亚斯进行调查所涉款项具体是多少。对此他不实地说，涉及全部。"好吧，"我说，"关于这一点，我将把持有你对我的质疑的文件副本的人交给你。如果，在我宣誓说你承认［米亚斯］是自由的，并且你这样对德莫（Demo）作证之后，你愿意用诅咒你女儿的方式发誓反对这一点，我将你最初通过查问奴隶而被证实向米亚斯主张的一切东西都给你；你被判支付的损害赔偿将因此减少许多——也就是你向米亚斯要求的那部分数额，这样你可能就会被发现没有因证人而被置于不利于地位。"（29.51—2）

德摩斯梯尼显然没有按照阿弗布斯希望的方式质疑，因为他把争议的金额限制在米亚斯可能因之而被拷问的范围内，而不是"全部金额"。他还在这个相对较小的数额上下了很大的赌注：这一解决方案将导致两个堂兄弟作出相互矛盾的宣誓。但德摩斯梯尼充分利用了这种以拒绝质疑为基础的常见论辩形式。拒绝通过宣誓来解决争端就等于阿弗布斯拒绝"亲自来判断这些事情"。德摩斯梯尼和他的辩护证人都愿意通过宣誓来证明他们案件的真实性，从而解决争端，但阿弗布斯并没有接受（29.54）。

104

关于法律技术性细节的论证

在《诉奥内特》(*Against Onetor*)的两次演讲(《德摩斯梯尼》第30号和第31号作品)中，德摩斯梯尼显然没有从针对《诉阿弗布斯》演讲所做的大量准备中获益。同样，这起诉讼似乎并未公开仲裁，德摩斯梯尼本可以安排他的证人，并迫使奥内特披露他的证人。德摩斯梯尼不得不依靠重复使用的证词以及用于加强证词的质疑。假借嫁妆归还担保(*apotimêma*)——即通过这种方式妻子的家族通过要求丈夫在离婚时给予一块土地来获得嫁妆的担保(Harris 1993)，奥内特从阿弗布斯那里取得了一些土地，德摩斯梯尼斯希望将这些土地作为他的赔偿的一部分。根据德摩斯梯尼的说法，奥内特和阿弗布斯进行了一场假离婚，从而使奥内特获得了这个机会。奥内特阻止德摩斯梯尼夺取土地，所以德摩斯梯尼对他提起了驱逐诉讼。据推测，由于缺乏准备，德摩斯梯尼在更大程度上依赖于常见的论证形式(最明显的是30.37)，而不是证人的证词。他将这些常见的论证形式称为"重要且确凿的证据"(*tekmêria*: 30.5)。因此，虽然他仍然在使用证人证言(30.9)，但他也在很大程度上依赖于从奥内特拒绝其质疑而得出的结论。从一开始，他就认识到，在这场争端中，他的对手将使用证人来提供虚假证词(30.3)。其中一个是他之前的对手阿弗布斯(30.38)，他正在通过奥内特(30.4)继续他们的争论。另一个是提莫克拉茨，阿弗布斯妻子的前夫，德摩斯梯尼将他的证词用于自己的目的(30.9)。因此，将质疑作为二级证据是必要的，当对手有证人提供相互矛盾的证据时，它可以支持证人的证词。

阿弗布斯妻子的前夫提莫克拉茨作证说，他以分期付款的形式将前妻的嫁妆归还给了阿弗布斯，按照每年10%的利率(30.7, 9)。这些付款覆盖了这笔钱的利息。不清楚它们是否涉及任何本金的支付。德摩斯梯尼的案件是基于本金没有被支付给阿弗布斯这一假设。因此，应该是提莫克拉茨，而不是阿弗布斯，以嫁妆归还担保（*apotimêma*）的形式提供担保。然而，这必然是德摩斯梯尼必须"从可能性上"支持的一种假设（30.10—13）。因为很明显，他不能为阿弗布斯、奥内特和提莫克拉特斯之间的安排提供证人。这种可能性表明，嫁妆之所以分期支付，只是因为人们知道阿弗布斯的财产存在争议；这些争议来自这些男人的巨大财富（30.10），其流动性（11），以及不支付嫁妆对一个人名誉的损害（12）。如果他们愿意这样做，提莫克拉茨本可以归还全部嫁妆，奥内特本可以把全部嫁妆交给阿弗布斯。德摩斯梯尼也可以从他的对手的行为（*pepragmena* 30.14）出发就与他自己的诉讼与婚姻的时间的联系进行论辩，这使阿弗布斯的财产陷于险境，并使向他支付嫁妆变得不可能（30.14—18）。他依靠——大概是三个——不同的匿名证人来确认与阿弗布斯结婚的时间安排以及它与德摩斯梯尼对他的一系列诉讼主张之间的关系（30.17）。

在一次初步的对质中，德摩斯梯尼在匿名证人面前就案件的细节询问了奥内特和提莫克拉茨（30.19, 30）。他强调没有证人看到阿弗布斯从提莫克拉茨那里收到分期付款："这对你来说可信吗？带着 1 塔兰特的嫁妆，奥内特和提莫克拉茨在没有证人的情况下把那么多钱交给了阿弗布斯？……没人会在没有证人的情况下完成这样的交易"（30.20—1）。下面的段落，尽管充满了修辞色彩，对于理解雅典证人的角色至关重要。婚宴被描述为一种共同见证的行为，其中一个家庭的成员被托付给另一个家庭的成员（Scafuro 1994）。提莫克拉茨作证说，他已经同意将嫁妆以分期付款的形式交给阿弗布斯（9）。现在德摩斯梯尼质疑分期付款是否真的支付过，因为没有人就此作证。

事实上，他们无法说服他们的朋友，那些比他们自己更诚实的人，就这些钱的支付作证，而且他们认为，如果他们提出了其他与他们无关的证人，你们不会相信他们。同样，如果他们说钱是一次付清的，他们知道我们会要求对带钱来的奴隶进行拷问以审查此事。这些人，如果还没有付款，他们就会拒绝交出来，这样他们就会被揭穿。但是，如果他们坚持说他们是在没有证人的情况下以所声称的方式付了钱，他们认为这样可以逃避调查。（Dem. 30.23）

在这一段中，德摩斯梯尼从他的对手缺乏证人转向了一个对拷问奴隶的假设性质疑。对拷问的质疑成了证人证言的二级证据，即使是假设的证人证言。

在接下来的一段（30.25—30）中，他想证明阿弗布斯与妻子的离婚是假的，德摩斯梯尼使用了三种证据，他称之为证人、主要的证据（*megala tekmêria*）和充分的证据（*pisteis*）(30.25)。即使在所谓的离婚和奥内特基于嫁妆归还担保（*apotimêma*）索要土地之后，阿弗布斯继续和他的妻子一起生活、一起在土地上劳作。德摩斯梯尼在证人面前与奥内特对质，质疑他，提出让一个奴隶就这些问题接受拷问以证明这些事实。奥内特否认了质疑，但承认阿弗布斯继续在这片土地上劳作。德摩斯梯尼提供证人，证明了这一质疑，也证明了阿弗布斯已经掠夺了这片土地，好像意识到他将不得不把它交给德摩斯梯尼这一事实。他用确凿的证据（*tekmêria* 30.31）来证明阿弗布斯和奥内特之间没有恶意（真正离婚可能导致的结果），而且后者也加入了支持阿弗布斯反对德摩斯梯尼的辩护（30.31—2）。尽管这是众所周知的，德摩斯梯尼还是提供了证人。作为进一步的证据，他指出，虽然奥内特的妹妹为了不成为未婚者（即使是暂时性的），而在与提莫克拉茨离婚后直接嫁给了阿弗布斯，但她在与阿弗布斯"离婚"后并没有再婚。德摩斯提尼似乎认识到这个推论是薄弱的，他还提出帕西丰作为证人，帕西丰在阿弗布斯的妻子被认为与阿弗布斯离婚后照顾她，并且他看到阿弗布斯也在照顾她（30.34）。

德摩斯梯尼还质疑阿弗布斯，要求允许他家的三名女奴隶在同一问题上遭受拷问（30.35—6）。他能够指出法庭旁听者中有人同意德摩斯梯尼对女奴施加酷刑是正当的，这一事实有力地表明，对奴隶的拷问确实发生了。[1] 在此处，德摩斯梯尼实际上大声朗读了这一质疑，然后转向一段显然这位修辞学家工具箱里所没有的论辩，因为它几乎逐字逐句地复制了伊塞优斯（Isaeus）（8.12）和伊索克拉底（Isocrates）（17.54）的一个论证。

在他的《诉奥内特》的第二次演讲（《德摩斯梯尼》第31号作品）中，德摩斯梯尼涉及了另一种书证，尽管这种书证很难被呈送法庭。这种书证就是地界石（horoi）[2]，立在有争议的土地上，以表示这是奥内特通过提莫克拉特斯提供给阿弗布斯的嫁妆的担保（apotimêma）。德摩斯梯尼提供了来自"那些知情人"的证词，该证词指出奥内特自己从那片土地上的一所房子中移走了地界石，该地界石表明这是两千德拉克马（31.4）的担保。然后，他从地界石的转移和奥内特的前后矛盾（31.8）中得出一个推论，即房子和土地实际上不是任何东西的担保，整个嫁妆归还担保都是一个骗局。"在我看来，似乎没有比这更有力的证据了"（5）。虽然他提到了关于嫁妆归还担保的法律（31.8），但他没有让人朗读它们。

关于暴力的论证

要对德摩斯梯尼所有私人演讲中的论证进行分析，更不用说雅典所有其他法庭演讲了，对本章来说是不可能的，所以我只能再谈一个。《诉科农》（《德摩斯梯尼》第54号作品）在德摩斯梯尼为其他人写的演讲中赢得了最高声誉。它通常可以追溯到公元前341年，涉及一起袭击案件。就像在德摩斯梯尼的第29和30号作品中一样，相互矛盾的证人证言起了很大的作用，所以德摩斯梯尼也必须诉诸与质疑相关的论证。这次演讲展示了在民

---

[1] 加加林（Gagarin）（1996）提出，这种对拷问的质疑（basanos）只是法律上的拟制：拷问很少发生，如果有的话。总体而言，他遵循图尔（Thür）的权威研究（1977）。

[2] 地界石是雅典土地上立着的标识宗教祭坛的石碑，它是土地税征税的依据。——译者注

众法庭上针对对手使用证据的荒谬行为所提出的常规论证。在演讲的开头，演讲者阿里斯顿（Ariston）报告说，他听从了家人和朋友（可能还有他的演讲稿撰写人）的建议，对一项袭击提起了私人诉讼，而不是更严重的指控。事实上，这一演讲显示了人们对该法律及其目的的极大兴趣。

阿里斯顿首先为他和他的仆人两年前在驻防执勤时受到科农之子的袭击提供了匿名证人（54.6）。他也首先提供了对他在诉讼中所涉事件的目击者，当时科农和其他几个人在酒后斗殴中袭击了阿里斯顿和他的朋友法诺斯特拉堤斯（Phanostratus）。① 一个名叫尤克西修斯（Euxitheus）的亲戚和一个名叫梅迪亚斯（Meidias）的朋友在他们去阿里斯顿家的路上遇到了他们。在那里，他被清理干净，并由一位医生进行了诊治，然后被转移到梅迪亚斯的家中。想必是尤克西修斯和梅迪亚斯为阿里斯顿的受伤作证，医生也是如此（54.10）。一位医生（同一个吗？）和其他人也证明阿里斯顿受伤的严重性和他康复的困难（54.12）。

在某种意义上，阿里斯顿的案子可能已经完成了：他已经详细描述了那次袭击，并用证人证言来支持他的叙述。但他预见到了科农的想法，阿里斯顿认为，科农会争辩说阿里斯顿正在提起诉讼的事件没有达到提起袭击指控的门槛，并且科农其实真的只是一个旁观者。阿里斯顿预见了这种论证方式，并提出了他自己的一个由强及弱的论证（a fortiori argument）指出即使口头攻击也是违反法律的，尽管他实际上并没有让人将那条法律大声朗读出来（54.17—19）。相反，他继续把他的论证建立在有关傲慢和抢劫的法律上，他选择不提起这些更为严重的指控（54.1）。在这样做的时候，他使用了一种由伊索克拉底在《诉洛希特》（*Against Lochites*）中首创的策略。在初步仲裁中，科农显然花了大量时间坚持要求阿里斯顿的证人对他

107

---

① 他们可能是碰巧经过并帮助阿里斯顿回家的人，尽管只有法诺斯特拉堤斯（Phanostratus）证明了实际袭击的开始（9）。在演讲的后面，他说出了路人的名字（32）。

们的证词宣誓（54.26）。这是一个奇怪的步骤，因为在非杀人案的审判中，证词的真实性应该仅由伪证的诉讼来保证，而不是通过宣誓来保证。最后，当天色渐晚的时候，科农质疑阿里斯顿对奴隶进行拷问。阿里斯顿认为，这个时候提出这种质疑完全不合适，并有证人作证说，这只是一种拖延战术。最后，他处理了相互矛盾的证词。他通过用自己的话实际引用科农将使用的证词来预见这一点（31）。科农的证人是他自己的酒友（54.33）；他们是臭名昭著的浪子和愚顽之人。他模仿科农一伙人酒后密谋的谈话，在这种谈话中证词只是为了满足科农的需要而编造的（54.35）。阿里斯顿强调的重点是，他自己的证人都是中立的路人以及一名医生（54.36）。这些人正是人们应该在民主法庭上提出的中立、知识渊博的证人类型。阿里斯顿谴责科农的证人对证人证言这一书面文件（*grammateion*）（他报告时使用了微不足道的书面文件〈*diminutive grammateidion*〉一词来反映他的对手对它的蔑视）的态度，以及他们对为密友作伪证的态度。他接着谴责科农召集他的家人并以他们的名义发下古怪的誓言以支持他的案件的行为。阿里斯顿也必须以宣誓作为回应，但他的誓言是严肃庄重和传统的，这与他的整个陈述是一致的。

结论

正如德摩斯梯尼时代的一些演讲所表明的那样，雅典法庭上的证据和论证都是基于证据规则和修辞惯例的，即建立在一种司法的和修辞的认识论的基础上，这种认识论是根据它在其中发挥作用的民主意识形态的需要而定制的。《荷马史诗》中阿喀琉斯之盾上描绘过的场景（*Iliad* 18.497—508），希腊人聚集于一群贵族面前，用口头辩论来决定案件的日子已经一去不复返了。当然私人仲裁人依然存在，这是贵族政治的历史遗迹；他们由争端各方协商选出，有时被授权解决他们的争端。在他们面前，辩论的规则不那么正式：奴隶可以作为证人出现，有时女性也会参与。但在德摩斯梯尼时代的雅典，证据和围绕它的论证，已经开始依赖于书面文件。

西方传统将雅典人由来已久的好讼称为"恶意告发"，是一种"爱管闲事"（*polypragmosynê*）。事实上，这是民主进程的一个基本组成部分，在现代体系中，正如公元前4世纪雅典一样，它可能是民主政体通过民众法庭维护对城市控制的最重要的方式："对你们而言是权威的法律，使这些民众法庭的成员成为权威"（Dem. 24.118）。M. H. 汉森在其雅典民主意识形态的考察中，纳入了对"问责制"和"公开性"的讨论（1991: 310—312），他认识到成文法在这一过程中的作用。论证的巧妙运用以这些成文法、证词、契约、遗嘱和质疑为基础，为民主政体的有效运行作出了不小的贡献。①

---

① 本章的一个更简短的版本见 Mirhady 2000。

第六章

财产权和占有

保罗·J. 杜普莱西斯

引言

如何书写罗马法所有权和占有的"文化史"呢？这是我在本章的研究中一直致力于解决的问题。一开始，我认为我对"文化史"的概念有着相当清晰的把握，但在阅读了大量关于这个话题的当代文献后，我不得不承认，对此我一无所知（Burke 2004b; Green 2008; Burke et al. 2010; Arcangeli 2012）。为了那一目的，以及为了不写出一个既漫无边际又毫无意义的章节，似乎最好从某些基本概念开始。什么是"文化史"，如何书写一部罗马法中所有权和占有的"文化史"？让我们从"文化史"的概念开始。考虑到这个限定词，似乎可以认为"文化史"不是主流的"历史"。毕竟，关于罗马法的所有权和占有的一般历史记载可以在无数的教科书和专著中找到。[①]那么，在这种背景下，"文化史"是什么呢？就本章的目的而言，我认为，它意味着一个特别关注文化（在这个术语的更广泛的意义上）的历史叙述。为此目的，我依赖于当代对这一历史研究分支的定义所做的尝试。阿坎格利（Arcangeli）冒险提出了以下定义：

> 今天所说的"文化史"不再是在通常意义上的文化的历史。作为一个研究领域，它不是由其对象的广度和限制来定义的。如果我们考虑到它是以各种不同的方式实践的话，它也不是以统一的方法为特征的。文化主义的方法旨在跨越历史学科的传统分支（政治、经济、军事等）。

[①] Diósdi（1970）就是一个很好的例子。这本书写于共产主义的鼎盛时期，也是一个有趣的社会造物，它本身值得进一步研究。

它的性质和范围与社会史的性质和范围是相似的，人们经常将其与社会史相比较。它与一般的社会史的区别在于，它关注的是硬币的另一边：从过去个人和集体历史行动者赋予他们所做一切之事的动机和意义，以及他们运作于其中的环境背景的角度来看待历史。

但问题就在这里。一旦人们认识到本章的重点是"文化史"，更具体地说，是两种法律建构（所有权和占有）的文化史，那么从"法律概念的文化史"到"法律文化"的智识飞跃就相对短了。因为，这是阿坎格利的定义的最后一部分："……从过去个人和集体历史行为者给予他们所做之事的动机和意义，以及他们运作于其中的环境背景的角度来看待历史"（我强调）这最接近"法律文化"的概念。而问题就是从这里开始的。"罗马法律文化"到底是什么？是否有可能在这么长的一个时段内确定一个连贯的"法律文化"？

到目前为止，"法律文化"的概念主要出现在当代社会法律文献中，在那些文献中它成为关于法律变革的各种主体之间争论的一部分。除了少数例外，很少有人尝试将"法律文化"的概念引入关于罗马法及其增长或衰落的讨论中。[①] 其原因主要有两方面。首先，参与这场争论的人主要关注当代的法律制度，在那个领域，社会法律研究（无论是经验性的还是其他形式的）的一手资料非常丰富。其次，由劳伦斯·弗里德曼在20世纪70年代创造的"法律文化"的概念并没有获得普遍的支持。我无意在这里对弗里德曼的"法律文化"概念提供一个完整的总结（Nelken 2007; Nelken 2012：尤其是第1—3章）。它的要点是：对弗里德曼来说，"法律文化"是对法律产生影响的各种文化力量的集合（Cotterrell 2006：83 中的总结）。这些文化力量先于法律的产生，但一旦产生，也会继续塑造着法律。

---

① 一个明显的例外是 Watson（1983a），尽管他在"法律移植"问题上的一般立场似乎没有考虑到"法律文化"。

弗里德曼还区分了"外部法律文化"（即更广泛的社会力量）和"内部法律文化"（即参与法律制定和实施之人的文化，如律师、法官和法律制定者）（Cotterrell 2006: 84—85）。正如之前提到的，弗里德曼的"法律文化"概念近年来受到了批评。弗里德曼的批评者从两个方面反对"法律文化"概念。首先，它的概念过于模糊，因此很难区分"法律文化"和更一般的"文化"。事实上，一些作者，如冯·本达-贝克曼斯（2010）认为，没有必要使用"法律文化"的概念，将这个概念分解成它的各个组成部分会更有用（von Benda-Beckmann 和 von Benda-Beckmann 2010）。其次，有人认为，从弗里德曼的著作中，仍然不清楚"法律文化"是法律变革的原因还是结果（Cotterrell 2006: 86—87）。这些都是主要的批评意见。但作为弗里德曼"法律文化"概念的主要批评者，科特雷尔确实认为保留这一文化概念的某些方面具有一定的价值。正如他所指出的那样：

> 文化——或许还有法律文化——的概念作为指称共存于某些社会环境中的一系列社会现象（思想和信仰模式、行动或互动模式、典型制度）的集合，仍然是一种有用的方式，其中各构成元素之间存在的确切关系并不明晰或者并不确定。文化是一个便利的概念，被用来临时性地指称一种法律赖以存在的由社会实践、传统、理解和价值构成的一般环境。（2006: 88）

科特雷尔的这篇评论将作为本章的基础。换句话说，本章将重点关注罗马法中与所有权和占有有关的"一系列社会现象"，特别是这两种法律制度的起源、发展和相互作用，以便得出关于动机、意义和背景的更广泛的结论。用弗里德曼的术语来说，这将被用来对先于法律并围绕着法律的"法律文化"提出各种主张。

在开始本章之前，需要注意一些事项。首先，不可能对从罗马的建城到公元 6 世纪中叶优士丁尼的法典颁布期间的所有的罗马所有权和占有法提供一个全面的概览。这种全面的调查不仅篇幅过于庞大，而且还会过于笼统和泛泛而谈，以至于实际上毫无用处。① 其次，几乎任何关于罗马法的教科书都包含了对罗马财产法规则从《十二表法》到《学说汇纂》的详细调查。这些叙述主要从内部单纯地关注法律规则，而且带有从"原始"到"复杂"的"进步"概念。因此，在本章中，我们将使用法律规则和社会现象的结合，而不是狭隘地只关注法律规则。在这样做的时候，我不会主张任何历史因果关系，因为这一步走得太远了。相反，我的目标仅仅是提出一些社会现象，在我看来，如果有人试图全面描述这两种法律结构的文化史，就需要对这些现象进行更详细的研究。这将与科特雷尔的"法律意识形态"概念相一致，他认为这个概念比一个模糊的"法律文化"概念更有用：

> 法律意识形态不能被视为一个统一体，而应被视为一系列观念、信仰、价值观和态度的潮流的叠加，这些观念、信仰、价值观和态度根植于实践之中，通过实践表达并在实践中形成……法律意识形态不是法律教义，而是由某些价值要素和认知观念组成的，这些价值要素和认知观念是通过在法律制度中发展、解释和适用法律教义的实践来预设、表达和形成的。（Cotterrell 2006: 89—90）

上古罗马的"法律文化"
（王政时期和共和国早期）

从最早的可信的成文法源《十二表法》开始讨论罗马法中的所有权和占有似乎是恰当的。正如无数的研究将会证明的那样，罗马人围绕着这部

---

① 像 Heitland（1921）那样的权威调查不再可行。

法律的产生所做的叙述是有问题的。① 例如，起草委员会向希腊派遣使团，以咨询梭伦的法律，这似乎不太可能，而且这方面的证据仍然不足。此外，对于内容（根据后来作者的逐字引用重建）有多种解释。②

任何关于罗马法的教科书都会提到，在《十二表法》中有许多法律规则，涉及当代学者所说的"财产法"的各个方面。但我们从规则本身获得的信息毕竟有限。只有我们首先了解创造了法律规则的社会，才能将其作为社会的反映来研究。③ 为了揭示科特雷尔的"社会现象集群"，我们必须首先查明，就我们的原始资料允许的程度，《十二表法》对当时的罗马人意味着什么。正如康奈尔（Cornell）所指出的：

> 《十二表法》并不等同于现代意义上的法典。十人立法委员会（被任命起草"十二表法"的十人委员会）没有尝试系统地制定整部法律，他们所涉及的领域也并未全面论述……确切地说，为什么十人立法委员会选择在一些问题上，而不是在其他问题上制定法律，这是一个谜。但似乎最有可能的是，他们的选择是由在有疑问或有争议的领域规定法律的需要所决定的，而对于那些已确定或被认为理所当然的规则则不作明文规定。（1995: 279—280）④

虽然人们可能会对这一陈述的前一部分提出疑问（一小群人需要多少

---

① 最近的是 Humbert（2005）。虽然雷蒙德·威斯布鲁克（Raymond Westbrook）最近收录于 Westbrook（2015）中的想法很吸引人，但他关于近东对《十二表法》的起草产生了影响的论点从未得到广泛支持。然而，这本书非常值得一读，因为他就 19 世纪人类学假设对更广泛的古代法律研究的持续影响提出了许多令人信服的观点。

② 关于资料来源和可能的复原情况，请参见 Crawford（1996）。值得注意的是，克劳福德的复原与其他早期的尝试非常不同，因此与早期的复原相比较时，应该进行仔细审查。

③ Forsythe（2005）and Carandini（2011）都对这一时期提供了很好的描述。

④ 参见 Forsythe（2005: 209—211）。Thomas（2005）对古希腊法律得出了大致相同的结论。

法律？），后一部分听起来是正确的。因此，我们可以推断，财产法的许多规则，例如，关于边界，财产的使用权（*usus*）（即通过在法律规定的一段时间内持续使用而获得财产的"所有权"）① 以及要式买卖（*mancipatio*）（一种涉及交易双方的仪式，至少有五名成年罗马男性公民作为见证人，还要一套天平和一个青铜锭）在转让要式移转物（*res mancipi*）（一组似乎被认为对农业生活很重要的物品）所有权的案件中，多少有些争议。但是为什么这些法律规则会有争议呢？这个问题的答案很复杂，但似乎与三个更大的现象有关。

第一，《十二表法》似乎是在平民和贵族冲突一段时间后制定的。即使细节值得怀疑，但很明显，早期的罗马社会遭受了某些社会动荡，后期的罗马人相信"等级斗争"（如后所称）是对法律产生影响的原因（Capogrossi Colognesi 1978; Capogrossi Colognesi 1981; Forsythe 2005: 216—222）。由此我们可以推断，财产法在罗马的早期历史上曾有（或被认为曾有）一个政治的面向。

第二，家父权（*patria potestas*）的概念是罗马私法的基石之一，在《十二表法》中已经可以看到，它对谁可以拥有和处置财产有着深远的影响。根据罗马法，一家之主是唯一一个完全有资格拥有财产的人。这对他家庭的其他成员产生了直接影响，特别是在继承法方面。因此，我们可以得出结论，这一时期的财产也有一个社会面向，与罗马社会的父权性质密切相关（Capogrossi Colognesi 2014: 31—34）。父权制显然对所有权和占有有限制作用（特别是对女性和未成年人）。除此之外，还应加上复杂的要式契约（*nexum*）问题以及债务奴役的性质和原因。即使细节不详，在这个问题上，富人和穷人之间显然存在紧张关系（Cornell 1995: 280—283）。这不仅影响了土地所有权，也影响了自由劳动力，因为被奴役的债务人不能耕

---

① "usus" 是 "possessio" 的早期术语，那时，时效取得与占有密切相关。甚至有人指出，时效取得的意思就是通过占有实现取得。——译者注

种他们的土地，从而陷入更深的债务。因此，财产法也有经济面向。

最后一个问题是关于农业主义的。很明显，这一时期的罗马社会主要是农业性质的，人们拥有小块土地，这些土地间隔很近，因此需要处理共同边界、水源、悬挑的树枝和果实的规则。[1] 这种对农业的关注形成了罗马财产法赖以产生和发展的更大的文化环境，并解释了要式移转物和略式移转物之间的划分，要式买卖的意义和土地使用权的规则。作为这种环境的一部分，也可以提到影响财产法的"内部法律文化"的一些方面，例如对物誓金之诉（*legis actio sacramento in rem*）（与财产诉讼有关、必须在法庭上进行的严格的仪式过程）。事实上，在《十二表法》制定之前（以及某种程度上在制定之后），法律及其在法庭上的运作更广泛的知识仍然局限于大祭司（罗马宗教的"祭司"，专门从贵族阶级中选出），但目前这些已经足以勾勒出"罗马法律文化"的起源的一般印象，仅就所有权和占有而言。[2]

因此，在其早期，罗马的财产法不仅仅是法律规则。它具有政治、社会和经济的面向，由一个更大的文化环境形成并存在于这个文化环境中（Archi 1958; Manthe 2003）。

中晚期共和国的"法律文化"

粗略地浏览罗马共和国从公元前 202 年扎马战役到公元前 27 年共和国崩溃这段时期的任何时间段，就会发现无论是在意大利还是在国外，这都是一个几乎冲突持续不断的时期。这一点意义重大，原因至少有二。

第一，战争需要军队，而军队需要士兵。罗马国家如何处理这些退伍

---

[1] 要了解详细情况，请参阅 Capogrossi Colognesi（1981）。这里可以特别指出界神特米纳斯（Terminus）在罗马信仰体系中的重要性。

[2] Kaser（1956）仍然是关于这一主题的重要的早期著作，但现在应该根据 Capogrossi Colognesi（2014: 126—132）近期的贡献来解读。参见 Forsythe（2005: 211—215）。

军人的招募和退伍养老金（通常通过授予他们公民权和新建领土上的土地）（图6.1）将成为贯穿所有权和占有叙述的重要主题，特别是在罗马共和国晚期。第二个要点是，战争使得所有权（尤其是土地所有权）陷入混乱，并在随后的混乱中为那些拥有更多资源（无论是物质资源还是其他资源）的人提供了非法夺取和占领土地的机会。事实上，战争征服仍然是整个共和国（和早期帝国）的主要土地来源之一。然而，需要强调的是，在这一期间受到影响的不仅仅是不动产（土地）的所有权。这一时期的两次西西里奴隶起义也表明，当这些"所有权的客体"试图摆脱压迫的枷锁时，动产（奴隶可以说是动产的一种重要形式）的权利有时会变得不稳定，这往往会带来血腥的后果。

在回顾大多数罗马法教科书中关于所有权和占有发展的内部叙述时，人们很快就会发现，它们与当时动荡的政治和社会环境几乎没有什么相似之处。事实上，有一种明显的印象是，法律在一个平静的绿洲中缓慢而稳定地发展起来，而在它周围，社会—政治的变化则更为剧烈。即使假定法律（作为稳定的保证）对社会的反应缓慢，这种情况似乎也有些令人怀疑。然而，这一叙述揭示了以下情况。从共和国中期到晚期开始，所有权和占有的概念有了进一步的发展，尽管这些概念本身还没有完全形成（或者说还没有被定义）。但是术语的确定是否必然意味着什么，尚存争议。沃森是这样表述的 [1]：

> 卡泽尔（Kaser）一直认为，直到公元前2世纪末，所有权仍未"制度化"，法律控制不过是由维护［所有者的主要法律救济］所给予的保护的一种反映，它尚未被视为一种特定的法律类型，也没有与其他类

---

[1] 马克斯·卡泽尔（Max Kaser），1906年生于维也纳，是20世纪世界公认的古代罗马私法和罗马民事诉讼法领域最著名的学者，毕生作品总计19部书和418篇其他作品。——译者注

型的法律权力形成对比……早期的罗马法满足于"meam esse"这个模糊的措辞，它只表达了对事物的占有，而不是对事物的权力的内容和限制。但在我看来，这个论点并不具有完全的说服力。首先，对于所有权的技术术语的缺乏，还有另一种解释，即因为它是对一个物的最大的权利，所以就不需要一个技术名称。"是我的"（*meum esse*）就足够了。但较少的和受限制的权利需要一个表达其内容的技术名称。其次，"是我的"一点也不含糊……第三，"是我的"这一主张得到了市民法（古罗马市民的权利——罗马人自我认同的一种古老形式）上用词的支持。（Watson 1968: 91—92）

这段引文巧妙地总结了共和国时期罗马法的一个主要问题，即这一时期罗马法的所有权和占有的许多主要概念的起源的相关观点的多样性。在

图 6.1 授予持有者罗马公民身份的军事文书。

资料来源：Wikimedia/Poulpy/CC BY-SA 3.0。

114

缺乏任何具体信息的情况下，人们最多只能猜测这些概念是如何形成的。[①]
正如沃森的引文所示，一般认为它们是在这个时期行将结束时演化出来的。

但是，必须强调的是，不应将这两种法律结构与实施它们所需的救济措施分开来看待。因此，与此同时，在很大程度上是由于罗马法院对民事诉讼程序的改变，即从法定诉讼（一个高度仪式化的制度）到程式诉讼（一个更灵活的制度），以及与此同时裁判官对法律创新的发展，在此期间出现了用于保护所有权（所有权收回之诉）和占有（禁令）的救济措施（Capogrossi Colognesi 2014: 132—147）。除此之外，还必须加上"善意所有权"（in bonis esse）这一概念的发展，这是一种"受法律保护的占有"状态，指个人由于某种（善意的）原因，在转让时没有立即获得物品的所有权。最后，在这一时期，地役权法领域（即对他人财产的限制物权，如通行权）似乎有了一些发展，产生了新的役权，特别是在"城市"背景下，产生了新的地役权，现有的"不动产"役权进行了整合（Capogrossi Colognesi, 1969, 1976）。

关于为什么这种内部聚焦的叙述似乎没有反映出那个时期的动荡的社会政治事件，有两个原因。首先，现代对共和时期罗马法的了解仍然非常有限，其中大部分是后来的罗马法学家和拉丁语写作者对相当长的一段时间之前发生的事件的评论。[②] 其次，当代学者对早期罗马法学家的作用和意义及其对罗马法发展的影响仍然知之甚少。

---

① 诸如 Kaser（1956）等学者认为，"所有权"最初仅限于动产，而土地则是共同拥有的。在某个时刻，土地开始被私人"拥有"，但所有权仅限于家父。这可能与更一般的父权制叙事，在罗马财产法的许多领域中，对罗马家族其他成员的法律限制以及他们独立于家长拥有财产的能力有关。虽然这种说法无疑有一定的真实性，但许多细节仍有争议，现代学者应该对这种说法在多大程度上是建立在 19 世纪人类学和"原始法"概念的基础上的保持敏感。

② 事实上，Jakab（2015: 115）最近建议，需要更多地关注考古学，以发现更多关于共和时期财产权的信息。

因此，确定构成共和国中晚期的法律文化中与所有权和占有相关的"社会现象集群"是一项艰巨的任务。正如上述对法律发展的调查所显示的那样，占有也越来越突出。当与那个时期的社会政治事件结合在一起时，很明显，[土地的]所有权"再次"成为（或者也许一直是？）共和国中晚期的一个政治问题。然而，这一次，土地所有权的政治性并不是基于罗马社会贫富之间的内部冲突；它现在包含了一个外部因素，特别是关于新领土和异族，因为，在共和国早期的大部分时间里，罗马与意大利所在大陆上的邻国交战，试图成为统治力量，而在共和国中晚期的大部分时间里，她通过战争和征服扩大了自己的海外影响力。这方面的证据可见于从公元前201年第二次布匿战争结束（迦太基被击败）到公元前90年同盟者战争开始（罗马与其意大利盟友之间的战争，后者要求在社会和法律上更大程度上融入罗马国家）之间的事件。在短短一个多世纪的时间里，罗马国家卷入了马其顿战争和朱古达战争，将迦太基夷为平地，并镇压了两场大规模的奴隶起义。这些事件对罗马关于所有权和占有的法律概念的影响一定是深远的，但只能粗略地看出轮廓。

要记住的第一点是，这一时期的罗马法并不是以地域为基础的法律体系。公民身份是适用罗马法的基础；根据罗马法，只有罗马公民才能"所有"或"占有"。考虑到第二次布匿战争结束后外邦人的涌入以及罗马领土的扩张，这一体系似乎不可避免地会受到压力。事实上，罗马当局不愿给予他们在意大利的盟友更多的机会适用罗马市民法，这是公元前90年最终发生同盟者战争的主要原因之一。

有两项证据显示了这一时期罗马法中所有权和占有的复杂性。第一个是公元前2世纪中期的格拉古土地改革（Lintott 1992）。尽管阿皮乌斯（Appian）关于这些原因的叙述有问题，但似乎不可否认的是，在公有土地（ager publicus）方面出现了某些问题（Capogrossi Colognesi 2014: 179—193）。这些土地，主要是罗马成功征服的产物，但不知何故，它们已经开始（非法地）落入富人的手中。这引起了民众的不满。格拉古兄弟的立法干预旨在解决这个问题。公元前111年的土地法（*lex agraria*）代表了一系列事件的高潮，这些事件始于公元前367年《李其尼和赛斯蒂亚法》（*leges liciniae sextiae*）的颁布，即罗马公民只被允许拥有特定数量的公有土地（Jakab 2015: 116—118）。① 后一项法律的规定被忽视了，毫无疑问是由于这一时期的政治动荡，导致了人民的抱怨，最终引发了格拉古事件。这项法律的文本，最晚近的由林托特（Lintott）提供，说明了与所有权和占有的历史相关的一些要点（1992: 41—43）。虽然该法律主要涉及公有土地，但它表明了占有作为确定对该土地的权利的一个因素的重要性。其次，该法律规定了一个公有土地持有的登记制度，这反过来暗示了一种罗马土地测量法 *（centuriation）（即使用网格模式绘制土地持有的范围）（图6.2）（其证据比这项法律早了大约两个世纪）（Jakab 2015: 116）。最后，该法律还提到了通过征服而被罗马人控制的"行省土地"。它还表明，在这期间，公有土地和私人土地的类别和适用于它们的法律是密切相关的。

下一个证据是公元前87年的"孔特雷比西斯书板"（*Tabula Contrebiensis*）（Richardson 1983; Birks et al. 1984）。它记录了西班牙两个共同体之间的土地争端的结果，以及由一名罗马官员所加强的该争端的结果。该铭文有许多要点。首先是问题的性质和适用的法律。正如理查森所指出的，双方都不是罗马公民，这也不是罗马私法的问题：

> 本案以这样一种方式提出，很明显，相关问题将根据索西内斯坦的

---

① 有关这一切与大庄园（latifundia）的兴起有关，请参见Harper（2015）和Launaro（2015）。

* 这种划分方法通常以直线进行，形成网格状，每个单元格代表一块土地，用于分配给士兵或公民作为奖励或进行农业开发。这种土地测量方法有助于罗马人有效地管理他们广阔的领土。——译者注

图 6.2　格罗马（一种测量设备）。
资料来源：Wikimedia/Matthias Kabel/
CC BY-SA 3.0。

法律来决定，无论是索西内斯坦人是否有权将其卖给萨卢伊恩斯人，还是根据索西内斯坦的习俗，索西内斯坦人是否被允许建造他们的运河；但任命一个外部国家的成员（在本案中是孔特雷比西斯的元老院）担任法官表明，这是一个国际仲裁，这种类型在希腊世界很常见，在西西里省根据《鲁皮流斯法》（*lex Rupilia*）予以规定。（Richardson 1983: 39）

不应低估这份文件的重要性。因为它揭示了罗马当局愿意适用当地法律，同时确保通过罗马官员的监督和批准来伸张正义。从财产法的角度来看，此类的文件表明了诸如"所有权"和"占有"等概念在共和国时期没有得到很好记录的主要原因之一。考虑到公有土地与私人土地以及罗马法与地方法的复杂性，罗马共和国的土地持有比最初想象的要多元得多，而不仅仅是罗马公民根据罗马法所拥有的罗马土地。在某些情况下，罗马国家也明确地支持当地的非罗马法。

从同盟者战争的结束到共和国终结这一时期是一个巨大的政治动荡时期。斯巴达克斯的奴隶起义对农村产生了深远的不安影响，剥夺公权令（"授权"杀戮和没收他们的"敌人"的财产），首先在苏拉和马略的统治下，然后在第一次和第二次三巨头同盟统治下，无疑导致了所有权和占有的法律的不安全性，特别是与土地相关的法律的不安全性。为了说明这一时期的不稳定状态，以及它如何影响到诸如所有权和占有等法律构建，西塞罗人生的三个方面值得一提。首先，他设计了防止暴力占有令状（*interdictum unde vi*）和排除武装强占令状（*interdictum de vi armata*），这两项旨在处理暴力剥夺财产的裁判官法律救济措施，居于他为奥卢斯·凯奇纳（Aulus Caecina）辩护的核心，这清楚地表明，没有人的财产是安全的（Frier 1985）。其次，与第一点相关的是，起诉方在凯奇纳案（Caecina's case）中指控他不是罗马人，因此不能根据市民法继承遗产，这表明罗马法律秩序正在努力接受这样一个事实，即它不再是位于意大利大陆的一个小共和国，而是拥有海外领土的更重要的大国（Cicero, *Caecina* 95—103）。最后，就西塞罗自己的生活而言，人们可以提到他的财产被没收，他的房子在其被放逐后遭摧毁，以及他在试图收回上述财产时遇到的巨大困难，这表明财产和政治在共和国末期非常紧密地结合在一起。

因此，如果我们回顾上古时期的"社会现象集群"，我们可以看到，到共和国结束时，它们都仍然存在。然而，在每一种情况下，这种现象的范围都发生了变化。例如，在政治领域，罗马社会内部的"等级斗争"已经扩大至更大的规模，成为公民和非公民之间的斗争。这影响到所有其他的现象（例如，经济或社会），并对所有权和占有的法律概念的发展产生深远的影响。

罗马帝国的"法律文化"

在构建与帝国的所有权和占有有关的"罗马法律文化"的叙述时，需要考虑的是一些更大的问题。首先，由于罗马法学家的著作以及优士丁尼的汇编对罗马法的保存，我们得以对其充分了解。因此，法律原始资料必然具有重大意义。尽管如此，考虑到人们对优士丁尼委员会的选择程序的了解，我们可以认为，我们对这一时期的罗马财产法只有最低限度的认识。有很多东西已经遗失了，特别是关于实践层面。与此相关的是智识层面关注的问题。根据对法学家活动的看法以及人们是否认为他们广泛地参与了关于法律的智识（而不是实践）的讨论，他们在留存下来的罗马法律文本中争论的问题可能只在有限的程度上代表了"现实"（无论在这种情况下意味着什么）。这一时期关于所有权和占有的罗马法律论述与主导罗马帝国的更大的社会政治潮流之间的关系仍然存疑（Kehoe 2015）。

第二个需要考虑的问题是时期划分问题。罗马法的"古典时期"是指奥古斯都到戴克里先的统治时期。所有研究罗马历史的学者都会意识到，这是一个非常长且（再次）动荡的时期，包括许多代价高昂的战争、地方问题（尤其是在巴勒斯坦地区）、东部边境与"蛮族"的问题、整个"第三世纪危机"以及各种日耳曼人的入侵（约259—270年），在这些入侵中，罗马不得不放弃某些领土。这些事件似乎不太可能没有影响这一时期的罗马所有权和占有的法律概念，尽管它们似乎很少在现代对古典罗马法关于这些主题的教条式的叙述中被提及。

我不打算对罗马法古典时期的所有权和占有状况进行全面和系统的描述。现代教科书揭示：（a）法律概念，如所有权（*dominium*）和占有（*possessio*），在法律原始资料中被"定义"并被详细讨论；（b）要式移转物（*res mancipi*，一组在早期罗马社会对农业很重要的物品）和略式移转物（*res nec mancipi*，一切别的东西）之间的原始区分，似乎已被更为晚近的动产和不动产（即土地）之间的区分置于次要地位。（与要式买卖的衰落和交付〈traditio〉作为获得所有权的一种方式的兴起有关）；（c）根据它们是来源于市民法还是来源于万民法，对所有权取得的不同模式的分类出现在原始资料中；最后是（d）对他人财产的限制物权数量的增加，尤其是地役权，是明显的。

由于法律在某种程度上是社会的反映（即使不是一面直接的镜子），问题仍然是如何将主要关注内部的罗马法叙述与它们赖以存在的更大的背景联系起来。在我看来，起点应该是罗马法律文献中找到的这些概念的"定义"：

《学说汇纂》第 41 卷第 2 章第 1 题［保罗《论告示集》第 54 卷］

根据拉贝奥的说法，占有一词源自"座位"（sedes），或者说"位置"（positio），是因为立于其上之人有一种自然的持有，希腊人称之为κατοχή，是由站在其上之人所持有。

《学说汇纂》第 41 卷第 2 章第 1 题第 1 段［保罗《论告示集》第54 卷］

小涅尔瓦（Nerva the younger）说，财产的所有权源于自然占有，这一点在与那些在地面上、海洋中或天空中捕获的事物的关系中仍有残留痕迹：因为这些物立刻为最先占有它们的人所有。同样，在战争中缴获之物、海上产生的岛屿以及海滩上发现的宝石、石头和珍珠，都为最先占有它们的人所有。

关于这两个定义已经有很多研究，我不打算对与这两个文本相关的所有概念的错综复杂的状态进行全面的解释（Piccinelli 1980）。目前，关于它们，我只想说两点。首先，尽管这两个文本都被归于公元 3 世纪的法学家保罗，但很明显（从对其他法学家的内部引用来看），所有权和占有的"定义"产生于公元前 1 世纪早期到中期（按时间顺序为拉贝奥和小涅尔瓦）。

虽然人们可能会质疑拉贝奥所述的占有这个术语的词源学历史的真实性，但很明显，（在罗马法学家看来）占有先于所有权，而所有权最初是以某种原始的占有行为为基础的。在过去，这两种说法为像卡泽尔这样的学者提供了证据，他们试图在罗马历史早期流行的习惯法中追溯罗马所有权的起源（Kaser 1956; Diósdi 1970）。虽然这似乎很可信，但证据仍然很少。似乎更有可能的是，此处法学家正在创设一种将所有权和占有联系起来的传统，毫无疑问是因为在行省占有土地的法律意义（正如我们在上面所看到的，这在共和国中晚期已经存在争议）。在使用程式诉讼证明所有权的法律纠纷中，动产之占有的实际意义可能也在他们的推理中发挥了作用，因为根据程式诉讼，未占有诉讼标的人承担所有权的举证责任（Santucci 2014b）。

如上所述，在共和国中晚期，罗马法还不是一个以领土为基础的法律体系。是否能够适用罗马法取决于个人要么拥有罗马公民身份，要么被授予了交易权（*ius commercii*）（与罗马人交易的权利）。这与所有权和占有的关系是很复杂的，对动产和不动产的关注，对取得财产所有权的不同方式的讨论，以及这些方式是源于市民法还是源于万民法，可能都是这种复杂性的表现。在其最基本的形式中，只有当一个人拥有罗马公民身份或被授予交易权时，他才能对一个物［无论是动产还是不动产］行使所有权。当然，诉诸罗马法院的问题可以通过拟制公民身份来解决，但主要原则是有限适用罗马市民法（Ando 2015a）。就土地所有权而言，事情更复杂。请参考盖尤斯于公元二世纪后半叶为法律学生撰写的教科书中的以下陈述：

> 盖尤斯《法学阶梯》第 2 编第 27 段
> 意大利的土地是要式移转物，行省土地则不是。
>
> 盖尤斯《法学阶梯》第 2 编第 7 段
> 但就各行省的土地而言，大多数人认为它不是宗教的，因为这些土地的所有权是由罗马人民或皇帝持有的；我们被认为只拥有占有权或用

益权；尽管如此，虽然它实际上不是宗教的，但它被视为宗教的对待。同样，那些各行省的但没有被罗马人民批准供奉给上天的物品，严格地说也不是神圣物，然而它却被视为神圣物对待。［戈登·罗宾逊译本］

第一段来自手稿中一个严重缺失的部分，因此是片段性的。然而，重要的是，根据盖尤斯的说法，只有意大利的土地［而不是行省的土地］是要式移转物。此外，还可以补充的是，在下一段的陈述，盖尤斯在讨论"宗教土地"的时候指出，注意到各行省的土地的所有权属于罗马人民或皇帝，人们只被允许占有它，或持有其受限的物权，如用益权。

这两个段落对我们理解所有权和占有的重要性不可低估。假设盖尤斯准确地说明了他所处时代的法律，这将意味着土地所有权只适用于罗马公民或者那些拥有交易权之人在意大利的土地上行使，而在行省（除了那些被授予意大利土地特权的城市），这些人可以获得的唯一权利是占有和受限的物权（Bleicken 1974; Kantor 2017）。在我看来，这在很大程度上解释了为什么占有和受限的物权在古典时期的法律原始资料中如此突出。这可能也解释了作为所有权取得方式的要式买卖（mancipatio）的衰落和相关的交付（*traditio*——一种用于非要式移转物的所有权取得方式）的兴起。事实上，在帝国的大部分地区，交付是一种比要式买卖更为普遍的法律交易。

121　　　在对罗马法中所有权和占有的讨论中，一个经常被边缘化的原始资料是罗马土地测量员的著作文集。这一跨越公元 1 世纪到 5 世纪的文集提供了一个独特的快照，展示了土地测量的一些更为技术性的方面（上面提到的罗马土地测量制度的一个重要方面）以及财产法（尤其是在各行省）是如何与之相关的。为了理解土地测量员对我们理解所有权和占有的重要性，让我们从迪尔凯的著作中得到启示，引用一个他关于共和国晚期和帝国早期的陈述：

内战结束后，当后三头同盟不得不为成千上万退伍士兵提供土地时，这是勘测工作大规模铺开的时期之一。……一些土地被分配给个人（*viritim*），但更多的是建立殖民地。正是在奥古斯都的领导下，最终形成了庞大而复杂的官僚机构。只有从他的元首制统治时期开始，我们才能发现一种真正的文官风格的网格土地组织。（1971: 37）

众所周知，土地测量员在双方对财产的范围或位置有争议的法庭案件中发挥了作用（Maganzani 2007）。他们还通过向当局提供他们的工作记录来发挥重要作用。迪尔凯这样总结：

> 土地测量员的职责之一是绘制他所划分的土地的地图（forma）。这些地图通常都刻在青铜板上，不幸的是，没有一幅被保存下来。……然而，我们可以从［土地测量员的］文集及其插图，从橙色石板（the Orange tablets）①和古罗马城图志（Forma Urbis Romae）中，对这些地图形成一个相当不错的认识……这些地图一式两份。其中一个留在当地共同体，而另一个存放在建于公元前78年的皇帝的档案室（*tabularium*）中。（1971: 111—112）

考虑到行省土地的重要性，假设只保存了公有土地的记录是错误的（图6.3）（图6.4）。这些记录似乎还包括分配给个人的土地，因为需要一个准确的记录来确定土地税的责任，土地税是罗马国家在其整个存续期间的主要收入来源之一。

要全面了解这些复杂性，我建议读者参考坎贝尔（2000）的翻译和评论，他敏锐的评论捕捉到了其中的许多细节。目前，我想用其中一个方面作为例子。活跃于公元1世纪末的土地测量师弗朗提努斯（Frontinus）在其

---

① "橙色石板"通常被称为"地籍"（cadasters），是刻在大理石板上的财政文件。——译者注

122

图 6.3 阿劳西奥地籍册。

资料来源：© Culturespaces/Christophe Recoura。

图 6.4 古罗马城图志。

资料来源：Wikimedia/Ptyx/CC BY-SA 4.0。

论著中揭示说：

> 关于神圣的和宗教的场所产生了无数的争论。（Campbell 2000: 9）

半个多世纪后，盖尤斯的评论，正如上文引用的，关于各行省存在"宗教土地"的内容，很好地补充了弗朗提努斯的说法。如果，如盖尤斯所说，在各行省土地在法律上不能被视为"神圣的"或"宗教的"，实际上却被如此对待，它必然会引起法律上的歧义，特别是在非法占据的情况下。这似乎很有可能就是弗朗提努斯（以及上面的盖尤斯）在这里所指的。除此之外，还可以补充一下伪阿根尼乌斯公元 5 世纪末（或可能更晚）对这个问题的观察：

> 现在，在意大利，随着最神圣的基督教的发展，许多人接管了附属于神庙的异教小树林或遗址，现在在其上耕种。我认为应该将其阐明，这样如果一个测量员希望展示他的学识，他可以指出那个被授予神殿的区域。宗教场所也属于类似的范畴。（Campell 2000: 71）

123

那么，我们应该从这个例子中获得些什么呢？首先，它清楚地表明，这一时期罗马法学家讨论的所有权和占有的教条概念是在土地测量员及其刻在青铜板和石头上的记录赖以存在的更大背景下起作用的。此外，意大利土地和行省土地之间的区别造成了复杂的法律情况，在实践中一定产生了问题。正如伪阿根尼乌斯·乌尔比库斯 [1]（pseudo-Agennius Urbicus）所表

———————

[1] 是指《地界争议评论》(the Commentum de controuersiis) 和《土地质量评论》(the Commentum de agrorum qualitate) 这两篇评论的作者。这两篇评论都是对由弗龙蒂努斯 (Iulius Frontinus) 所写的关于土地测量的一个文本的评论，其作者是一名基督徒，一名土地测量员。由于这两篇评论都被错误地认为是阿根纽斯·乌尔比库斯所写，因此它们的作者通常被称为伪阿根尼乌斯·乌尔比库斯。——译者注

明的那样，在君士坦丁皇帝奇迹般地皈依之后，作为国教的基督教在罗马帝国的出现增加了另一个因素。以前的"宗教土地"现在的法律地位不确定，人们利用了这种模糊性。

在我看来，在已经阐明了法律规则如何与该时期更大的社会政治环境相联系之后，另外两类"社会现象集群"值得一提。第一个是所有权和占有的经济成分。罗马帝国的许多物品，无论是动产还是不动产，在出售时都要征税，在某些情况下，跨越国内外边境时也要征税（港口税）。一个很好的例子是对奴隶流动征收的各种税，可见于《亚洲行省关税法》(*lex portorii asiae*)（一部制定了各种规则，包括货物进入罗马亚洲行省时应缴纳的关税的法律）(Cottier and Corbier, 2008)。然而，更重要的是土地税。区分意大利土地和行省土地的主要后果之一是前者免税，而后者征税。因此，与罗马所有权和占有的罗马法律成熟发展相关的经济环境，是土地占有成为重要的行省现实，并为罗马国家提供了重要的税收基础（Delorme et al. 2005）。从这些行省获得的收入流向元老院或帝国国库，这取决于行省的类型。虽然乍一看这似乎是一种公平的划分，但应该记住，这种划分并非一成不变的（Lo Cascio 1997; Lo Cascio 2015）。

最后一个有待讨论的问题是公元 212 年神秘的《安敦尼努敕令》(*Constitutio Antoniniana*)所带来的罗马法律制度的改变。[①]传统上，罗马法学者认为这一帝国法令似乎将罗马公民身份授予罗马帝国边界内的大多数自由人，这对罗马法的应用产生了深远的影响，在《安敦尼努敕令》颁布后，罗马法成为"帝国法"(Reichsrecht)，因此消灭了帝国中所有非罗马习俗和实践（Mitteis 1891）。这一以 19 世纪晚期的德国学术研究为基础的观点，在此后成为一场激烈而持久的争论的焦点，该争论不仅涉及这一帝国法令的影响，也涉及公元 212 年后地方法令是否继续存在。争论主要集中

---

① Corbo（2013）是这方面的最新专著之一。

在罗马统治下的埃及行省，在那里，新的纸莎草文献发现，特别是法庭报告和法庭判决记录的例子，质疑了关于《安敦尼努敕令》对当地非罗马习俗和法律的影响的传统观点。（Dolganov n.d.）。[1] 在这方面，阿根尼乌斯·乌尔比库斯[2] 的评论也值得一提：

> 由于行省的多样性，发生了许多与正常的法律程序不同的案件。例如，在意大利，防止雨水进入不会引起太大的争议，而在非洲，关于相同事件的争议却指向完全不同的方向；因为这是一个非常干燥的地区，人们没有比有人阻止雨水流到他的土地上更好的抱怨理由了。（Campbell 2000: 21）

学者们不仅需要对法律上的多样性保持敏感，而且他们还需要考虑到罗马帝国在地理上是一个多样化的实体，这必然影响了法律实践。

由于各种原因，这次考察将截至戴克里先登上皇位。其两个主要原因如下。首先，在戴克里先统治时期，意大利享有的土地税豁免被废除。这一措施的重要性不可低估。正如我们在上文所见，税收是任何行省土地权利的核心特征。通过消除这一关键区别，戴克里先削弱了罗马财产法的一大基石。即使直至优士丁尼统治时期，意大利土地和行省土地的区分才被正式废除，但这一事件对罗马财产法的影响比其他任何事件都大。第二个问题涉及本章的中心主题，即"法律文化"。[3] 帝国的分裂和西罗马帝

---

[1] 由于中央财产档案的存在，在埃及的财产持有的记录极为复杂。关于所有这些，请参见 Maresch（2002）。

[2] 阿根尼乌斯·乌尔比库斯（Aggenus Urbicus，也叫 Agennius Urbicus）是一位古罗马技术写作者，出现在《罗马农业文集》（Corpus Agrimensorum Romanorum）中，这是一本关于古代晚期土地测量的文集。他生活在什么时候尚不确定，但从他使用的表达方式来判断，他可能是生活在 4 世纪后期的基督徒。——译者注

[3] Harris（2012）对古代晚期这个术语的复杂性提供了一个很好的一般性评述。

国的最终灭亡给罗马的法律文化带来了一些根本性的变化。这些变化包括隶农制的兴起[1]，这是一种将佃农与土地绑定在一起的特殊的租佃形式（tenancy），西罗马帝国灭亡后罗马法与日耳曼习惯法之间的相互作用，以及历史上与这一时期有关的"衰落"[2]的叙述。同样值得一提的是，优士丁尼王朝对"古典罗马法"的恢复是一种人为的试图让时光倒流的尝试。优士丁尼法典编纂中所表述的法律与现实之间的关系已经成为拜占庭法律研究中的一个重要主题。

结论：走向所有权和占有的"文化史"

最终，就像大多数事情一样，一个看起来相当直截了当的简要叙述被证明要复杂得多。然而，从这次讨论中非常清楚浮现的一个主题是，所有权和占有既不是静态的，也不是只存在于"法律概念的天堂"中的纯智识构造。雅各布（Jakab）近来在她对罗马财产法的考察（2015: 131）中有力地论证了这一点。这一见解值得强调。罗马法上无论是所有权还是占有的体系和内容，都不是静态的。相反，它们是动态的，考虑了那个时期的政治、社会和经济情况。这些情况形成了塑造罗马法的所有权和占有的"社会现象集群"，值得更仔细的审视。罗马法上所有权和占有的完整历史尚未写成。我希望我只是为这样的考察提供了一个潜在的路线图。

---

[1] 一般性研究见 Lo Cascio（1997）。长期取得时效（longitemporis praescriptio）和最长取得时效（longissimi temporis praescriptio）在后来罗马财产法发展中的重要性不应低估，参见 Nörr（1969）。

[2] 这里的标准著作是 Levy（1951），但应该根据 Vandendriessche（2006）来解读。

第七章

不法行为

雅各布·吉尔塔伊[*]

* 赫尔辛基大学的博士后研究员。作者希望感谢赫塔·比约克伦德女士的编辑本领和友好的帮助，以及罗伯特·怀廷先生对文本的校对。本章的撰写受到了 ERC 项目"重塑欧洲法律文化的基础"（编号：313100）的支持。

引言

在这一章中，我将重点讨论两种类型的不法行为，以希腊和罗马古代制度中的两种犯罪行为为例证："凌辱"（ὕβρις, *iniuria*）和"通奸"（μοιχεία, *adulterium*）。仅假设性地说，特别挑出这两种违法行为的原因是，它们首先代表了对道德或伦理规范的违反。当然，严格来说，所有的犯罪和违法行为在某种意义上也都是违反道德的行为，也就是说，一个社会认为应受惩罚的事情总是由该社会所维护的道德规范决定的。然而，正如我们将看到的，这两项违法行为似乎尤其被相关社会的成员认为是违反道德的。因此，本章的目的不仅仅是描述法律文本中有关这些违法行为的程序，以及其在文献资料中的实例：目标是看看是否可以从凌辱和通奸被视为违反这一规范的方式中提炼出一种文化规范——或一套文化规范。

考虑到这一点，我将本章的结构安排如下：在前两部分，我将通过两场著名的审判——苏格拉底和耶稣基督的审判，以及德摩斯梯尼和西塞罗的法庭演讲——来简要介绍古代雅典和罗马的刑法制度。接下来，我将从惩罚凌辱和通奸的刑事程序的角度来讨论这些违法行为。最后，我将试图利用凌辱和通奸的违法行为来说明一般性的希腊和罗马文化，特别是古代刑法和大众道德之间的关系。

哲学家、演说家、律师和弥赛亚

许多著名的审判自古流传至今。其中，最突出的无疑是对苏格拉底和耶稣基督的审判。由于二者的领袖地位，这两次审判都有相对详细的记录，因此为我们提供了古代刑事诉讼的初步了解。众所周知，苏格拉底是一位希腊哲学家，生活在公元前5世纪的雅典。他被指控犯下了两项不法行为：腐蚀青年和不敬神。这次审判发生在公元前399年。一个由雅典公民组成、通过抽签方式从一群志愿者中选出的陪审团，裁定苏格拉底有罪，并最终以多数票判处他死刑，这是控方提议的刑罚。苏格拉底没有逃离这座城市（尽管他被期待甚至被恳求这么做），而是喝下毒芹汁，执行了对自己的死刑。① 大约500年后，在罗马的犹太省，耶稣被逮捕，并被带到一个由犹太宗教权威组成的委员会犹太教公会（Sanhedrin）② 面前。根据圣经的叙述，在那里，他因为声称自己是上帝之子和犹太人的国王而被嘲笑并遭殴打。随后，耶稣在耶路撒冷政府当局面前被控犯有反对罗马统治的煽动罪，但犹太的罗马总督本丢·彼拉多（Pontius Pilate）宣称他无罪。然而，聚集在政府大楼外的人群坚持死刑。总督予以默许，耶稣基督在各各他（Golgotha）被钉死在了十字架上。③

虽然这两个诉讼程序之间存在明显的巨大的差异，但苏格拉底和耶稣基督的审判也有一些共同之处。在现代刑法中，法官会受到先例和刑法的约束，而在苏格拉底和耶稣的案件中，这些似乎根本不重要。④ 雅典公民给苏格拉底定罪的决定似乎是完全自由的，没有法官指示他们满足法律标准或需要证明的具体事项才能作出裁决（Sealey 1994: 51; Lanni 2006: 25;

---

① 关于审判的文献浩如烟海；我使用了 Waterfield（2009: 3—19）。

② 罗马帝国统治下的巴勒斯坦地区犹太人正式机构的统称，从马加比家族（约公元前165）到族长统治时期（公元425）。虽然该名称指的是犹太人的最高法庭，但犹太教公会的实际组成和（宗教、司法、立法）权力却有不同说法。《圣经》中多次提到该公会参与了或者判决了对耶稣、圣彼得（使徒）及圣约翰（施洗者）的审判（在《圣马可书》《路加书》《使徒行传》中都有记载）。据《塔木德》记载，大公会由71名贤者组成，他们定期在耶路撒冷圣殿举行会议，为宗教立法机构，兼为法庭并司掌宗教仪式。——译者注

③ 就像苏格拉底的审判一样，文献的数量是巨大的。我使用了 Schrage（2003），该书用荷兰语对 Ars Aequi 系列中具有历史里程碑意义的案例进行法律-历史介绍。【Ars Aequi 是荷兰最大的法律杂志和在线平台——译者注】

④ 尽管使用了类似的案例（Dover 1974: 218—219）。

图 7.1　米斯特里别墅（庞贝古城）大画厅壁画场景二。
资料来源：Wikimedia/The Yorck Project/GNU Free Documentation License。

Waterfield 2009: 27—31)。面对耶路撒冷群众的反对，本丢·彼拉多甚至推翻了他的判决。因此，乍一看，在古代社会，尤其是刑事审判与道德不法行为之间的关系比在现代社会更直接。苏格拉底和耶稣基督似乎都被认定有罪，因为他们违反了各自时代基本的（政治、宗教）文化规范。这些规范并没有直接嵌入到法典或法律规则中；相反，它们是对参与审判的人员的世界观的表达，因此也是它们所属社会世界观的表达（图 7.1）。

　　然而，古代刑事审判和道德不法行为之间的可能关系的进一步结果是演说家和修辞学家在诉讼中的重要性。这类法庭演说是我们了解古代刑事法律制度的主要来源。直到古代晚期，类似法学院的机构才会出现：所有参与希腊或罗马审判的人，包括法官、起诉人和律师，基本上都是外行（ Sealey 1994: 51；参见本卷中的 Tuori ）。如果有适合法庭的教育，那就是学习修辞学和演讲术，这显然是只为希腊和罗马精英保留的东西。在苏格拉底去世几十年后，德摩斯梯尼生活于公元前 4 世纪的雅典，他的演讲术是这种自学的产物。他的传世作品还表明，在古代雅典，法庭演说和政治演说之间的差异只是转瞬即逝。从对苏格拉底的审判中可以明显看出，在古典时期的雅典，刑事法律审判和政治程序之间一般没有明确的分界线。然而，德摩斯梯尼是从现在所谓的法律文书做起的，为别人撰写演讲稿，处理相当平凡的私法事务——契约、遗产等等。可能是由于言语障碍，像苏格拉底那样的政治—刑事审判的宏伟舞台似乎是他力所不及的。① 然而，通过努力，德摩斯梯尼解决了这个问题，并成为一名成果丰硕的法庭官员，流传下来的他的演讲稿为我们提供了很多关于古希腊文化和雅典法律体系运作的信息。

127　　德摩斯梯尼是一位典型的演说家，这不仅仅是对于现代修辞学的研究者而言。德摩斯梯尼死后几个世纪，一位名叫马库斯·图留斯·西塞罗的罗马律师将他列为自己的伟大榜样之一（Cicero, *Brutus* 35）。西塞罗本人从事与德摩斯梯尼类似的职业——在公共法庭演讲，并因此成名，最终在罗马共和国担任了一些最负盛名的职位（Rawson 1983: 12—59）。和古代雅典一样，共和时期的罗马对法庭职能没有任何正式的培训要求。私人辅导、自学、该领域的权威，当然还有罗马精英阶层的背景，都是在法律职业中获得成功的重要因素（参见本卷中托里的那一章）。然而，西塞罗是一个来自行省的"新人"这一事实证明了外来者可以成功并掌权。在古典时期的雅典和古罗马，我们现在所说的"私法"和"公法"之间有一个显著的区别，这比刑事程序和政治演讲之间的区别要大得多。大规模的刑事审判通常有政治背景，在罗马广场公开举行，演说者试图为他们的事业赢得欢呼的群众（Rawson

128　1983: 22—24）。正是在这类诉讼中，西塞罗表现出色，发表了许多他保存最为完好的辩护和指控，为我们提供了关于共和国晚期罗马刑法的知识。

---

① 他嘴里含着鹅卵石演讲，尽管这在后来的资料中可能是一种虚构的情节。

苏格拉底、德摩斯梯尼、西塞罗、耶稣基督——都生活在古代社会，都是传奇人物，都与他们各自时代的公共刑法体系有关。此外，对苏格拉底和基督的审判以及德摩斯梯尼和西塞罗的法庭演讲似乎证实了刑法和大众道德之间的密切关系。似乎在刑事审判中被定罪的人之所以被判有罪主要不是因为违反法律，而是因为违反了通常被认为是正确的行为，由一部分民众充当仲裁者，而不是法官或法律。然而，这一假设的问题在于诉讼程序本身的非凡性质：① 考虑到主角们在他们自己的时代已经具有显著地位，苏格拉底和基督的审判在什么程度上真正代表了古代对不法行为的常规惩罚？这难道不是把纽伦堡审判与违章停车的起诉相比较吗？因此，这说明了德摩斯梯尼和西塞罗演讲的背景是怎样的？

古代法和古代的不法行为

让我们回到对苏格拉底的审判上来，看看它是如何构成的，它在什么程度上代表了整个古典时期雅典的刑事法律秩序。审判本身有多个阶段：首先，它必须确定是否有一个案件需要答辩，然后原告需要宣誓。其次，陪审团由抽签决定，原告作开场演讲。然后，被告被允许为自己辩护，苏格拉底就是通过他著名的申辩来完成这一点的。② 在听取了证人证词后，陪审团作出裁决，在第三阶段，再次由陪审团，而不是法官决定刑罚（Waterfield 2009: 7—19）。除了在诉讼程序中没有法官在场之外，还有另外两项缺失值得注意：苏格拉底没有律师，尽管这很可能是他自己选择的，由他亲自对原告进行交叉询问（Waterfield 2009: 8—19）。此外，尽管他被指控犯有两项定义明确的罪行——不敬神和腐蚀雅典青年——但仍不清楚在陪审团做出有罪裁决之前需要满足和证明什么标准。

对于古代雅典特定违法行为的内容，主要有两个信息来源：雅典的法

---

① 从法律-历史的角度来看导致了无数的问题（Schrage 2003: 262—263）。
② 经由柏拉图和色诺芬流传下来，参见 Waterfield（2009: 8—19）。

律和主要在法庭上发表的演说。苏格拉底时代的古典雅典实际上有一套法律，最初由德拉古制定——这就是众所周知的"德拉古式立法"这一谚语的由来——随后由梭伦及其后来者修改和修订（Sealey 1994: 43—49）。① 然而，尽管这一套规定已经被重建（Ruschenbusch 2010: 57—63），但一般来说，雅典刑法缺乏明确的法律定义，特别是关于某些"主观"的违法行为（Hitzig 1899: 35—36; Sealey 1994: 53; Lanni 2006: 68, 118）。因此，成文法只简要地涵盖可受惩罚的违法行为，特别是给予陪审团相当大的自由裁量权（Sealey 1994: 54—55）。例如，从苏格拉底的审判中可以明显看出，被认定犯有特定罪行并不总是导致特定的惩罚：这仍然要由陪审团来决定。因此，演说家在这类审判中扮演着重要的角色；在苏格拉底审判中的原告或像德摩斯梯尼这样的人有多次机会影响陪审团，例如，即使在陪审团宣判被告有罪之后，也会获得更严厉或更温和的惩罚。当谈到严重犯罪时，我们会想到过失杀人、各种类型的盗窃、强奸或人身伤害，在这些情况下，我们希望我们的政府惩罚那些被判有罪的人。从对苏格拉底的审判来看，很明显，古代社会对什么构成严重犯罪的看法有所不同。当然，像盗窃和强奸这样的事情会被提交到法院，毒害青年或不敬神可以被解释为构成现代意义上的可处罚的罪行。然而，在古代雅典，与现代的私法和公法这样的二分法不同，人们对公众诉请和私人诉请进行了区分。这两种诉请之间的区别主要在于，任何公民都可以提出公众诉请，而私人诉请则仅限于违法行为的实际受害者。此外，公众诉请往往仅限于侵犯公共利益的违法行为，即，诸如叛国罪或针对缺乏法律地位之人提起的政治犯罪（Krause 2004: 17—18）。这意味着，在古代雅典，对过失杀人罪的起诉可能严格地局限于由家庭成员提出的旨在赔偿的私人诉请（Krause 2004: 33—34）。反之，当我们看到德摩斯梯尼流传至今的刑法演讲时，它们往往涉及具有政治性质

① "hubreos grafe"（ὕβρεως γραφή）的犯罪，"hubris"意为凌辱而"grafe"意为公共刑事审判，这在德拉古立法或梭伦立法中没有规定（Ruschenbusch 1965: 303）。

的民众诉请：例如，在他现存的演说中，有四个关于制定不适当的法律的公众诉请的实例（MacDowell 2009: 153—206）。

虽然对苏格拉底的审判在很大程度上可以被看作是古典时期雅典刑事法律体系的范例，但在对耶稣基督的审判中，情况则更为复杂。这幕剧不是发生在罗马，而是发生在新兴帝国的一个行省。这意味着，我们对罗马局势的任何了解都可能并不适用于犹太①。话说回来，对于罗马刑法在罗马之外的适用，我们所拥有的一个主要原始资料是西塞罗的一篇演讲。在公元前70年发表的控告维勒斯的演讲中，西塞罗起诉罗马西西里省的总督涉嫌腐败（图7.2）。该审判在罗马进行，是在古罗马广场当着一大群人的面进行的大规模公开诉讼的一部分。这次审判是根据十年前由独裁者科尔涅利乌斯·苏拉（Cornelius Sulla）颁布的一部关于腐败的法律进行的。西塞罗明确表示，他被要求代表西西里岛的居民起诉此案，其中最严重的指控之一是维勒斯滥用总督的司法权力。从对耶稣基督的审判中可以明显看出，各行省的罗马总督拥有最高的司法权力，有责任让下级司法机构将更严重的罪行，如判乱罪，提交给他的法庭审理，就像宗教委员会对基督所做的那样。此外，罗马总督们可以自由地行使这种权力，尽管西塞罗对维勒斯的起诉表明这绝不是不受约束的。在西塞罗的第二次演说之后，维勒斯没有等待审判的结果，而是自愿流亡（Rawson 1983: 40—43）。在这个时刻，需要谈谈罗马法——或者更准确地说是罗马人的法律规则——与他们征服或以其他方式接触的共同体的当地法律之间的关系。尽管几乎没有"古希腊法"这种东西，因为法律是各个城邦所特有的，但罗马法却在三百年的时间里在一个日益壮大的帝国中四处传播。关于帝国法律取代地方法律的措施的讨论可以追溯到罗马法学者路德维希·米蒂斯（Ludwig Mitteis）（Mitteis 1891: Höbenreich 1992: 547—551）的一部著作。但是，尽管有了考

---

① 古代罗马所统治的巴勒斯坦南部。——译者注

图 7.2　米斯特里别墅（庞贝古城）大画厅壁画场景六。
资料来源：Michele Falzone/Getty Images。

古发现的新信息，我们仍然不知道罗马法律和当地法律是如何相互关联的。然而，从对耶稣的审判来看，很明显，罗马总督对特定类型的案件，特别是那些涉及政治罪行的案件，拥有更高的管辖权。

　　回到维勒斯，对他的审判向我们展示了关于罗马刑法体系的另一个方面，即特定的审判是根据特定的法律设立的。与雅典一样，根据公众诉请起诉的针对公共利益的罪行，例如维勒斯案件中的政府腐败，与源于某人私人利益的诉请之间的区分比私法和公法之间的区分更有意义，尤其是在罗马共和国时期。例如，在很长一段时间里，过失杀人都被视为一种私人事务，就像盗窃和人身伤害一样（Kunkel 1962: 97—130）。这种情况随着两套法律的出台而有所改变，第一套是由独裁者苏拉颁布的，关于腐败的法律也被包含其中。这套法律当然包括关于过失杀人和人身伤害的公共刑法，但也包括了数个政治性违法行为。第二套法律在西塞罗去世数十年后生效，它是罗马共和国衰落和罗马帝国崛起的标志之一。这一套法律颁布于自公元前 27 年到公元前 14 年的奥古斯都统治时期，通常是建立在苏拉的法律基础之上的，或对其进行补充。奥古斯都没有取代苏拉关于过失杀人或人身伤害的法律，但制定了关于大多数政治犯罪的新法律，例如，关于叛国罪的法律。此外，皇帝试图通过废除一些多余的程序和制定法律来简化私人和公共刑事审判，从而在当时混乱的罗马法律体系中建立某种秩序。①

131

奥古斯都有充分的理由这样做。从共和国后期到帝国后期，罗马法对违法行为的惩罚方式存在一定程度的混乱。如上所述，我们所认为的许多通常属于公共刑法的东西，如人身伤害，被认为是一个私人问题，即使在关于人身伤害的苏拉法律颁布之后，仍然主要受私法法庭的诉请。只有某些严重的盗窃，如偷牛，才成为公共刑法的一部分。否则，盗窃通过私法诉讼接受惩罚（Harries 2007: 43—58）。一般来说，公共刑法以针对涉及违反公共利益的单个罪行的单一法律为中心：叛国、腐败、煽动叛乱、公共暴力等等。在这方面，还有另一个决定违法行为如何以及在何种情况下受到惩罚的因素：地位。当然，古代雅典和古罗马都是奴隶制社会，退一步说，奴隶在法律下并不享有与自由人同等的待遇。然而，在古典时期的罗马，考虑到根据定义，奴隶没有罗马公民身份，公民身份和非公民身份之间的划分可能比奴隶和自由人之间的划分更重要。当被告没有罗马公民身份时，罗马行省的总督拥有更多的自由来惩罚罪犯。② 这让人质疑，例如，耶稣基督被钉在十字架上，即使按照罗马的标准，这也是一种严厉的惩罚，通常适用于奴隶，这是因为他缺乏罗马公民身份，还是基于煽动叛乱罪的政治严重性。

---

① 通过奥古斯都关于秘密审判的法律（lex Iulia iudiciorum privatorum）和奥古斯都关于公共刑事审判的法律（lex Iulia iudiciorum public orum）；参见 Giltaij（2013 年）。

② 关于这一点的一个可怕的例子，见 Bauman（1996: 19）；一位总督将一名高卢战俘斩首，只因为他的一名宠姬从未见过一个人死在自己面前。

无论如何，在对于一个特定的违法行为有多种可以适用的法律的情况下，演说家在公共刑事审判中的作用也需要在这里得到强调。即使在西塞罗本人所写的修辞手册中，也强调了根据控告者或被告的地位等无数因素来选择正确的程序的重要性。"弄虚作假利用制度"的观念似乎并不局限于现代。然而，与雅典的情况相反，或多或少来自法律文本或先例的标准似乎确实在确定具体违法行为的适当程序方面发挥了作用。一个有趣的例子是西塞罗为米洛（Milo）辩护，米洛被指控在罗马城外的两个敌对帮派的冲突中杀死了克洛狄乌斯（Clodius）。审判是根据一项关于公共暴力的法律进行的，但西塞罗的辩论主要是基于苏拉颁布的关于过失杀人罪的法律。产生问题的规则是，米洛在公共场合携带武器的这一事实将使其自动面临公共暴力的指控。然而，如果西塞罗能够设法说服陪审团，米洛携带武器，并非企图杀死克洛狄厄斯，那么根据有关过失杀人罪的法律，自卫的抗辩可能会免除他的罪责（Cicero, *For Milo* 14; Cahen 1923: 127—136）。学者们认为，类似的将法律规则与大众道德分离的做法构成了罗马法律科学发展的本质，这也解释了为何早期雅典没有这样发展的原因（Schulz 1954: 13—17; Schulz 1963: 54—55, 60—71）。在罗马，违反法律和不道德是有区别的。罗马法律科学的发展与罗马势力范围在地中海的发展相吻合，这可能不是巧合。早期对法律的科学论述主要是出现于契约法的背景之下（Cicero, *On duties* 3.69—70: Giltaij 2011: 31—36; 本卷 Fiori）。然而，即使公平交易的原则肯定具有道德层面，契约法也不会是寻找法律实践和古代大众道德之间关系的首选对象。为了研究这种关系，我将重点关注在古典雅典和罗马的公共刑法中都可以找到的两项违法行为：凌辱和通奸。

作为违反文化规范行为的犯罪：凌辱和通奸

像许多其他规范一样，古希腊惩罚凌辱罪的法规主要是通过德摩斯梯尼的演讲传播的（Demosthenes, *Speeches* 21.47; Hitzig 1899: 34; Thalheim

1916 col. 31; Ruschenbusch 1965: 302）。在他控诉梅迪亚斯（Meidias）的演讲中讨论了公元前4世纪雅典的凌辱罪的特征。梅迪亚斯在一个拥挤的剧院里，一拳打在了德摩斯梯尼的脸上，当时德摩斯梯尼正以官方身份参加一个节日活动（Demosthenes, *Speeches* 21; Lanni 2006: 124—125）。从演讲中可以看出，德摩斯梯尼和梅迪亚斯之间长期存在竞争，但演说家煞费苦心地添加了梅迪亚斯的其他不当行为的例子，把他描绘成一个恶霸和一个不折不扣的坏胚（Demosthenes, *Speeches* 21.95—107; MacDowell 2009: 248—252）。这一事件随后在剧院达到了高潮，梅迪亚斯试图阻止和破坏这一过程，导致了他在公共仪式上对一名官员动手的严重失仪行为（Demosthenes, *Speeches* 21.36—55; MacDowell 2009: 245—247）。因此，这些片段表明，在古代雅典，凌辱被视为比单纯的人身伤害更为严重的罪行，例如，与后者的补偿性损害赔偿相比，凌辱会遭受更为严重的惩罚。[①] 不管案件本身是否真的涉及凌辱，德摩斯梯尼在演讲中提供了一些例子，其中公共性质的人身伤害构成了凌辱（Demosthenes, *Speeches* 21.71—76; Lanni 2006: 125）。

此外，仅从这个文本来看，该违法行为所涵盖的众多罪行变得明白无误。该违法行为可以是身体上的，也可以是语言上的，但主要是为了羞辱某人。[②] 因此，该违法行为与希腊的耻辱和荣誉概念密切相关（Hitzig 1899: 36—39; Cohen 1991: 83, 208; Krause 2004: 26; Lanni 2006: 28—30, 64—65）（图7.3）。梭伦修改的法律中关于凌辱的规定在措辞方面有一点值得注意，就是明确提到儿童、女性和奴隶作为受害者（Hitzig 1899: 43—45; Thalheim 1916: col. 31; Sealey 1994: 129）。在这种情况下，法定监护人会提出申诉。因此，

[①] 死刑（Krause 2004: 27; Lanni 2006: 65, 93）。估计要支付给国家的罚款（Hitzig 1899: 48—49）。

[②] Thalheim（1916: col. 31—32）。将它与"aikias dike"（αἰκίαςδίκη），即对凌辱的私人控诉区分开来，后者首先惩罚身体伤害（Hitzig 1899: 1—22; Krause 2004: 24—25），经常在同一案件中；区别并不明显（Hitzig 1899: 39—40; Lanni 2006: 93）。作为一种明确的性犯罪，参见 Guettel Cole（1984: 98）。

图 7.3　米斯特里别墅（庞贝古城）大画厅壁画场景八。
资料来源：（Pompeii）. Source：De Agostini/L. Romano/Getty Images。

一般来说，申诉是一种大众化的诉请，即对所有人开放，而不仅仅是受害者（Hitzig 1899: 45; Guettel Cole 1984: 9; Krause 2004: 27）。由于缺乏法定的或其他单一的定义，该违法行为的确切含义必须从现存的相关文本和少数个别案例中提炼出来。典型的例子也许是阿里斯顿对利农的起诉，这又与德摩斯梯尼有关。据称，阿里斯顿不仅被利农跳起来殴打，还被他凌辱。[1] 这与诉梅迪亚斯的案件类似，严格来说，非因凌辱而起诉。然而，德摩斯梯尼提到存在凌辱的违法行为，以强调所面对之事不光彩的方面：它被用来显示被告人的总体上的恶劣性格、他的凌辱性人格，而不是行为本身（Demosthenes, *Speeches* 54.24—37: Mirhady 2000: 199—200）。

---

[1]　Demosthenes, *Speeches* 54.1, 54.8—19（相关法律在 54.8—9 部分描述）；see Krause（2004: 27—28），Lanni（2006: 64—65），MacDowell（2009: 240—242），对于提到侮辱和暴力行为的单个法案的其他资料来源参见 Hitzig（1899: 41—43）。

在古代雅典法律中，凌辱和通奸作为违法行为存在一些有趣的重合之处。一方面，亚里士多德提到两者都是缺乏单一法律定义的违法行为；此外，两者都被纳入他的公众诉请清单中（Aristotle, *Constitution of Athens* 59.2—4; Cohen 1991: 115, 122, but see 123）。凌辱或通奸似乎是受害者当场杀死加害者的主要合法理由，① 这强调了这种犯罪行为的严重性。科恩说，"在雅典法律中没有现代意义上的'性犯罪'"，他甚至暗示在各种类型的不当性行为之间存在实质性的重合。② 当然，凌辱罪作为对某人荣誉的侮辱，似乎与古代雅典人关于性行为不端的观念密切相关（Cohen 1991: 183—185, 221—222; Krause 2004: 26）；然而，远没有证据表明，通奸实际上是作为一种具有特定的性特征的违法行为而受到惩罚的，也就是说，其针对的不是性道德上的不正当，而是作为一种不请自来进入他人的房屋并使用不属于自己的东西的行为而受到惩罚。③ 在这方面，更糟糕的是，流传至今的通奸的案件，如相关的法庭案例，比凌辱案件还要少。这并没有帮助解决问题。然而，通奸似乎并不比凌辱更少地使受害者名誉受损（Cohen 1991: 123），并且惩罚通奸的重要性不应被低估（Krause 2004: 42）。撇开这个复杂的问题不谈，尽管它的文本还没有被传下来，但关于雅典惩罚通奸的法律的主要特征，人们已经有了一个长期的共识：④ 无论如何，受到惩罚的是引诱雅典公民的妻子的行为。⑤ 因此，通奸的男性是法规中主要的惩罚对象，要么被受

133

① 在通奸案件中，受害者是被欺骗的丈夫（Cohen 1991: 82—83, 100—109, 123, 155; Krause 2004: 40; Lanni 2006: 94—95）。丈夫自己被允许对妻子不忠（Krause 2004: 41）。

② 例如，引诱自由已婚妇女、制定法上的对男孩的强奸（Cohen 1991: 176—180, 227）。

③ Cohen 1991: 123, 109: "侵犯了……丈夫对妻子独享性权利的主张。"当时关于通奸的法律旨在抑制私力救济，即杀死通奸者。（Guettel Cole 1984: 100—101; Cohen 1991: 124; compare Sealey 194: 110）。

④ Cohen（1991: 99）。虽然人们关注的焦点是雅典，但通奸在整个希腊显然被视为一件令人憎恶的事情（Lanni 2006: 95）。

⑤ Demosthenes, *Speeches* 23.53; Cohen（1991: 100, 107—108）。除此以外：Cantarella（1991: 295—296）。

134

害者当场合法杀死，要么被判处死刑，而通奸的女性将被离婚，并被她的家庭以及该城市的所有宗教仪式所拒绝，实际上她成为一个被放逐者（Cohen 1991: 107, Krause 2004: 41）。

值得注意的是，在研究罗马版本的凌辱罪和通奸罪之前，在共和国中有一个官职专门负责维护道德标准，即监察官（censor）。尽管监察官管理公民名单和进行人口普查的职能可以追溯到公元前443年，[1] 但从公元前312年开始，他就被赋予了维护道德规范的职责。从后来的各种资料中可以看出，监察官可以通过监察记录来惩罚道德违法行为（Mommsen 1877: 385, n. 2; Schmähling 1938: 38, 49, 84; Kunkel and Wittmann 1995: 416）。很可能，监察官以告示的形式制定了这些伦理规范，他们的继任者则将这些规范以告示形式保留或改编（Mommsen 1877: 373, schmhling 1938: 2）。当一项基于公平原则的规则被认为已被违反时（Schmhling 1938: 2ff），监察记录被记入档案中，并在人口普查后公之于众。[2] 这种不光彩的行为可能导致耻辱刑或剥夺公权（Cicero, Onduties 3.115; Cicero, For Cluentius 121; Mommsen 1877: 382—383），甚至被取消元老院议员资格或剥夺罗马公民身份。（Mommsen 1877: 384—387; Schmähling 1938: 13ff.; Kunkel and Wittmann 1995: 409）。然而，尽管他们很可能拥有管辖权，[3] 但由于缺乏可信的原始资料（Mommsen 1877: 382; Greenidge 1894: 41f.; Schmähling 1938: 13f.; Suolahti 1963: 49），加上该程序被认为具有法外性、随意性和不成文性（Cicero, *For Cluentius* 117; Kunkel and Wittmann 1995: 407, 409），关于监察官维护规范的性质，我们了解的并不多。这些原始资料根本没有提供足够的信息。

---

[1] Kunkel and Wittmann（1995: 391），附参考书目。还有，Mommsen（1877: 331—469）；Suolahti（1963年），载有历任该职位任职者的名单和说明。

[2] Kunkel and Wittmann（1995: 406）；完整程序：ommsen（1877: 384—387），Kunkel and Wittmann（1995: 420ff）。

[3] Mommsen（1877: 354），Greenidge（1894: 52—53）：那里有法庭案件的所有基本要素。

与监察官的管辖权相反，罗马的文献很好地证明了凌辱罪的存在。在公元前 450 年的《十二表法》中，凌辱最初只包括对自由人和奴隶的人身暴力（Pugliese 1941: 1—38，Hagemann 1998: 40—48）。但是，这种违法行为后来包括了不计其数的犯罪，从口头凌辱到性骚扰，当然主要是为了维护对某人名誉的冒犯。[①] 在这一点上，希腊法和罗马法中凌辱罪的历史发展有显著的相似之处（Hitzig 1899: 55）。例如，从后来被称为《摘要》的公元前 100 年至公元 250 年之间的罗马法律文本汇编来看，正如在希腊法中那样，把自由人当作奴隶是一种应受惩罚的凌辱行为（Hitzig 1899: 55—56; *Digesta* 47.10.11.9; *Digesta* 47.10.12, etc.）。在另一个来源中，罗马法学家拉贝奥在奥古斯都时代的著作中，甚至在他对凌辱概念的讨论中明确提到了希腊的违法行为——居然是用希腊语。[②] 然而，尽管我们迄今为止关注的凌辱类型在雅典被认为是由任何公民提起的公共诉讼，但在现存的罗马资料中描述的凌辱主要是私人违法行为（private delict），这意味着只有受害者可以通过裁判官的私诉程序寻求救济，裁判官是负责分配法律救济措施的罗马法官。然而，实际上存在一种针对凌辱的公共监管，即共和国晚期的独裁者科尔涅利乌斯·苏拉（Cornelius Sulla）制定的一项法律。该文献将这一规定与古希腊关于凌辱的法律概念相比较，因为两者都可能在公共的刑事审判中得到处理。[③]

---

① 有关共同法的比较列表，请参见 Ibbetson（2013: 36—37）。文献的数量是惊人的；在这里我将只提到 Zimmermann（1996: 1050—1094, 1074—1077 为共同法，1085—1094 为现代德国概念）。

② Hitzig（1899: 54）; Pugliese（1941: 57—58）; Hagemann（1998: 64—67）; *Mosaicarum et Romanarum legum collatio* 2.5.1, 公元 3 世纪法学家保罗的一本著作。该文本已经通过一个特殊的但总体上相当可信的资料流传给我们，该资料是对公元 4—5 世纪各种罗马法规和《摩西五经》之间的比较：Hyamson（1913: xxx）; Schulz（1963: 297—299）; Liebs（2015: 239—242）. 参见 Pugliese（1941: 40—46 and 58）。

③ 《关于凌辱罪的科尔内流斯法》（*Lex Cornelia de iniuriis*）（约公元前 81 年）（Hitzig 1899: 59—60, 72—80; Pugliese 1941: 42; Hagemann 1998: 62—64），虽然奇怪的是，其启动形式可能不是公共刑事指控，而是由受害者单独提起的私诉（coun kel 1974: 59—60）;（*Digesta* 47.10.6; Pugliese 1941: 122—123, 151）。

同样，一项具体的罗马制定法，即奥古斯都关于通奸的法律，描述并禁止通奸。[①] 文献倾向于将该法与影响奥古斯都本人的两起丑闻结合起来。第一起发生于公元前 62 年，也就是他统治之前的一段时间，涉及他的养父尤利乌斯·恺撒的妻子。恺撒的一个盟友闯入了由恺撒的妻子主持的一个宗教仪式，目的是引诱她。出席仪式之人严格限于女性，因此该盟友遭到起诉。尽管他最终被宣告无罪，但这件事却严重损害了恺撒的声誉。他被迫与妻子离婚，因为她被认为不虔诚，同时他也是一名高级祭司，负责宗教仪式的正确执行（Rawson 1983: 93—105; McGinn 1998: 24）。奥古斯都自己担任了大祭司的职位，可能把这个丑闻作为他道德立法的一个契机。第二件事与奥古斯都家庭有着更直接的关系。在公元前 2 年奥古斯都统治期间，他的女儿根据自己父亲的法律被判通奸罪，并被流放到一个荒岛上。在这两个案件中，审判可能都是出于政治动机。然而，在罗马文化中，榜样（*exemplum*）的概念是最重要的：必须"以身作则"，表明没有人可以免受罗马社会所维护的规范的束缚，即使这涉及自己的家庭。（Bauman 1996: 53—55; McGinn 1998: 168—169; Harries 2007: 103）（图 7.4）。

奥古斯都关于通奸的法律的另一个有趣的方面是它与古雅典的违法行为相似。正如在凌辱案件中一样，一位罗马法学家将他那个时代的违法行为与希腊相关立法中的一个概念相比较。[②] 但有更多的联系点：像雅典法律一样，该法规的文本缺乏对通奸的明确定义（McGinn 1998: 144），如同在

---

① 《尤利娅反通奸法》（*Lex Iulia de Adulteriis*）（约公元前 18 年）（Kunkel 1974: 91—92; McGinn 1998: 70, 140）。尽管法学家保罗在《摩西法和罗马法汇编》（*mosaicarum et romanarum legum collatio*）4.2.2 中令人费解地指出，在此之前有许多法律（McGinn 1998: 142），但这可能是关于通奸的最早和唯一的罗马法。

② 《学说汇纂》中乌尔比安第 48 卷第 5 章第 24 题（Cantarella 1991: 291—292; Ruschenbusch 2010: 59）。这里指的是德拉古法和梭伦法中的一个术语，相当于"在插入的那一刻"，允许父亲当场杀死与女儿通奸的人。其他对梭伦法的直接引用出现在一位罗马法学家盖尤斯的文本中，即《学说汇纂》第 10 卷第 1 章第 13 题（Ruschenbusch 2010: 127）和《学说汇纂》第 47 卷第 22 章第 4 题（Ruschenbusch 2010: 145）。

图 7.4 罗马壁画展示了庞贝别墅的舞蹈少女（大画厅壁画，场景五）。

资料来源：Superstock/Getty Images。

雅典法律中一样，似乎对被指称的受害者而言已经成为一种特权指控，尽管原则上这是一种公共指控，即对每个公民开放（McGinn 1998: 145）。[1] 此外，两种法律体系对通奸女性的处罚有些相似，都是采取将其驱逐出公民社会的形式，例如，在罗马被当作妓女对待（McGinn 1998: 156—171）。最后，麦吉恩将这项法律的主要目的描述为"压制那些被罗马社会认为不可接受的非婚性关系，尤其是通奸"（McGinn 1998: 140）。因此，奥古斯都的法律确实有一个明确的道德内涵：舒尔茨甚至将皇帝的动机归于人口控制，并将有关通奸的法律与其他各种奥古斯都在解放奴隶和扩大罗马公民身份

---

[1] 关于这个问题，见 Pugliese（1941: 129），他将其与苏拉法中关于凌辱的指控进行了比较，还有 Ankum（1985: 153—205）。

领域的立法措施结合起来（1954: 82）。尽管如此，与希腊发展的进一步相似之处在于，该制定法可能限制了丈夫（或父亲）以前无限制的权利——不受约束地当场杀死两名通奸者的权利，而不是确认这一权利（McGinn 1998: 146—147）。立法者的动机应该是抑制家庭范围内的私力救济，或者维护公共秩序以防止侵犯"私有财产"，而不是出于严格的道德目的。

总之，在希腊和罗马的法律中都发生了凌辱和通奸的违法行为。此外，在这两种法律秩序中，由于它们被提起控诉的背景、它们的内容和它们的"主观"特征，它们似乎与大众道德密切相关。罗马人甚至倾向于参考更早的希腊版本，这引出了一个问题：潜在的社会规范是否实际上是相似的，如果是，那么这些社会规范又包含了什么内容？

作为道德违规行为的凌辱和通奸的范围

出乎意料的是，查看相关的法律资料，对于罗马法上的凌辱和通奸而言，作为特定的道德违规行为的最佳例子似乎是各种形式的凌辱奴隶。罗马法学家帕皮尼安[①]和乌尔比安[②]清楚地表明了自由人之间的通奸和对女性奴隶的性凌辱，甚至对女性奴隶自身道德完整性的侵犯之间的相似性。在凌辱罪被视为"道德错误"的语境下，过度殴打奴隶要受到惩罚。[③]尽管

[①] *Digesta* 48.5.6; McGinn（1998: 196—198）。值得怀疑的是，在奥古斯都关于通奸的法律颁布之前，通奸者是否可以根据关于凌辱的法律救济措施受到惩罚（Kunk El 1974: 121—122）。关于"不道德"：《学说汇纂》第 18 卷第 7 章第 6 题（McGinn 1998: 314）。有多种法律救济办法：请参阅乌尔比安（*Digesta* 47.10.25）；Raber（1969: 169）and Gamauf（1999: 90, fn. 65—67）。

[②] *Digesta* 47.10.15.15：对穿着妓女和奴隶服装（即托加袍）的女性进行性骚扰不构成凌辱，这种服装也是对通奸女性的惩罚（McGinn 1998: 160—161）。

[③] 违反善良道德的，有伤风化的（*Digesta* 47.10.15.35, 38—42）不仅是乌尔比安提出的，而且是作为裁判官告示中的一个单独标题"关于凌辱奴隶"（Lenel 2010: 401）。关于该术语，参见 Wittmann（1974: 343）；Raber（1969: 7—8, 119—120）；*Mosaicarum et Romanarum legum collatio* 2.5.8; Zimmermann（1996: 1058—1059）；Ibbetson（2013: 42—43）；*Digesta* 47.10.33。

一般来说，殴打奴隶的行为只有在侮辱了主人的情况下才会受到惩罚，但有文字证据表明，罗马法学家在某些情况下也认为这种行为是对奴隶本身的犯罪行为（Buckland 1908: 80—82）。① 此外，至少在凌辱奴隶的情况下，法律文献似乎将这种行为视为一种特别的道德违规行为。最后，应该提到的是，犯下这些道德违规行为而受到惩罚的是主人本人。例如，乌尔比安指出，一个主人过于残酷地对待他的奴隶，强迫他过着羞耻和邪恶的生活，是要受到惩罚的。此外，不应拒绝让那些呼救之人获得摆脱残酷、饥饿或无法忍受的暴行的救济（*Mosaicarum et Romanarum legum collatio*② 3.3.1, Hyamson 1913: 71）。类似的陈述也可以在同一时代及以后的其他法律文本中找到。（*Gai. Inst.* 1.53, *Dig.* 1.6.2; *Dig.* 1.12.1）。撇开关于具体程序的许多困难不谈（Hagemann 1998: 63—64, 86—87, 116—126; 1999），目前的主要问题是法学家乌尔比安将这些针对奴隶的行为视为主要且明确的违反道德的行为，违反了预先确定的道德规范。

一些学者已经将从乌尔比安时代到基督教在整个帝国的兴起和传播与法律文本中对奴隶的更人道的对待的发展趋势联系起来（Schulz 1963: 297—299, 311—315; Gaudemet 1967: 715—718）。尽管据我所知，没有直接证据证明这种关系，但在后来的罗马法律文本中，对凌辱（和过失杀害）奴隶的惩罚被纳入"不可杀人"的诫律中（Liebs 2015: 239—242, 253）。同样，我们仍然拥有大量罗马法中关于通奸的违法行为的信息，因为共和国晚期和帝国早期的罗马法律资料汇编是在基督教皇帝的支持下进行的，主

---

① 请比较盖尤斯《法学阶梯》第 3 编第 222 段 与《学说汇纂》第 47 卷第 10 章第 15 题第 35 及 43 段。然而，该资料并没有说明这是对奴隶本人的实际侮辱，还是纯粹的身体凌辱。

② 《摩西法与罗马法汇编》，公元 4 世纪末 5 世纪初的一部私人著作。其内容是将摩西法与罗马法对照，便于基督教徒了解教会法和罗马法的异同。该书共 16 篇，其内容包括犯罪、侵权行为和继承，每篇包括一个取自《摩西五经》（Pentateuch）的摘要和取自罗马法相同主题的摘要。——译者注

图 7.5　庞贝米斯特里别墅里的全幅壁画，位于宴厅的墙壁上。
资料来源：Iberfoto/Superstock。

要是公元 6 世纪的优士丁尼《学说汇纂》。看起来，"你不要贪恋你的邻居的妻子"和罗马公共刑法中的通奸的违法行为在某种程度上被认为是一致的（Liebs 2015: 91—96, 118—122），尽管底层的道德模式是根本不同的；这一点也被安布罗斯这样的教会神父所指出（Colish 2008: 42—43）。因此，当我们把罗马刑法看作是古代社会规范的一种表达时，我们可以提出这样一个问题：在何种程度上，我们实际上看到了这些道德观念的基督教化版本，是由于后来传递给我们的文本选择所导致的。凌辱和通奸这两种违法行为都拥有复杂的后期历史，这一历史远远跨过了罗马帝国的灭亡，直至启蒙运动，甚至可以说直至今天。从这个意义上说，要超越两千年的基督教伦理，试图通过罗马法律文本来说明古代道德本身也许是不可能的（图 7.5）。

另一方面，在公元 3 世纪早期，乌尔比安并不是第一个提到使奴隶免受凌辱的法律保护的人。哲学家塞涅卡（Seneca），[1] 比乌尔比安早了大约二百年，在他的《论利益》(On benefits)（3.22.3）中提出了基本上与法学

---

① 塞涅卡（Lucius Annaeus Seneca, 约公元前 4 年—公元 65 年），古罗马政治家、斯多葛派哲学家、悲剧写作者、雄辩家。提比略时期进入官场，曾任帝国会计官和元老院元老，后任司法事务的执政官及尼禄皇帝的家庭教师与顾问。他的一生，在古罗马帝国时代的克劳狄王朝的三位元首统治时期多次与死神擦肩而过。在公元 65 年，因其侄子——诗人卢坎谋刺尼禄事件，多疑的尼禄逼迫他承认参与谋杀，赐以自尽。——译者注

家后来提出的规范概念相同的三分法。除了塞涅卡更直接地提到性凌辱之外，这篇文章的迷人之处不在于哲学家把法律和道德伦理的考虑联系在一起，而在于他对法律制度的特殊表述，作为证明道德规范的展示。首先，这就提出了这样一个问题：法律从何而来？关于凌辱罪，我们已经看到有一些理由来假定在处理这种违法行为的特定的希腊和罗马的法律规定之间有某种程度的相似性，特别是申诉的特殊结构。① 此外，罗马法学家自己也认为两者具有相似性，最终在某种程度上似乎被适用于针对奴隶的犯罪行为。因此，很容易将塞涅卡的文本中所描述的程序视为基于有关凌辱的苏拉法的程序，而苏拉法的创立或解释在某种程度上又受到了早期希腊条款的影响。希腊和罗马法的学者也问过自己同样的问题，但是，尽管对这种可能性相当肯定，他们还是强调，根本没有足够的证据来假设这种所谓的影响实际发生了（Pugliese 1941: 39—79）。除此之外，还有其他障碍：首先，苏拉法似乎专门论述了（显然与性无关的）人身形式的凌辱。②

　　至于通奸，文献有时将奥古斯都法的适用乃至颁布与他篡夺上述监察管辖权联系起来（Cassius Dio 54.6.6; Volkmann 1969: 80—81, 194—197; McGinn 1998: 79, fn 109, 90）。然而，这种假设主要是基于卡西乌斯·狄奥（Cassius Dio）的一段话，他写于奥古斯都之后大约二百年。话说回来，狄奥并不是监察官处理家庭事务的唯一资料来源：与奥古斯都同时代的历史学家，哈利卡那索斯的迪奥尼索斯（Dionysius of Halicarnassus），把主人对奴隶的残酷行为和丈夫对妻子的不公正行为描述为都受到监察官的监

---

① 这主要是在公共刑法领域：申诉（complaint）必须首先由受害者提出，随后的罚款由国家没收（Hitzig 1899: 80—81）。

② *Digesta* 47.10.5 pr.; Hitzig（1899: 72）; Pugliese（1941: 117）; Hagemann（1998: 62），尽管鞭笞（verberatio）是法律所惩罚的违法行为之一，但对于奴隶来说也有人身以外的含义，即作为对主人荣誉的冒犯，见 Hagemann（1998: 84）。

督，将其与雅典早期的情况进行对比。① 瓦列里乌斯·马克西穆斯（Valerius Maximus）（8.2.3）在奥古斯都之后不久创作了他的作品，提供了一个犯有通奸罪的女人被监察官罚没部分嫁妆的例子。最后，一个值得注意的原始资料是奥古斯都自己在元老院朗读了一个共和派监察官关于家庭事务的讲话，可能是为了证明他的政策和法律的合理性（Suetonius, *Augustus* 89.2; McGinn 1998: 79）。引用这些例子的目的，与其说是为了表明奥古斯都掌握了监察官的权力，或者法律可能是针对这一职务而制定的，还不如说是为了表明对凌辱和通奸定罪是惩罚违反既有道德准则的主要手段。这可能是奥古斯都支持关于凌辱的苏拉法 ②，并颁布关于通奸的法律的原因，不管这是否与监察官的职责有关。对于一个表面上希望被视为恢复共和主义价值观的人来说，提及监察官可能也是一种宣传目的。但是仅仅提到这一职务就表明这些法律被罗马人视为道德背景的一部分，③ 即使这种提及本身是为了政治目的，也不管共和时期的监察官在现实中是否有权力或管辖权来惩罚凌辱和通奸。

在他关于罗马法中的卖淫问题的著作中，麦吉恩提出了奥古斯都关于通奸的法律的社会目的的问题（McGinn 1998: 213, 246）。当然，对凌辱和通奸的公共刑事起诉似乎与政治性质的公共犯罪（在公民陪审团面前公开起诉）和作为个人和家庭之间赔偿问题的私人违法行为之间的划分格格不入。然而，在古代的雅典和罗马，凌辱和通奸都由公众起诉，因为这违反了公共利益。想想苏格拉底和耶稣，他们被认为违反了基本的社会规范，对他们提起的审判类型在很大程度上类似于适用于凌辱和通奸的审判。那

---

① 房子的前门标志着任何人可以按照自己的意愿生活的界限。（Dionysius of Halicarnassus 20.13.3）; Schmähling（1938: 38）; Kunkel and Wittmann（1995: 416）. 批判地看：Watson（1983b: 53—65）。

② 这是为数不多的几个之一，除了关于杀人罪的苏拉法律和关于伪造罪的法律（Kunkel 1974: 90）之外。

③ 请参阅 McGinn（1998: 82）：“……抽象出它所建立的规范……”。

么，雅典和罗马对凌辱和通奸的惩罚旨在保护的基本社会规范是什么呢？从古希腊和古罗马社会中凌辱和通奸概念之间的关系来看，它们真的是可比较的规范吗？乍看之下，考虑到它们的主题，起诉凌辱和通奸似乎主要是防止性不端行为。但这些资料还提供了许多其他的考虑因素和动机。由于古希腊和古罗马社会是根深蒂固的父权制社会，凌辱和通奸似乎都是针对侵犯另一个男人的家庭，无论是他的妻子、孩子还是奴隶。从这个意义上说，惩罚凌辱和通奸被认为是私力救济和私人复仇的明确替代方案。

但是更深层次的动机也可能在起作用。正如罗马将奴隶被其主人凌辱定为犯罪所表明的那样，一方面，家长对其家庭的权力受到保护，但另一方面，对其施加了一些法律限制，特别是在共和国监察官的管辖范围内，以及在帝国时期对凌辱的刑事诉讼中。奥古斯都关于通奸的法律是否真的旨在以类似的方式限制家父的权力，这是有争议的：鉴于其作为私人复仇替代方案的性质，它可能旨在迫使受害者请求政府援助，而不是本人杀死罪犯（McGinn 1998: 203—206; Harries 2007: 97—98）。如果真是这样的话，奥古斯都的婚姻立法是一项令人印象深刻的社会治理壮举，它象征性地、意义重大地试图闯入罗马人的卧室，其规模远远超过了政府在实践中的执法能力。第四个也是最后一个可能的动机是关于希腊和罗马对凌辱和通奸的起诉的相似之处，特别是罗马法学家明确提到了古代雅典的立法。在公元前 5 世纪和 4 世纪的希腊，对凌辱和通奸的起诉似乎是通过一种公众诉请并且作为私人报复的替代方式而具有相似的结构。这是否意味着古希腊法律和罗马法律之间有更直接的关系？那么，尽管古典雅典社会和罗马社会之间存在巨大的文化差异，这些法律基础上的基本社会规范是否具有可比性呢？

结论

对苏格拉底和耶稣基督的审判为我们提供了关于古雅典和罗马帝国如

图 7.6　*舞蹈的森林之神（第二种风格），来自米斯特里别墅大画厅（庞贝古城）旁边的小隔间。*

资料来源：DEA/A. DAGLI ORTI/Getty Images。

何追究不法行为的惊人的文化洞见。看来这位哲学家和这位弥赛亚之所以被定罪，主要不是因为违反法律，而是因为违反了某些预先存在的基本社会规范。法律和法定标准在各自的审判中只起次要作用。这两起案件中的有罪判决几乎完全没有诉诸法定规范或先例。相反，公民的陪审团似乎完全可以根据提交给他们的证据自由地作出裁决；因此，在古代大众道德与对不法行为的起诉之间有着密切的关系。因此，古代刑事法律体系的主要资料来源是那些在法庭上提出或反驳这一证据的人，特别是就希腊而言，演说家德摩斯梯尼的演讲，以及就罗马而言，律师马尔库斯·图利乌斯·西塞罗的演讲。

看看德摩斯梯尼和西塞罗，在古典时代，我们现在归类为严重犯罪的许多违法行为，如盗窃和杀人，都是提起私诉，而不是公诉。相反，公共刑法涉及危害公共利益的罪行，通常是具有政治性质的罪行，如叛国罪、煽动叛乱罪和政府腐败罪。这些犯罪在大庭广众之下，在雅典和罗马的中心地区，被公开起诉。然而，在其发展过程中，一些本质上并不属于政治性质的违法行为成为这两种刑事法律体系的一部分。在雅典，凌辱罪在德摩斯梯尼的几篇演讲中被证明和描述为一种提起公诉的违法行为。同样，通奸也被列为公共犯罪之一。在罗马，只有在共和国晚期才通过立法，规定凌辱为违反公共利益的罪行。几十年后，奥古斯都颁布了古罗马第一部关于通奸的法律，同样将其定为公共犯罪。

如果一些古老的犯罪的起诉方式反映了相关社会对它们的看法，那么是什么使得凌辱和通奸这种违背公共利益的罪行被提起公诉呢？毫无疑问，这些违法行为具有道德特征，并且在所有情况下都与古代的羞耻和荣誉观念密切相关（图7.6）。此外，原始资料提供的例子往往涉及受害者的财产，即家父的妻子、家庭成员或奴隶，这表明受到惩罚的不是性不端本身，而是犯罪者侵犯不属于他的东西。另一方面，将凌辱和通奸视为公共犯罪实际上可以被视为限制了家父对其家庭的权力，因为这些案件经常将起诉作为自力救济——受害者对罪犯进行私人报复的替代办法。在罗马法中，这种做法被极端化了，主人因凌辱自己的奴隶而承担刑事责任，无论是性凌辱还是其他凌辱。

那么，在类似于苏格拉底和耶稣基督的审判中，凌辱和通奸作为严重罪行被提起公诉，这对古代社会而言说明了什么呢？显然，这确实表明，伤害另一个人的家庭严重侵犯了家父的权利，影响了公共利益。在由奴隶主组成的父权文化中，这并不令我们感到奇怪。然而，正是在雅典和罗马的社会扩张的时期，凌辱和通奸才成为公共犯罪——前者是希腊化的结果，后者是帝国的萌芽时期。有鉴于此，似乎可以合理地假定，凌辱和通奸行为的刑事定罪——以前这完全是公民之间的事情——是从早先存在的部落的、紧密的关系中抽象出来的结果。惩罚凌辱和通奸已发展成为政府的责任——特别是为了限制私人报复形式持续往复发生的后果。最后，考虑到罗马法学家对雅典法律的提及，探寻他们在其实践中以及奥古斯都在他的政策中是否明确考虑了希腊的经验，这是很有趣的。

第八章

法律职业

凯乌斯·托里

引言

在古代世界的背景下谈论法律职业是一种时代错误。即使在法律化程度最深的古代文化中，如古典时期的罗马，也没有目前所理解的法律职业。现在构成西方世界法律职业的现代群体，如法官、辩护人（advocates）、检察官、律师、辩护律师、行政律师或商业律师，都明显阙如。在几乎每一种我们有足够资料来得出任何结论的古代文化中（例如埃及、美索不达米亚、希腊和罗马，所有复杂的社会都给我们留下了大量的书面资料），都有一种法律文化，在这种文化中，争端的解决是通过某种程度的专业化来处理的。在大多数希腊城邦，审判是在大型陪审团面前进行的，这些陪审团的组成通常是基于公民之间的随机选择。对这些辩护人来说，最重要的技能是修辞，即说服观众的能力，而不是用冷冰冰的事实来影响论点（Crook 1995: 30—34）。在古罗马，诉讼当事人在法庭上由精通法律的人代表，而法官虽然不一定是法律人，但往往得到法律专家的帮助。像西塞罗那样的罗马人经常看不起希腊人，后者从地位低下的法院书记员（*pragmatici*）那里获得法律建议，而在罗马人中，法律知识被赋予了最杰出的公民的权威（Cicero, *De oratore* 1.253）。由于缺乏统一的培训制度或专业学位，什么构成了法律专业人员或精通法律的人是这些杰出群体的共识问题。同样地，他们决定了什么是法律知识（在罗马，这不仅包括成文法的知识，还包括对法律习俗和实践的了解）。那么，是什么形成了这种共识呢？

本章的目的是探索古代世界中法律职业的概念，它被概念化为社会想象的一部分。最近，安藤在一篇有趣的文章中重新审视了泰勒关于社会想象的理念，这篇文章讲述了如何把握实践背后的背景假设，并分享了它们在古代世界中使这些假设合法化的共同理解（Ando 2015 b: 4）。因此，社会想象的概念不仅包括我们所知道的和我们如何知道某事，还包括为什么我们认为某事是正确的和适当的。在这一章中，我们的目的是使用社会想象的框架来理解关于法律职业是如何被社会性地概念化的这一深层结构。在本章中，我们的目标将不是关注参与法律世界的不同群体，而是关注一个特定的例子，即统一罗马法律职业的社会联系和共享的文化理解。从事同一职业的人往往会形成一种特定的亚文化，在这种亚文化中，某些价值观和预设是共享的。这一章探讨了友谊和敌意的主题、政治和友谊的网络、职业和个人之间不断变化的边界，以及学生和朋友的困难定义。

罗马法律职业的性质已经成为古典主义者和罗马法律史学家日益争论的话题。在过去的几十年里，亲属关系和社会网络的重要性日益被认识，并可能导致我们对律师及其在罗马社会中的角色的看法发生前所未有的转变（Crook 1995; Harries 2006）。这一章描绘了在法律职业群体研究里所谓的职业化争论（Fachjuristenstreit）中的一个更加微妙的中间道路，介于 W. 孔克尔（Kunkel 2001）和 R. A. 鲍曼（R. A. Bauman 1983, 1989）的正统学说和特勒根（Tellegen）的挑战（最近的是 Tellegen-Couperus 和 Tellegen 2013: 31—50）之间。其中，正统学说主张最低限度的观点，他们希望将法律专业人员或律师视为由严格的核心能力定义的专家，与在法庭上发言的修辞学家或政治家区分开来，后者声称不存在这种区别，修辞训练也扩展到了所谓的法律专家（关于这一点，特别参见 Leesen 2010）。

这一章对司法舞台上的演员之间的关系变化提供了一种新的解读，包括律师、演说家、被保护人和朋友。有人认为，尽管法律内部的教条主义的连贯性似乎仍在继续，但法律职业的社会和政治网络在公元前 1 世纪经历了深刻的变化。这一变化并不局限于政治和法律领域之间关系的断裂，它还涉及律师与他们的家人、学生、盟友、朋友和被保护人之间的互动方式。和往常一样，审视变革时期的情况是最有趣的，因为变革允许未曾言明的假设和基础显现在文化景观中。同样有必要的是质疑法律的内部连贯性是如何构成和维持的。

这一论证是用两个案例的材料来支持的，首先是受人尊敬的穆齐·斯卡沃拉（Mucil Scaevolae）法律家族，其次是奥古斯都时期的法学家拉贝奥（Labeo）和卡皮托（Capito）以及他们的竞争。共和时期的法学的传统形象被西塞罗主义者关于律师职责的描述所主导，即回应、预防和主张（*respondere cavere agere*），他们认为律师有三个主要任务：回应法律咨询（*respondere*），起草法律文件，从而事先预防问题（*cavere*）以及在法庭上提出法律主张（*agere*）。一方面强调共同意见（*communis opinio*）和同僚关系的重要性，另一方面强调通过回应法律咨询（*respondere*）来获得感激（*gratia*）（Bauman 1983），这种做法掩盖了共和国晚期该职业的竞争性质的真相。穆齐·斯卡沃拉（Mucii Scaevolae）的理想化形象与奥古斯都时代法学的领军人物和第一批法律学派的创始人拉贝奥和卡皮托形成了鲜明对比。

为什么律师们失去了他们的朋友

英语单词"友谊"（friendship）让人想起了志同道合的人之间深刻的情感联系。拉丁语单词"*amicitia*"通常被不太恰当地翻译成"友谊"，它具有许多不同的含义。它不仅意味着现代意义上的友谊，还代表了政治、社会和经济上的联盟、合作甚至顺从的关系。这些联盟高度仪式化，形成了持久的联系，并以多种方式表现出来（Mustakallio and Krötzl 2010）。一个人不一定喜欢自己的朋友。

友谊对法律职业如此重要的原因既与法学家（被定义为 *iuris prudentes*，即精通法律的人）在他们与罗马社会的关系中的外部角色有关，也与法律职业在面对政治变革时的内部动态有关。我们将在这里考察的是友谊（*amicitia*）对律师的意义和重要性的逐渐变化。在元首制早期，友谊

（amicitia）、被保护人和联盟的重要性正在消失，这一点可以通过查看理查德·A.鲍曼（Richard A. Bauman）关于政治环境中的罗马法学家的三本书的索引得到最好的证明：第一本是关于共和国的著作，在友谊（amicitia）这一标题下有许多参考文献。然而，在他的两本关于帝国的书中，在条目"alimenta"和"Annaeus"之间没有任何内容（Bauman 1983, 1985, 1989）。

古罗马资料表明，在共和国时期，几乎每一个有点价值的律师都积极参与政治，并拥有众多的被保护人（法律代理的最早形式是保护人在法庭上为其被保护人辩护的义务，普劳图斯［Plautus］证实了这一点）（Kunkel 2001）。社会地位和评价在所有公共活动中非常重要，无论是在政治辩论中还是在法律案件中都是如此。这意味着，为了在法庭案件中获胜，辩护律师的个人威望及其门第的重要性对辩论至关重要。在罗马，一个社会地位低下、因而在罗马精英中不受尊重的人在法庭上的辩论或演讲甚至可能对他的当事人有害，而一位著名的法学家（其祖先曾为国家作出过巨大贡献）可以利用知名度的影响力来说服观众，进而说服法官（Bablitz 2007）。法庭审判在罗马的政治行政中心罗马广场举行，观看审判是人们最喜欢的消遣（图8.1）。

图8.1　公元前44年的罗马广场和人民大会会场，复原图。
资料来源：维基媒体／公共领域（Wikimedia/Public Domain）。

律师们以友谊（*amicitia*）的纽带结成联盟，这在共和国的历史上屡见不鲜。律师大多来自最古老的贵族阶层，他们专注于共和国内部持续的权力之争（Gruen 1995）。这些联盟大多是政治性的和社会性的，但它们也反映在法律文献和法律科学的运作中。人们怀着敬意引用朋友们的法律意见。众所周知，在缺乏重要立法的共和国时期，律师个人的法律意见是法律发展的载体。这些意见，就其形式而言，就表明了这个职业的社会性质：它们主要通过习俗和口头传统而闻名。法学家的法律意见或解答（*responsa*）最初只是对被保护人或法官的法律咨询的口头答复。这些内容有时被记录下来并汇编成册，但是相对于他们记录下来的口头声明而言，这些汇编是次要的。因此，一个法学家的朋友数量决定了他有多重要，以及他的同僚对他的尊重程度。律师的朋友将会决定他对法律的影响力（Schulz 1946; Bauman 1983; Harries 2006）。

相比之下，在元首制的早期以及此后，律师和法律都开始向皇帝和帝国官僚机构靠拢。律师们不再谈论友谊，除非他们谈论的是身居高位的朋友。被保护人致敬的制度变成了被保护人付费的制度。究竟发生了什么？可以提出两种相互竞争的理论来解释这种变化：首先是从共和国晚期到元首制，社会和政治环境的深刻变化，其次是律师的职业化（Bauman 1983; Kunkel 2001）。

关于法学家的地位及其相互关系的基本法律观点源于法学家法的概念：该法律的内容主要是由法学家而不是立法者或法官创造和定义的。在像罗马这样的法律文化中，私法的发展掌握在法学家顾问的手中，民众大会的立法或皇帝敕令和法院实践在法律学说的形成中仅起着微不足道的作用。因此，法律的来源主要是法学家的著作，他们在其中评论敕令或彼此的意见。用一位受人尊敬的作家和美国最伟大的罗马法学者之一，A. 阿瑟·希勒（A. Arthur Schiller）的话来说：

鉴于法学家的权威（*auctoritas prudentium*），一位法学家的观点与另一位法学家的观点一样有效。正是对一个法学家能力的尊重和信任，并且知晓他的服务是为了罗马国家的福祉，而不是为了被国家官员或甚至另一个法学家的采纳，赋予了该法学家的观点以法律效力。（Schiller 1971: 1236）

西塞罗自己提出了这样一个修辞性问题："谁堪与配律师之名？"他随即自答说："精通法律者堪配此名"（Cicero, *De oratore* 1.212）。这意味着法律是一个自我参照的系统，在这个系统中，律师们会在彼此之间确认谁对传统有着如此精深的掌握，因而是一个值得引用的权威。通过学徒获得的传统知识（因为在古典时代晚期以前没有正式的法律学校）带来了威信。有趣的是，西塞罗自己是一位修辞学家，一个演说家，他坚持认为在法律职业和博学的演说家之间有一个严格的区分。这种区别和这两个群体之间存在对立关系的信念早已在学术上确立（Schulz 1946），但它是否存在于西塞罗的著作之外的其他地方是值得怀疑的。人们常常忘记法学家阿奎利乌斯·加卢斯（Aquillius Gallus）所说的"这与法律无关，这是西塞罗的事"（Cicero, *Topica* 51），这意味着所讨论的问题不是法律的，而是修辞的，西塞罗自己复述了这句话。西塞罗因此将自己定义为一个局外人——一个与法律职业相对立的修辞学家——但同样也是一个在传统和职业方面知识渊博的人（图8.2）。

公元前1世纪中叶，庞波尼乌斯（Pomponius）撰写了一本教科书，其中包含了唯一一部现存的由罗马人自己撰写的罗马法史，这表明了对法律文化的理解是建立在前人著作基础上的累积过程。他描述了法律职业的产生过程：

许多非常伟大的人都自称了解市民法。但在目前的著作中必须给

图 8.2　西塞罗，来自罗马卡皮托利尼博
物馆的半身像。

资料来源：Flickr/Library of Congress。

出一个说明，弄清楚是谁——由什么样的人——制定和传承了法律原
则。关于这一点，传统认为，在所有掌握这一知识的人当中，没有一
人比提比略·科伦卡纽士（Tiberius Coruncanius）更早地公开教授这门
知识。

（《优士丁尼学说汇纂》第 1 卷第 2 章第 2 题第 35 段，沃森等译）

　　庞波尼乌斯继续说，这个职业有更深的根源，因为第一个拥有律师技
能的人是普布利乌斯·帕皮里斯（Publius Papirius），他生活在最后一位罗
马国王统治时期（可能是在公元前 6 世纪）并编纂了一部国王的法律汇编。
对庞波尼乌斯来说，愿意接受公众咨询标志着一个重要的转折点，是从私
人知识到公共服务的转变。庞波尼乌斯所举的转向公众的一个很好的例子
是盖尤斯·西庇阿·纳西卡（Gaius Scipio Nasica），他从公共资金中获得了
位于罗马市中心神圣大道（the Via Sacra）的一所房子，这样他可以更方便
地就法律问题提供咨询（*Digest of Justinian* 1.2.2.35—37）（图 8.3）。

图 8.3　在意大利庞贝发现的描绘特伦提乌斯·尼奥（Terentius Neo）和他妻子的壁画。（尼奥最初是一名面包师，但这幅画像显示他穿着官方的长袍，表明他是一名法官或律师，还有一个文件卷轴，象征着他的社会地位的提升）

资料来源：Wikimedia/Jebulon/CC0 1.0。

149　　　然而，对庞波尼乌斯来说，无论从横向还是纵向来看，法律的智者（iuris periti）（那些精通法律的人）都是一个有凝聚力的社会群体。尽管他提到了许多名字——在昆图斯·穆西乌斯（Quintus Mucius）之前的几个世纪里，有 19 位著名的法学家——但对他来说，法律职业是一个单一的整体，在这个整体里，个人不仅通过他们彼此之间的联系来定义，还通过他们彼此之间的引用来定义。法律的交流模式有书面和口头的。法学著作，庞波尼乌斯经常只提到其卷数（只是一些书名，如《三部法》Tripertita①），是

① 又名 Jus Aelianum，作者为 S.A.P. 卡图斯（Catus），该书大约在公元前 200 年出版，据说是西方历史上第一部法律学著作。——译者注

主要的垂直传播方式，借由它们，法学家们得以名垂青史。同样重要的是当面咨询，不仅向公众而且也向其他律师提供法律问题的答案（*Digest of Justinian* 1.2.2.35—43）。

关键是，在以法学家法为基础的法律文化中，法学家之间的友谊对法律的形成具有重要意义，因为他们的意见被彼此认为是有效的，是对法律的准确定义，或者是对法律问题的成功解决方案。这种接受是如何运作的，是相当难以捉摸和难以确定的。到了古典时期，对于某人的意见是否被接受并被视为法律，并没有真正的检验标准，而晚期古代对古典时期的法学家意见的统计方法是基于一种完全不同的机械的逻辑。朋友关系的重要性的消失是否意味着法学家法的消亡？因此，这是否反映了法律职业重要性的消失或转变？

这种变化的戏剧性本质可以通过两个例子并置来证明，这两个例子相隔两代：大祭司昆图斯·穆西乌斯·斯卡沃拉（Quintus Mucius Scaevola）和他罗马共和国晚期的朋友，对照奥古斯都时期 M. 安提斯提乌斯·拉贝奥（M. Antistius Labeo）和 C. 阿泰乌斯·卡皮托（C. Ateius Capito）的无友状态形成对比。

穆西乌斯的朋友们

祭司昆图斯·穆西乌斯·斯卡沃拉（约公元前140—82 年），公元前 95 年的执政官，是显赫的穆齐·斯卡沃拉（Mucii Scaevolae）家族的后裔，该家族产生了众多律师和祭司（Behrends 1976; Bauman 1983: 340—421; Tuori 2007: 22—36）。这个家族的世系可以追溯到半神话英雄盖尤斯·穆西乌斯·斯卡沃拉（Gaius Mucius Scaevola），他在公元前 508 年试图暗杀伊特鲁里亚国王波森纳（Porsenna）时被捕，为了证明自己的勇敢，他在火中烧毁了自己的右手（因此以斯卡沃拉为姓，意为"左撇子"）（图 8.4）。昆图斯·穆西乌斯也是西塞罗的老师和朋友，这也是我们对他有这么多了解的主要原因（Cicero, *Laelius* 1.1）。我们对他的大部分了解是基于西塞罗，由

图 8.4　斯卡沃拉与波森纳对峙。鲁本斯和范·戴克（1628 年前）。
资料来源：Heritage Images/Getty Images。

---

① 这幅油画描绘了罗马共和国时代的一个传说。相传一位名叫盖乌斯·穆西乌斯·斯卡沃拉的青年，试图刺杀围攻罗马的伊特鲁里亚国王波森纳，但是因为国王正在和他的书记官谈话而错杀了目标，斯卡沃拉被国王的守卫逼到一个燃烧着火炬的墙角，波森纳说砍掉他行刺的右手便饶他一命。不料斯卡沃拉大吼："我是罗马公民盖乌斯·穆西乌斯。我以敌人的身份来到这里杀我的敌人，我准备好去死，也准备好去杀敌。我们罗马人行动视死如归，当逆境袭来时，我们勇敢地受苦。"说罢便将自己的右手放入了燃烧的火炬。——译者注

于他对同时代人的大量著述，西塞罗形成了自己的一个完整体系。①

作为一名法学家，昆图斯·穆西乌斯是早期罗马最具影响力的法律学者之一，其主要成就在公元 2 世纪被庞波尼乌斯总结为：

> 昆图斯·穆西乌斯，普布利乌斯之子，大祭司，他是第一个创作市民法概要之人，将其分为 18 册。

> （优士丁尼《学说汇纂》，沃森等译）

基于此，他被誉为法学科学学术研究的奠基人（Frier 1985: 168—171；Tuori 2007: 36—52），这实际上意味着什么是一个谜，因为我们对这些书的内容以及它们是如何组织的知之甚少。就我们的目的而言，更重要的是，他还向西塞罗和许多其他杰出人士教授法律，其中包括许多著名的罗马律师。

对西塞罗来说，昆图斯·穆西乌斯成了古罗马贵族一生献身于公共服务、追求正义和美德的典型榜样。从其他历史资料中，我们知道，他属于元老院精英中的政治保守派，他们反对试图推翻寡头制而支持更民主制度的民众派。昆图斯·穆西乌斯经历了罗马上层阶级的整个职业体系，从公元前 106 年的平民护民官一职开始（Cicero, *Brutus* 43.161），到公元前 103 年成为一名最高城市治安官（curule edile）（Cicero, *Against Verres* 4.59.133；*De officiis* 2.16.57），最后在公元前 95 年成为执政官（Cicero, *Brutus* 64.229；

---

① 研究像昆图斯·穆西乌斯·斯卡沃拉这样的人有其自身的困难。由于穆齐·斯卡沃拉家族并非一个在给孩子命名时以新意迭出而闻名的家族，因此推断一位作者究竟是指哪一位昆图斯·穆西乌斯是一个挑战，因为他们的同音异义词很多（昆图斯的意思只是"第五"）。就我们的研究而言，主要要区分的是我们讨论的昆图斯，即昆图斯·穆西乌斯·斯卡沃拉大祭司（Quintus Mucius Scaevola Pontifex）（公元前 95 年的执政官）和他的亲戚昆图斯·穆西乌斯·斯卡沃拉占卜官（Quintus Mucius Scaevola Augur）（公元前 117 年的执政官），他也教过西塞罗。添加"大祭司"（Pontifex）和"占卜官"（Augur）纯粹是常规做法，指他们担任了政府的高级行政官员。后者的父亲也被叫作昆图斯·穆西乌斯·斯卡沃拉（执政官，公元前 174 年）。

Against Verres 2.49.122）。成为执政官，共和国的最高行政官，是政治生涯的顶峰，之后通常担任各行省的总督：对穆西乌斯来说，是亚西亚行省。就昆图斯·穆西乌斯而言，他最后担任的官职是大祭司（the pontifex maximus），他是领导官方国教仪式的祭司团的领袖。对于一名律师来说，成为一名大祭司并不像看起来那么不寻常，因为祭司团在法律的早期发展中发挥了核心作用。在共和国早期，他们负责解释法律和起草法律文书——用于在法庭上提起法律诉讼的令状（*Digest of Justinian* 1.2.2.6）。程式是简单的句子：第一部分定义条件，第二部分概述结果（如果发生了某事，那么有某事发生）。

在共和国晚期，在法律实践中培养友谊、联盟和被保护人是很常见的。法律实践不仅包括诉讼代理，更重要的是提供法律咨询和起草契约等法律文件。可以说，法律咨询和代理是一种可以带来影响力和朋友的有用之物。虽然法律咨询是在荣誉的基础上提供的，但这并不意味着在社会资本中不会发生相当于保护关系的义务（David 1992）：

> 保护一个人的合法权利，[为他提供咨询，]并为尽可能多的人提供这方面的知识，往往会大大增加一个人的影响力和声望。因此，在我们祖先的许多令人钦佩的想法中，有一条是他们总是高度尊重对我们优秀的市民法体系的研究和解释。直到现在这个动荡不安的时代，这个国家最重要的人把这个职业完全掌握在自己手中；但是现在法律研究的声望已经随着荣誉职位和尊贵地位的消失而消失了；这是更可悲的，因为它发生在一个人的［赛尔维乌斯·苏尔皮西乌斯·莱莫尼亚·鲁福斯（Servius Sulpicius Lemonia Rufus）］有生之年，他本可以在法律知识方面轻松超过他的所有前辈，而在荣誉方面他与他们并驾齐驱。像这样的服务会让很多人赞赏它，并通过我们的优质服务将人们与我们紧密联系在一起。
>
> （西塞罗，《论义务》，第 2 卷，第 65 节，米勒译）

一种仪式化的友谊体系，即"保护关系"（clientela），是罗马社会运作的核心组成部分。这种友谊包括保护人和被保护人之间的准神圣纽带，保护人通常比被保护人更年长、更富有、地位更高。这些纽带形成了一个相互联系的金字塔结构，被保护人有他们自己的被保护人；保护人反过来会成为其他人的被保护人。只有在社会的最高层，才会有相对较少的人（元首或"第一人"）认为自己没有一或两个保护人。即使他们也会彼此结成联盟，这被概念化为友谊（*amicitia*）。如前所述，友谊的概念与其说是一种情感纽带，不如说是一种联盟，被保护人（client）（不是指门客〈*cliens*〉，因为该术语被理解为贬义，而是作为朋友〈*amicus*〉）从保护人那里寻求支持，无论是经济上的（贷款）、社会上的（建议和帮助女儿婚嫁）、还是政治上的（在即将到来的选举中的支持）（Cicero, *De oratore* 3.133）。

援助的一个重要部分是法律援助。古罗马法律体系在概念上与现代法律体系非常不同，因为家族的作用很大，国家对执行法律裁决的兴趣不大。直到共和国晚期甚至帝国的晚期，不言而喻属于国家责任的事情，如逮捕强盗或杀人犯并对其提起诉讼，都是私人发起的任务。对于一个收入不丰的人来说，逮捕某人并向法院提起诉讼意味着向他们的家人和亲属寻求支持。在法庭上提供法律代理被认为是保护人的责任，他不能逃避。这意味着对于一个身居高位或出身高贵之人（如昆图斯·穆西乌斯或西塞罗）而言，了解法律是至关重要的（Gaughan 2010; Fuhrmann 2012）。

因此，西塞罗成为昆图斯·穆西乌斯的学生就不足为奇了。相反，这是精英教育的一部分。没有法律培训，没有可以注册的学校。大多数技能都是如此；只有哲学和修辞学有专门的教育机构，特别是在希腊，上层阶级的罗马青年可以去那里完成他们的正规教育。传统的学习体系是通过学徒制。通过家庭、社会和政治关系，人们可以有机会获得一个受人尊敬的权威的教导。这主要表现为跟随老师四处走动，看他如何提供法律咨询和出席法庭。在许多方面，法律方面的教育与上层罗马人的普通教育没有什么区别。就像知道如何在军队中作战一样，人们期望一个人知道如何管理公共事务并指挥。作为行政长官职责的一部分，他们还应在法律案件中担任法官。西塞罗18岁时成了昆图斯·穆西乌斯的学生，当时普布利乌斯·穆西乌斯·斯卡沃拉已经去世。这种教育持续了多长时间，或者它包含了什么内容，都不清楚，但是西塞罗似乎在他的行省敕令的编写中使用了他的法律教义（Cicero, *Laelius* 1.1; Atticus 6.1.15; Behrends 1976: 268—269）。

对西塞罗来说，昆图斯·穆西乌斯是一个理想化的人物，他体现了真正的罗马美德：温和、公正和智慧。西塞罗反复提到他以他作为榜样，并把他作为《法律篇》对话中的一个角色。昆图斯·穆西乌斯还有许多其他的学生，其中有著名的律师，如阿基利乌斯·加卢斯（Aquillius Gallus）、巴尔布斯·卢奇留斯（Balbus Lucilius）、塞克斯特斯·帕皮里乌斯（Sextus Papirius）和盖尤斯·朱文提乌斯（Gaius Juventius）（*Digest of Justinian* 1.2.2.41—42）。

当时法律科学的性质是累积性的。为了进行有效的论证，在大多数情况下，人们不得不引用对自己案件有利的观点。这样做的目的是要表明，一个人所说的话反映了受人尊敬的律师们的共同意见（*communis opinio*），而不仅仅是单个律师的意见。在罗马案件中，优先考虑的先例不是司法先例，而是其他律师给出的法律意见或答复。这种运作方式在某种程度上可以从共和时期的文献中推导出来，例如，L. 克拉苏（L. Crassus）引用穆西乌斯·斯卡沃拉（Mucius Scaevola）的意见来推翻斯卡沃拉本人（Cicero, *De oratore* 1.57）。就连公元2世纪写作了部分已知的罗马法历史的法学家庞波尼乌斯，也提到穆西乌斯·斯凯沃拉的学生的作品很少被阅读，但通过赛尔维乌斯·苏尔皮西乌斯（Servius Sulpicius）的作品为人所知，他详细引用了这些作品（*Digest of Justinian* 1.2.2.42; Stein 1966）。

然而，赛尔维乌斯·苏尔皮西乌斯是西塞罗的密友。他也是昆图斯·穆西乌斯的学生，尽管他没有那么成功。在庞波尼乌斯的历史一书中提到，他曾因为不理解对他进行的教导和其中所包含的法律意见而遭昆图斯·穆西乌斯斥责。根据昆图斯·穆西乌斯的说法："对于一位经常出庭辩护的贵族家庭的贵族来说，对他的案件所依据的法律一无所知是可耻的。"据说这种屈辱使他更加努力地学习法律（*Digest of Justinian* 1.2.2.43）。同样，无知在这里被定义为处于传统本身之外，因此无法理解所提出的论点的状态。

在法律学术领域，共同体的普遍认同和支持非常重要，这意味着获得同行的支持至关重要。受人尊敬的前辈们的观点被引用，但更重要的是同时代人的观点。其他律师在提到这些律师时，称其为朋友。就像其他上流社会的罗马人一样，律师组成了具有不同约束力的联盟。在共和时期的法律文化中，这些联盟关系是法律文化形成和法律学术运作的一个组成部分。西塞罗和顶尖律师、学者和演说家之间错综复杂的联盟网络展示了学术领域和精英政治领域的相互关联性。就像希腊审判一样，演讲者会提出道德、政治和伦理方面的论点，在共和晚期的罗马，精英的案件，尤其是政治名人的案件，是不同政治派别和联盟之间斗争的替代竞技场。这些联盟的共同点是，它们主要是大家族及其盟友组成的横向团体，他们认为自己或多或少是平等的。在下文中，我们将探讨当政治、法律和文化舞台因皇帝的出现而转变时所发生的变化，皇帝作为至高无上的权威人物，以其巨大的财富和无限的权力使所有其他行为者相形见绌。

身居高位的朋友

我们的第二个例子以两位法学家为中心，M. 安提斯提乌斯·拉贝奥（M. Antistius Labeo）和 C. 阿泰乌斯·卡皮托（C. Ateius Capito）（两人都被认为逝于公元 22 年），他们分别是普罗库卢斯学派（Proculian）和萨宾学派（Sabinian）的创始人。这两个学派都以他们第一位学生的名字命名，直到

2世纪，它们一直主导着法律科学。[①] 终其一生，拉贝奥和卡皮托都在法律领域争夺主导权，但他们的策略不同。拉贝奥在政治上是一个铁杆共和派，他从未真正接受奥古斯都的掌权和共和国的灭亡。他因观点独立性和创造性思维能力赢得了同行的尊敬。卡皮托是新精英阶层中的一员，他低头向奥古斯都求助，后者的回报是任命他为执政官。因此，传统上拉贝奥被视为英雄人物，而卡皮托则被视为有政治动机的新贵（公认的观点由 Schulz 1946: 101—102 总结）。这种观点很少受到质疑（例如，Bauman 1989: 26—55; Norr 1994: 75）。

从早期帝国时期律师对获得皇帝青睐的兴趣来看（Liebs 2010），庞波尼乌斯将法律学派的创立视为对皇帝权力和法律文化的变化的反应并不奇怪，在这方面，拉贝奥和卡皮托发挥了核心作用：

> 在他之后，主要的权威是奥菲利乌斯（Ofilius）学派的阿泰乌斯·卡皮托，和安提斯提乌斯·拉贝奥，后者听过上述所有人的讲座，但他是特雷巴求斯（Trebatius）的学生。这两个人中，阿泰乌斯担任过执政官。当奥古斯都给予拉贝奥执政官的职位时，他拒绝接受，如果接受，他就会成为临时执政官（interim consul）。相反，他非常坚定地致力于他的研究，他常常把整年分成几个部分，原则是他在罗马和他的学生一起度过六个月，然后在另外六个月里，他离开这座城市，专心写书。结果，他留下了 400 卷手稿卷宗（volumina），其中大部分至今仍然经常被翻阅。可以说，这两个人第一次建立了对立的学派。因为阿泰乌斯·卡皮托坚持了他继承下来的路线，而拉贝奥则开始进行许多创新，这是由于他的天才禀赋和他对自己的学识的自信，他的研究大量借鉴了其他领域的知识。
>
> （优士丁尼《学说汇纂》第1卷第2章第2题第47段，沃森等译）

[①] 关于它们之间的教义差异有相当大的意见分歧，但这并非我们在此处要讨论的内容（见 Falchi 1981: Leesen 2010）。

这意味着什么，尚不清楚。我们是否应该理解，这些学派是学习机构，或者它们只是思想学派，或者可能是两者的结合？显而易见的是，他们有学生，与学生讨论的方式比简单的学徒制更有组织性。同样明显的是，教学材料的形式和结构正在发生变化，也许是朝着某种逻辑或系统化迈进。

历史学家塔西佗是对皇权持明显否定态度的元老院贵族成员，他通过对卡皮托和拉贝奥与皇室的关系描述了两人的态度。他从阿泰乌斯·卡皮托的背景开始：

> 在法学方面的卓越成就，使他赢得了在国家中的首要地位；但他的祖父只是苏拉的一名百夫长，他的父亲最高也只担任了裁判官一职。奥古斯都的提拔使其迅速获得执政官一职，所以这个职位的威望使他比同行中的权威人物安提斯提乌斯·拉贝奥更有威信。那个时代产生了两位和平时代的大师；尽管拉贝奥的刚正不阿的性格使他在民众中享有更高的声誉，但卡皮托的顺从迁就更能讨得君主的欢心。其中一人，止步于裁判官一职，因遭受不公对待而赢得了尊重；另一人，爬到了执政官一职，从遭人嫉妒的成功中收获了仇恨。
>
> （塔西佗《编年史》第 3 卷第 75 章，杰克逊译）

除了皇帝在法律领域的出现和帝国政治关系的重要性之外，法律环境的主要变化是法律写作的重要性日益增长。如上所述，拉贝奥和他的学生在罗马度过半年，静思半年，集中精力写他的书（*Digest of Justinian* 1.2.2.47）。由于许多原因，著作对于在法律领域获得名声和影响力变得更加重要。其中一个原因是罗马及其法律职业的全面发展。随着罗马公民身份在各省的扩张，使用罗马法的人数呈指数级增长。如果说在共和国早期，罗马可以被定义为一个面对面的社会，那么在共和国晚期，仅罗马城就有数十万居民，罗马公民的总数达到了数百万之巨。只有一个非常小的、紧密团结的团体，在罗马市中心的一个小区域内互动，作为罗马的法律职业，这是远远不够的。

虽然无论是作为一种交流和保存信息的方式，还是在将法律条文刻在青铜板或蜡板上记录合同的象征性行为中（Meyer 2004），书写对于法律一直很重要，但只有出版了入门教科书——如公元 2 世纪的盖尤斯《法学阶梯》——才能促进法律知识的传播和法律文化的转变。从而，关于法律的信息变得普遍易得。

新的帝国法院体系是一种等级结构，在这种结构中，可以对有罪判决提出上诉，这与旧的共和法院体系相反，在旧的共和法院体系中，唯一的上诉是死刑案件中可以选择向民众申诉（provocatio）。这影响了法律代理的专业化，因为在新体系中，律师可以为他们的工作收取费用（Bablitz 2007: 142）。法律成了一条职业道路和一种获得收入的方式。

155   这种变化的一部分是一个神秘的制度，叫作法律解答权（*ius respondendi*）。根据庞波尼乌斯的说法，这是一项皇帝特权，它赋予权利持有者就皇帝的权威发表法律意见的权力：

> 马苏里乌斯·萨比努斯属于骑士等级，他是首位发表国家认证的意见（publice respondere 公开回复）之人。因为在这种特权（beneficium）开始被授予后，提比略·恺撒就把该特权授予他了。顺便澄清一下：在奥古斯都时代之前，陈述意见的权利不是由皇帝授予的，但惯常做法是，意见是由那些对自己的研究有信心的人提出的。他们也不总是发表加盖印信的意见，但最常见的是写信给法官，或向那些咨询他们的人提供直接回答的证词。正是被神化的奥古斯都，为了加强法律的权威，首先确立了可以以他的权威发表意见。从那时起，人们开始寻求这一恩惠。作为其结果，我们最杰出的皇帝哈德良在一个场合发布了一道诏

书，当时一些裁判官请求他允许授予意见；他说，按照惯例，这不仅是乞求的，也是应得的，因此，如果任何对自己有信心的人准备好向广大人民发表意见，他（皇帝）会很高兴。不管怎样，提比略·恺撒把特许权授予了萨比努斯，让他可以向大众发表意见。他年岁已高，已经年近50岁，才被授予骑士等级。

（优士丁尼《学说汇纂》第 1 卷第 2 章第 2 题第 48—50 段，沃森等译）

这段话可以被解读为皇帝影响力不断上升的标志，并显示了个人如何寻求通过与皇帝的联系来获得对同僚的更多的权力。这段话所强调的是，皇帝们也许会将他们的权威授予法学家的意见，但他们不会自行选择能够享有如此特权的法学家，而是让法学家根据他们的学识和专长来决定谁配得上这一权力。数百年来，人们一直在激烈地争论这些皇帝的批准印章是否被授予了许多法学家，以及这对他们的观点和有效性可能意味着什么。因为庞波尼乌斯的文本混乱不清，难以解读，所以不能期待一个明确的结论。

法律科学的性质变成了对抗性的，而不是累积性的，这反映在律师之间的关系中。他们没有采用共和时期的横向方法，即倾向于和他们同时代的人成为朋友，而是采用了纵向结构。在这个圈子里，律师的周围有学生和老师，也就是比他们年长或年轻的人。

同一观点的一个更明确的版本是"朋友"一词用法的变化，尤其是在律师的"朋友"已经死亡的情况下。例如，公元 2 世纪末 3 世纪初的法学家乌尔比安称马可奥列留（Maecianus）和萨尔维士·尤里安（Salvius Julianus）为他的朋友（*Digest of Justinian* 37.14.17）。问题是，当时他们两人都已经不在人世。亚历山大·塞维鲁（Alexander Severus）则把城市长官称为我们的朋友（*Codex of Justinian* 4.56.1）。然而，谴责同样可以超越死亡。公元 3 世纪的法学家保鲁斯（Paulus）称穆西乌斯·斯卡沃拉的意见是不恰当的（ineptissimum est, *Digest of Justinian* 41.2.3.23）。

共和政体时期的友谊和元首政体时期的敌意都是高度仪式化的社会互动形式，不仅具有政治或社会意义，还具有法律意义。很难说它们是否具有任何感情基础；例如，他们喜欢他们的朋友吗？

156　　在帝国时期，不再需要一大群随从，实际上只需要一个真正的朋友，即皇帝。在帝国的背景下，律师们不再依赖于一种非正式的友谊体系，而是被允许，而且几乎被期待，彼此憎恨。他们开始推翻和质疑彼此的观点，而不是建立在它们的基础上。我认为这种变化首先是修辞上的变化，而不是情感上的变化。事实上，我们无法知道这是否只是西塞罗的修辞。人们从罗马史料中得到的印象是，在共和国晚期，争夺霸权的政治斗争非常激烈，而法律领域则相对平静。在帝国时期，政治路径没有留下竞争的空间。然而，这只是部分真实的。在幕后，法律和政治领域的竞争都很激烈，尽管它们的形式发生了变化。精英成员以前是平等政治竞技场上的对手，在那里建立联盟以确保选举的胜利，现在只需要为自己和他们的盟友赢得皇帝的青睐，以获得职业上的晋升。然而，皇帝是一个危险的朋友。接连不断的权力斗争给朝廷内外的人们带来了巨大的灾难。任何与皇帝的友谊都可能冷却，一个口误可能意味着暴毙（Romm 2014）。

更重要的是，尽管皇帝名义上拥有至高无上的权力，而且在帝国鼎盛时期越来越被视为"活的法律"，但这种笼统的声明有时会产生误导。作为评论家和作者以及官员，法学家最终决定一个皇帝的意见（或者，通常是一名为皇帝起草意见的律师）是否值得记住，从而决定它是否继续具有法律效力。这就是法律内容最终是如何确定的。皇帝们的一些意见遭遇了不同的命运。它们不仅被遗忘，而且有时在他们去世之后还受到严厉指责（Honoré 1994）。

法律友谊终结的一个可能原因是律师"多重任务"的终结和法律职业实践的转变。虽然昆图斯·穆西乌斯走完了整个晋升体系（*cursus*

图 8.5 罗马广场上的场景，出自图拉真的浮雕栏杆，由图拉真皇帝建造的石质栏杆，现在在罗马的朱利亚元老院议事堂（Curia Julia）。

来源：Wikimedia/Cassius Ahenobarbus/CC BY-SA 3.0。

honorum）①，但帝国律师大多只是职业律师，只是偶尔涉足显赫的政治生涯。即使他们意图涉足政坛，他们能否当选为——比如说——执政官，也完全取决于皇帝。对大量的被保护人随从和盟友没有类似的需求。这自然不是说随从会不复存在，他们只是不再对职位的提升至关重要。

　　甚至有迹象表明，在法律环境中拥有朋友的整个想法开始受到怀疑。例如，哈德良被提到在他的法律委员会中的成员不是他的朋友，而是当时最优秀的法律头脑，这些专家也是由元老院批准的（*Historia Augusta Hadrian* 18.1）。这些"朋友"（*amici*）是皇帝的一群高级官员和受信任的顾问，皇帝可以将他们作为他的使节，而不一定是他的私人朋友。这些朋友将有助于皇帝与人民的互动，这种互动可能是非常密切的，正如那个时代皇帝在广场上的场景插图中所显示的那样，他与人群近在咫尺，触手可及（图 8.5）。

---

① 晋升体系（拉丁文：Cursus honorum；意为"荣耀之路"）是在罗马共和国和罗马帝国初期时，有抱负的政治家们就任政府职位的次序；这个制度是为有元老身份的人而设；晋升体系包含军队及政治行政职位；不同的职位对候选人均有最低年龄的限制。——译者注

长期以来，共和时期的法学家并不是现代意义上的专业人士。他们更像是全面发展的绅士，获得了法律知识，并将其作为公共服务人员技能的一部分，以及作为在朋友和盟友之间一般互动的一部分。法律和法律知识是获得新朋友和支持者的好方法，无疑也有助于推进一个人的政治生涯。据我们所知，没有人靠法律谋生。

然而，这种观点必然是偏颇的，因为我们的消息来源于罗马社会的最高层。从我们的来源看不到的受薪律师是有可能存在的，但是，由于法律代理需要很高的身份和可敬的地位，这种现象是否会成为一种主要现象值得怀疑。

在谈到律师时，现代学者要么淡化了情感，要么过分强调情感。友谊修辞的变化是政治、社会和职业因素综合作用的结果。随着法律写作转变为书面练习，不再需要求助于活着的权威。无论如何，著作更实用，因为它们不会改变主意。华丽的辞藻背后是激烈的竞争，这一点往往被掩盖了。在某种程度上，喜欢或不喜欢某人是完全无关紧要的。

参考文献

1985. *JPS Hebrew-English Tanakh: The Traditional Hebrew Text and the New JPS Translation.*
Philadelphia: Jewish Publication Society.

Aeschylus. 1991. *Oresteia.* Translated by Richard Lattimore. In David Grene and Richard
Lattimore（eds.）, *The Complete Greek Tragedies*, vol. 1. Chicago: University of Chicago
Press.

Aeschylus. 2011. *The Complete Aeschylus*, Volume 1: *The Oresteia*（Greek Tragedy in New
Translations）. Translated and edited by Peter Burian and Alan Shapiro. Oxford: Oxford
University Press.

Albanese, Bernardo. 1987. *Il processo privato romano delle legis actiones.* Palermo: Palumbo.

Allen, Danielle. 2005. "Greek Tragedy and Law." In Michael Gagarin and David Cohen
（eds.）, *The Cambridge Companion to Ancient Greek Law.* New York: Cambridge
University Press.

Alt, Albrecht. 1966. *The Origins of Israelite Law: Essays on Old Testament History and
Religion.* Translated by Robert A. Wilson. Garden City: Doubleday.

Amsterdam, Anthony and Jerome Bruner. 2000. *Minding the Law.* Cambridge, MA: Harvard
University Press.

Ando, Clifford. 2011. *Law, Language, and Empire in the Roman Tradition.* Philadelphia:
University of Pennsylvania Press.

Ando, Clifford. 2015a. "Fact, Fiction, and Social Reality in Roman Law." *Law and Philosophy
Library*, 110: 295—324.

Ando, Clifford. 2015b. *Roman Social Imaginaries: Language and Thought in Contexts of
Empire.* Toronto, Buffalo, and London: University of Toronto Press.

Ankum, Hans. 1985. "La *captiva adultera.* Problèmes concernant l'*accusatio adulterii* en droit
Romain classique." *Revue Internationale des Droits de l'Antiquité*, 32: 153—205.

Annas, Julia. 2010. "Virtue and law in Plato." In Christopher Bobonich（ed.）, *Plato's Laws: A*

Critical Guide. New York: Cambridge University Press.

Antaki, Mark. 2014. "No Foundations?" *No Foundations: An Interdisciplinary Journal of Law and Justice*, 11: 61—77.

Arcangeli, Alessandro. 2012. *Cultural History: A Concise Introduction*. Abingdon and New York: Routledge.

Archi, Gian Gualberto. 1958. "Il concetto della proprietà nei diritti del mondo antico." *Rivistatrimestrale di diritto e procedura civile*, fasc, 4（1）: 1201—1216.

Aristophanes. 1978. *The Knights*. Translated by Alan Sommerstein. London: Penguin.

Aristotle. 1996. *The Politics and the Constitution of Athens*. Edited by Stephen Everson. New York: Cambridge University Press.

Aristotle. 2002. *Nicomachean Ethics*. Translated by Joe Sachs. Newburyport: Focus Publishing.

Atkison, Larissa M. 2016. "*Antigone's* Remainders: Choral Ruminations and Political Judgment." *Political Theory*, 44: 219—239.

Bablitz, Leanne. 2007. *Actors and Audience in the Roman Courtroom*. Abingdon and New York: Routledge.

Badian, Ernst. 2000. "The Road to Prominence." In Ian Worthington（ed.）, *Demosthenes: Statesman and Orator*. London: Routledge.

Bahrani, Zainab. 2003. *The Graven Image: Representation in Babylonia and Assyria*. Philadelphia: University of Pennsylvania.

Balkin, Jack M. 1994. "Understanding Legal Understanding: The Legal Subject and the Problem of Legal Coherence." *Yale Law Journal*, 103: 105—176.

Balot, Ryan. 2001. *Greed and Injustice in Classical Athens*. Princeton: Princeton University Press.

Bartor, Assnat. 2010. *Reading Law as Narrative: A Study in the Casuistic Laws of the Pentateuch*. Atlanta: Society of Biblical Literature.

Bauman, Richard A. 1983. *Lawyers in Roman Republican Politics: A Study of the Roman Jurists in their Political Setting, 316—382 BC*. Munich: C. H. Beck.

Bauman, Richard A. 1985. *Lawyers in Roman Transitional Politics: A Study of the Roman Jurists in their Political Setting in the Late Republic and Triumvirate*. Munich: C. H. Beck.

Bauman, Richard A. 1989. *Lawyers and Politics in the Early Roman Empire: A Study of Relations between the Roman Jurists and the Emperors from Augustus to Hadrian*. Munich:

C. H. Beck.

Bauman, Richard A. 1996. *Crime and Punishment in Ancient Rome*. London and New York: Routledge.

Beard, Mary. 2015. *SPQR: A History of Ancient Rome*. New York: Liveright.

Behrends, Okko. 1976. "Die Wissenschaftslehre im Zivilrecht des Q. Mucius Scaevola pontifex." *Nachrichten der Akademie der Wissenschaften in Göttingen, Philologischhistorische Klasse*, 7: 263—304.

Behrends, Okko, Theodor Mommsen, Paul Krüger, and Peter Apathy, eds. 1995. *Corpus Iuris Civilis: Text und Übersetzung. Bd. 2, Digesten 1—10*. Müller: Heidelberg.

Berger, Harry Jr. 2015. *The Perils of Uglytown: Studies in Structural Misanthropology from Plato to Rembrandt*. New York: Fordham University Press.

Berman, Joshua. 2013. "Historicism and its Limits: A Response to Bernard M. Levinson and Jeffrey Stackert." *Journal of Ancient Judaism*, 4: 297—309.

Berkowitz, Beth A. 2006. *Execution and Invention: Death Penalty Discourse in Early Rabbinic and Christian Cultures*. New York: Oxford University Press.

Binder, Guyora and Robert Weisberg. 2000. *Literary Criticisms of Law*. Princeton: Princeton University Press.

Birks, Peter and McLeod Grant. 1987. "Introduction." In Peter Birks and Grant McLeod (eds.), *Justinian's Institutes*. Ithaca: Cornell University Press.

Birks, Peter, Alan Rodger, and John S. Richardson. 1984. "Further Aspects of the 'Tabula Contrebiensis'." *The Journal of Roman Studies*, 74: 45—73.

Black, Jeremy and Anthony Green, eds. 1992. *Gods, Demons and Symbols of Ancient Mesopotamia: An Illustrated Dictionary*. Illustrated by Tessa Rickards. London: The British Museum Press.

Blass, Friedrich. 1893. *Die attische Beredsamkeit*, Book 3: 1, *Demosthenes*. Leipzig: Teubner.

Bleicken, Jochen. 1974. *In provinciali solo dominium populi Romani est vel Caesaris: zur Kolonisationspolitik der ausgehenden Republik und frühen Kaiserzeit*. Frankfurt am Main: Johann Wolfgang Goethe-Universität.

Bonner, Robert J. 1905. *Evidence in Athenian Courts*. Chicago: University of Chicago Press.

Bonner, Robert J. 1926. *Lawyers and Litigants in Ancient Athens: The Genesis of the Legal Profession*. Chicago: University of Chicago Press.

Bottéro, Jean. 1992. *Mesopotamia: Writing, Reasoning, and Theogony*. Chicago: University of Chicago Press.

Bowersock, Glen W. 2015. "Inside the Emperor's Clothes." *New York Review of Books*, 62 （20）, December 17, 2015. Available online at www.nybooks.com/articles/2015/12/17/romeinside-emperors-clothes/.

Boyarin, Daniel. 1990. "The Politics of Biblical Narratology: Reading the Bible like/as a Woman." *Diacritics*, 20 （4）: 31—43.

Bruner, Jerome. 1991. "The Narrative Construction of Reality." *Critical Inquiry*, 18: 1—21.

Bryen, Ari Z. 2013. *Violence in Roman Egypt: A Study in Legal Interpretation*. Philadelphia: University of Pennsylvania Press.

Buckland, William Warwick. 1908. *The Roman Law of Slavery*. Cambridge: Cambridge University Press.

Burckhardt, Jacob. ［1860］2004. *The Civilization of the Renaissance in Italy*. Translated by S. G. C. Middlemore with a new Introduction of Peter Burke and Notes by Peter Murray. London: Penguin.

Burckhardt, Jacob. ［1872］1998. *The Greeks and Greek Civilization*. Edited by Oswyn Murray and translated by Sheila Stern. New York: St. Martin's Press.

Burckhardt, Jacob. ［1902］1979. *Reflections on History*. Indianapolis: Liberty Classics.

Burke, Peter. 2004a. "Introduction: Jacob Burckhardt and the Italian Renaissance." In Jacob Burckhardt （ed.）, *The Civilization of the Renaissance in Italy*. London: Penguin.

Burke, Peter. 2004b. *What Is Cultural History?* Cambridge, UK, and Malden: Polity Press.

Burke, Peter, Joan Pau Rubiés, Melissa Calaresu, and Filippo De Vivo. 2010. *Exploring Cultural History: Essays in Honour of Peter Burke*. Farnham, UK, and Burlington: Ashgate.

Cahen, R. 1923. "Examen de quelques passages du Pro Milone." *Revue des Études Anciennes*, 25 （2）: 119—233.

Calasso, Francesco. 1967. *Il negozio giuridico*. 2nd edn. Milan: Giuffrè.

Calhoun, Gorge M. 1919. "Oral and Written Pleading in Athenian Courts." *Transactions of the American Philological Association*, 50: 177—193.

Campbell, Brian. 2000. *The Writings of the Roman Land Surveyors: Introduction, Text, Translation and Commentary*. London: Society for the Promotion of Roman Studies.

Cantarella, Eva. 1991. "Moicheia. Reconsidering a Problem." In Michael Gagarin （ed.），

Symposion 1990. Cologne, Weimar and Vienna: Böhlau.

Capogrossi Colognesi, Luigi. 1969. *La struttura della proprietà e la formazione dei "iura praediorum" nell'età repubblicana*, Book 1. Milano: Giuffrè.

Capogrossi Colognesi, Luigi. 1976. *La struttura della proprietà e la formazione dei "iura praediorum" nell'età repubblicana*, Book 2. Milano: Giuffrè.

Capogrossi Colognesi, Luigi. 1978. *Storia delle istituzioni romane arcaiche*. Roma: Ricerche.

Capogrossi Colognesi, Luigi. 1981. *La terra in Roma antica: forme di proprietà e rapporti produttivi*. Roma: La Sapienza.

Capogrossi Colognesi, Luigi. 2014. *Law and Power in the Making of the Roman Commonwealth*. Translated by Laura Kopp. Cambridge: Cambridge University Press.

Carandini, Andrea. 2011. *Rome: Day One*. Princeton: Princeton University Press.

Carey, Chris. 1994a. "Legal Space in Classical Athens." *Greece & Rome*, 41: 172—186.

Carey, Chris. 1994b. "Artless Proofs in Aristotle and the Orators." *Bulletin of the Institute for Classical Studies*, 39: 95—106.

Carey, Chris. 1995. "The Witness's *Exomosia* in the Athenian Courts." *The Classical Quarterly*, 45: 114—119.

Carey, Chris. 1996. "*Nomos* in Attic Rhetoric and Oratory." *The Journal of Hellenic Studies*, 116: 33—46.

Cascio, Elio Lo. 1997. "Dall'affitto agrario al colonato tardoantico: continuità o frattura?" In Elio Lo Cascio (ed.), *Terre, proprietari e contadini dell'impero romano: dall'affitto agrario al colonato tardoantico*. Rome: NIS, 1997.

Cascio, Elio Lo. 2015. "The Imperial Property and Its Development." In P. Erdkamp et al. (eds.), *Ownership and Exploitation of Land and Natural Resources in the Roman World*. Oxford: Oxford University Press, 2015.

Cascione, Cosimo. 2003. *Consensus. Problemi di origine, tutela processuale, prospettive sistematiche*. Naples: Editoriale Scientifica.

Catalano, Pierangelo. 1965. *Linee del sistema sovrannazionale romano*, vol. 1. Turin: Giappichelli.

Charpin, Dominique. 2010. *Reading and Writing in Babylon*. Translated by Jane Marie Todd. Cambridge, MA: Harvard University Press.

Chiba, Masaji. 1993. "Legal Pluralism in Sri Lankan Society: Toward a General Theory of nonWestern Law." *Journal of Legal Pluralism*, 33: 197—212.

Cicero, Marcus Tullius. 2000. *On the Republic*. Translated by Clinton Walker Keyes. Cambridge, MA: Harvard University Press.

Civil, Miguel. 2011. "The Law Collection of Ur-Namma." In A.R. George（ed.）, *Cuneiform Royal Inscriptions and Related Texts in the Schøyen Collection*. Bethesda: CDL Press.

Clark, Matthew. 2012. *Exploring Greek Myth*. Chichester, West Sussex, and Malden: Wiley Blackwell.

Cohen, David. 1991. *Law, Sexuality and Society. The Enforcement of Morals in Classical Athens*. Cambridge: Cambridge University Press.

Cohen, David. 1995. *Law, Violence and Community in Classical Athens*. Cambridge: Cambridge University Press.

Cohen, David. 2005. "Introduction." In Michael Gagarin and David Cohen（eds.）, *The Cambridge Companion to Ancient Greek Law*. New York: Cambridge University Press.

Colish, Marcia L. 2008. "Ambrose of Milan on Chastity." In Nancy Deusen（ed.）, *Chastity: A Study in Perception, Ideals, Opposition*. Leiden and Boston: Brill.

Connerton, Paul. 1989. *How Societies Remember*. Cambridge: Cambridge University Press.

Connor, W. Robert. 1984. *Thucydides*. Princeton: Princeton University Press.

Cooper, Jerrold S. 1993. "Paradigm and Propaganda: The Dynasty of Akkade in the 21st Century BC." In Mario Liverani（ed.）, *Akkad, The First World Empire. Structure, Ideology, Traditions*. Padova: Sargon.

Corbo, Chiara. 2013. *Constitutio Antoniniana: Ius Philosophia Religio*. Napoli: M. D'Auria editore.

Coriat, Jean-Pierre. 2014. *Les constitutions des Sévères. Règne de Septime Sévère*, vol. I. Rome: École Française de Rome.

Cornell, Tim. 1995. *The Beginnings of Rome: Italy and Rome from the Bronze Age to the Punic Wars（c. 1000—264 BC）*. London and New York: Routledge.

Cotterrell, Roger. 2006. *Law, Culture and Society: Legal Ideas in the Mirror of Social Theory*. Aldershot, England and Burlington: Ashgate.

Cotterrell, Roger. 2014. "A Concept of Law for Global Legal Pluralism?" In Seán P. Donlan and Lukas H. Urscheler（eds.）, *Concepts of Law: Comparative, Jurisprudential and Social Science Perspectives*. Farnham: Ashgate.

Cottier, Michel, and Mireille Corbier. 2008. *The Customs Law of Asia*. Oxford and New York: Oxford University Press.

Cotton, Anne K. 2014. *Platonic Dialogue and the Education of the Reader*. Oxford: Oxford University Press.

Cover, Robert M. 1983. "The Supreme Court 1982 Term. Foreword: Nomos and Narrative." *Harvard Law Review*, 97（4）: 4—68.

Cover, Robert M. 1992. *Narrative, Violence, and the Law: The Essays of Robert Cover*. Edited by Martha Minow, Michel Ryan and Austin Sarat. Ann Arbor: University of Michigan Press.

Crawford, Michael H. 1996. *Roman Statutes*. London: Institute of Classical Studies, School of Advanced Study, University of London.

Crook, J.A. 1995. *Legal Advocacy in the Roman World*. Ithaca, NY: Cornell University Press.

Cursi, Maria Floriana. 2013. "*Amicitia e societas* nei rapporti tra Roma e gli altri popoli del Mediterraneo." *Index*, 41: 195—227.

Cursi, Maria Floriana. 2014. "*Bellum iustum* tra rito e *iustae causae belli*." *Index*, 42: 569—585.

David, Jean-Michel. 1992. *Le patronat judiciaire au dernier siècle de la république romaine*. Rome: École Française de Rome.

Davies, John. 2005. "The Gortyn Laws." In Michel Gagarin and David Cohen（eds.）, *The Cambridge Companion to Ancient Greek Law*. New York: Cambridge University Press.

Davis, Natalie Zemon. 1983. *The Return of Martin Guerre*. Cambridge, MA: Harvard University Press.

Dawson, Richard. 2014. *Justice as Attunement: Transforming Constitutions in Law, Literature, Economics, and the Rest of Life*. Abingdon: Routledge.

De Lorme, Charles D., Stacey Isom, and David R. Kamerschen. 2005. "Rent Seeking and Taxation in the Ancient Roman Empire." *Applied Economics* 37（6）: 705—711.

De Martino, Francesco. 1972. *Storia della costituzione romana*, vol. 1. 2nd edn. Naples: Jovene.

De Martino, Francesco. 1973. *Storia della costituzione romana*, vol. 2. 2nd edn. Naples: Jovene.

Dening, Greg. 2002. "Performing on the Beaches of the Mind: An Essay." *History and Theory*, 41: 1.24.

Diesselhorst, Malte. 1959. *Die Lehre des Grotius vom Versprechen*. Cologne and Graz: Böhlau.

Dilke, Oswald A. W. 1971. *The Roman Land Surveyors: An Introduction to the Agrimensores*. Newton Abbot: David and Charles.

Diósdi, György. *Ownership in Ancient and Preclassical Roman Law*. Budapest: Akadémiai Kiadó, 1970.

Dolganov, Anna. n.d. "Reichsrecht and Volksrecht in Theory and Practice: Roman Law and Litigation Strategy in the Province of Egypt (P. Oxy. II 237, P. Oxy. IV 706, SB XII 10929)." Available online at www.academia.edu/5896267/Reichsrecht_and_Volksrecht_in_ Theory_and_Practice_Roman_Law_and_Litigation_Strategy_in_the_Province_of_Egypt_ P._Oxy._II_237_P._Oxy._IV_706_SB_XII_10929_. (Accessed November 5, 2015).

Dover, Kenneth J. 1968. *Lysias and the Corpus Lysiacum*. Berkeley: University of California.

Dover, Kenneth J. 1974. *Greek Popular Morality in the Time of Plato and Aristotle*. Oxford: Blackwell.

Dumézil, Georges. 1969. *Idées romaines*. Paris: Gallimard.

Eichler, Barry L. 1987. "Literary structure in the laws of Eshnunna." In Francesca Rochberg Halton (ed.), *Language, Literature and History: Philological and Historical Studies Presented to Erica Reiner*. American Oriental Society: New Haven.

Etxabe, Julen. 2010. "The Legal Universe After Robert Cover." *Law & Humanities*, 4 (1): 115—147.

Etxabe, Julen. 2013. *The Experience of Tragic Judgement*. Abingdon: Routledge.

Euben, J. Peter. 1997. *Corrupting Youth: Political Education, Democratic Culture, and Political Theory*. Princeton: Princeton University Press.

Euripides. 1991a. *Orestes*. Translated by William Arrowsmith. In David Grene and Richard Lattimore (eds.), *The Complete Greek Tragedies*, vol. 4. Chicago: University of Chicago Press.

Euripides. 1991b. *The Suppliant Women*. Translated by Frank William Jones. In David Grene and Richard Lattimore (eds.), *The Complete Greek Tragedies*, vol. 4. Chicago: University of Chicago Press.

Ewald, William. 1998. "The Jurisprudential Approach to Comparative Law: A Field Guide to 'Rats'." *American Journal of Comparative Law*, 46 (4): 701—707.

Falchi, Gian L. 1981. *Le controversie tra Sabiniani e Proculiani*. Milan: Giuffrè.

Ferrari, G.R.F. 2005. *City and Soul in Plato's Republic.* Chicago: University of Chicago Press.

Finkelstein, Jacob J. 1958. "Bible and Babel." *Commentary*, 26（431）: 44.

Finkelstein, Jacob J. 1966. "Sex Offenses in Sumerian Laws." *Journal of the American Oriental Society*, 86（4）: 355—372.

Finkelstein, Jacob J. 1981. "The Ox that Gored." *Transactions of the American Philosophical Society*, 71（2）: 1—89.

Finley, Moses. 1951. "Some Problems of Greek Law: A Consideration of Pringsheim on Sale." *Seminar Jurist*, 9: 72—91.

Finley, Moses. 1966. "The Problem of the Unity of Greek Law." In *La Storia del Diritto nel Quadro delle Scienze Storiche. Atti del Primo Congresso Internationale della Società Italiana di storia del Diritto*. Florence: Leo Olshki, 129—142.

Fiori, Roberto. 1996. *Homo sacer. Dinamica politico-costituzionale di una sanzione giuridicoreligiosa*. Naples: Jovene.

Fiori, Roberto. 1998—1999. "*Ius civile, ius gentium, ius honorarium*: il problema della 'recezione' dei *iudicia bonae fidei*." *Bullettino dell'Istituto di Diritto romano "Vittorio Scialoja,"* 101—102: 165—197.

Fiori, Roberto. 1999a. "*Sodales*. 'Gefolgschaften' e diritto di associazione in Roma arcaica（VIII-V sec. a.C.）." In *Societas-Ius. Munuscula di allievi a Feliciano Serrao*. Naples: Jovene.

Fiori, Roberto. 1999b. *La definizione della locatio conductio. Giurisprudenza romana e tradizione romanistica*. Naples: Jovene.

Fiori, Roberto. 2003a. "Il problema dell'oggetto del contratto nella tradizione civilistica." In *Modelli teorici e metodologici nella storia del diritto privato*, vol. 1. Naples: Jovene.

Fiori, Roberto. 2003b. *Ea res agatur. I due modelli del processo formulare repubblicano*. Milan: Giuffrè.

Fiori, Roberto. 2008. "*Fides* et *bona fides*. Hiérarchie sociale et catégories juridiques." *Revue historique de droit français et étranger*, 86: 465—481.

Fiori, Roberto. 2011a. *Bonus vir. Politica filosofia retorica e diritto nel de officiis di Cicerone*. Naples: Jovene.

Fiori, Roberto. 2011b. "La struttura del matrimonio romano." *Bullettino dell'Istituto di diritto romano Vittorio Scialoja*, 105: 197—234.

Fiori, Roberto. 2012. "The Roman Conception of Contract." In T. A. J. McGinn（ed.）, *Obligations in Roman Law. Past, Present, and Future*. Ann Arbor: University of Michigan Press.

Fiori, Roberto. 2013. "La gerarchia come criterio di verità: *boni* e *mali* nel processo romano arcaico." In C. Cascione and C. Masi Doria（eds.）, *Quid est veritas? Un seminario su verità e forme giuridiche*. Naples: Satura.

Fiori, Roberto. 2014a. "The *vir bonus* in Cicero's *de officiis*: Greek philosophy and Roman legal science." In *Aequum ius*. От друзей и коллег к 50-летию профессора Д.В. Дождева. Moscow: Statyt.

Fiori, Roberto. 2014b. "Rise and Fall of the Specificity of Contracts." In B. Sirks（ed.）, *Nova ratione. Change of Paradigms in Roman Law*. Wiesbaden: Harrassowitz.

Fish, Stanley E. 1980. *Is there a Text in this Class? The Authority of Interpretive Communities*. Cambridge, MA: Harvard University Press.

Fish, Stanley E. 1989. *Doing What Comes Naturally: Change, Rhetoric, and the Practice of Theory in Literary and Legal Studies*. Durham: Duke University Press.

Forsdyke, Sara. 2009. "The Uses and Abuses of Tyranny." In Ryan Balot（ed.）, *A Companion to Greek and Roman Political Thought*. Chichester: Wiley-Blackwell.

Forsythe, Gary. 2005. *A Critical History of Early Rome from Prehistory to the First Punic War*. Berkeley: University of California Press.

Foster, Benjamin. 1995. "Social Reform in Ancient Mesopotamia." In K. D. Irani and Morris Smith（eds.）, *Social Justice in the Ancient World*. Westport: Greenwood Press.

Foster, Benjamin R., ed. and trans. 2001. *The Epic of Gilgamesh*. New York: Norton.

Fraistat, Shawn. 2015. "The Authority of Writing in Plato's *Laws*." *Political Theory*, 43: 657—677.

Frank, Jill. 2005. *A Democracy of Distinction: Aristotle and the Work of Politics*. Chicago: University of Chicago Press.

Frank, Jill. 2006. "The *Antigone's* Law." *Law, Culture, and the Humanities*, 2: 336—340.

Frank, Jill. 2007. "Wages of War: On Judgment in Plato's *Republic*." *Political Theory* 35（4）: 443—467.

Frank, Jill. 2015. "On *Logos* and Politics in Aristotle." In Thornton Lockwood and Thanassis Samaras（eds.）, *Aristotle's* Politics: *A Critical Guide*. Cambridge: Cambridge University

Press.

Frank, Jill. 2018. *Poetic Justice: Rereading Plato's Republic*. Chicago: University of Chicago Press.

Frankenberg, Günther. 1985. "Critical Comparisons: Re-Thinking Comparative Law." *Harvard International Law Journal*, 26（1）: 411—455.

Frankenberg, Günther. 2014. "The Innocence of Method—Unveiled: Comparison as an Ethical and Political Act." *Journal of Comparative Law*, 9（2）: 222—258.

Freedman, Lawrence. 1990. "Some Thoughts on Comparative Legal Culture." In David Clark（ed.）, *Comparative and Private International Law: Essays in Honor of John Henry Merryman in his Seventieth Birthday*. Berlin: Duncker and Humblot, 49—57.

Frier, Bruce W. 1985. *The Rise of the Roman Jurists: Studies in Cicero's Pro Caecina*. Princeton: Princeton University Press.

Fuhrmann, Christopher J. 2012. *Policing the Roman Empire: Soldiers, Administration, and Public Order*. New York: Oxford University Press.

Gadamer, Hans-Georg.［1960］1989. *Truth and Method*. 2nd and rev. edn. Translated by Joel Weinsheimer and Donald G. Marshall. New York: Continuum.

Gagarin, Michael. 1996. "The Torture of Slaves in Athenian Law." *Classical Philology*, 91: 1—18.

Gagarin, Michael. 2005a. "The Unity of Greek Law." In Michael Gagarin and David Cohen（eds.）, *The Cambridge Companion to Ancient Greek Law*. New York: Cambridge University Press.

Gagarin, Michael. 2005b. "Early Greek Law." In Michael Gagarin and David Cohen（eds.）, *The Cambridge Companion to Ancient Greek Law*. New York: Cambridge University Press.

Gagarin, Michael（ed.）. 2011. *Speeches from Athenian Law*. Austin: University of Texas Press.

Gagarin, Michael and David Cohen, eds. 2005. *The Cambridge Companion to Ancient Greek Law*. New York: Cambridge University Press.

Gagarin, Michael and Paul Woodruff, eds. 1995. *Early Greek Political Thought from Homer to the Sophists*. New York: Cambridge University Press.

Gamauf, Richard. 1999. *Ad statuam licet confugere*. Frankfurt am Main: Peter Lang.

Gantz, Timothy. 1993. *Early Greek Myth*, vol. 1. Baltimore: Johns Hopkins University Press.

Garnsey, Peter. 1970. *Social Status and Legal Privilege in the Roman Empire*. Oxford: Oxford University Press.

Gaudemet, Jean. 1967. *Institutions de l'Antiquité*. Paris: Sirey.

Gaughan, Judy E. 2010. *Murder Was Not a Crime: Homicide and Power in the Roman Republic*. Austin: University of Texas Press.

Geertz, Clifford. 1973. *The Interpretation of Cultures*. New York: Basic Books.

Geertz, Clifford. 1983. *Local Knowledge: Further Essays in Interpretive Anthropology*. New York: Basic Books.

Gernet, Louis. 1955. *Droit et société dans la Grèce Ancienne*. Paris: Sirey.

Gill, Christopher. 2006. *The Structured Self in Hellenistic and Roman Thought*. Oxford: Oxford University Press.

Giltaij, Jacob. 2011. *Mensenrechten in het Romeinse recht?* Nijmegen: Wolf.

Giltaij, Jacob. 2013. "The Problem of the Content of the *lex Iulia iudiciorum publicorum*." *Tijdschrift voor Rechtsgeschiedenis*, 81（3/4）: 507—529.

Glanert, Simone, ed. 2014. *Comparative Law: Engaging Translation*. Abingdon: Routledge.

Glenn, Patrick H. 2010. *Legal Traditions of the World: Sustainable Diversity in Law*, 4th edn. Oxford and New York: Oxford University Press.

Goldhill, Simon. 2000. "Civic Ideology and the Problem of Difference: The Politics of Aeschylean Tragedy, Once Again." *Journal of Hellenic Studies*, 120: 34—56.

Goodrich, Peter. 2014. *Legal Emblems and the Art of Law: Obiter Depicta as the Vision of Governance*. New York: Cambridge University Press.

Gordley, James. 1991. *The Philosophical Origins of Modern Contract Doctrine*. Oxford: Oxford University Press.

Gordon, Peter. 2014. "Contextualism and Criticism in the History of Ideas." In Darrin McMahon and Samuel Moyn（eds.）, *Rethinking Modern European Intellectual History*. Oxford and New York: Oxford University Press.

Gordon, William M. and O. F. Robinson. 1988. *The Institutes of Gaius*. Ithaca, NY: Cornell University Press.

Green, Anna. 2008. *Cultural History: History and Theory*. New York: Palgrave Macmillan.

Greenberg, M. 1960. "Some Postulates of Biblical Criminal Law." In Menahen Haran（ed.）, *Yehezkel Kaufmann Jubilee Volume*. Jerusalem: Magnes Press.

Greengus, Samuel. 1995. "Legal and Social Institutions of Ancient Mesopotamia." In Jack
  Sasson（ed.）, *Civilizations of the Ancient Near East*. New York: Scribner's.

Greenidge, Abel Henry Jones. 1894. *Infamia: Its Place in Roman Public and Private Law*.
  Oxford: Clarendon.

Grimme, Hubert. 1907. *The Law of Hammurabi and Moses: A Sketch*. Translated by William T.
  Pilter. London: Society for Promoting Christian Knowledge.

Grossi, Paolo. 1973. "La proprietà nel sistema privatistico della Seconda Scolastica." In P.
  Grossi（ed.）, *La Seconda Scolastica nella formazione del diritto privato moderno*. Milan:
  Giuffrè.

Gruen, Erich. 1995. *The Last Generation of the Roman Republic*. Berkeley: University of
  California Press.

Gualandi, Giovanni. 1963. *Legislazione imperiale e giurisprudenza*, vol. 2. Milan: Giuffrè.

Guettel Cole, Susan. 1984. "Greek Sanctions against Sexual Assault." *Classical Philology*, 79
  （2）: 97—113.

Hagemann, Matthias. 1998. *Iniuria. Von den XII-Tafeln bis zur Justinianischen Kodifikation*.
  Cologne, Weimar, Vienna: Böhlau.

Hahm, David. E. 2009. "The Mixed Constitution in Greek Thought." In Ryan Balot（ed.）, *A
  Companion to Greek and Roman Political Thought*. Chichester: Wiley-Blackwell.

Halbertal, Moshe. 1997. *Mahpekhot parshaniyot be-hithavutan: arakhim ke-shikulim
  parshaniyim be-midreshe halakhah*. Jerusalem: Magnes Press.

Halliwell, Stephen. 2009. "Theory and Practice of Narrative in Plato." In Jonas Grethlein and
  Antonios Rengakos（eds.）, *Narratology and Interpretation: The Content of Narrative
  Form in Ancient Literature*. Berlin and New York: Walter De Gruyter.

Hammer, Dean. 2014. *Roman Political Thought: From Cicero to Augustine*. Cambridge:
  Cambridge University Press.

Hansen, Mogens H. 1991. *The Athenian Democracy in the Age of Demosthenes*. Oxford:
  Oxford University Press.

Harper, Kyle. 2015. "Landed Wealth in the Long Term: Patterns, Possibilities, Evidence."
  In Paul Erdkamp, Koenraad Verboven, and Arjan Zuiderhoek（eds.）, *Ownership and
  Exploitation of Land and Natural Resources in the Roman World*. Oxford: Oxford
  University Press.

Harrell, Hansen C. 1936. *Public Arbitration in Athenian Law*. Columbia: University of Missouri.

Harries, Jill. 2006. *Cicero and the Jurists: From Citizen's Law to the Lawful State*. London: Duckworth.

Harries, Jill. 2007. *Law and Crime in the Roman World*. Cambridge: Cambridge University Press.

Harries, Jill. 2012. "Roman Law and Legal Culture." In Scott Johnson (ed.), *The Oxford Handbook of Late Antiquity*. Oxford: Oxford University Press.

Harris, Edward M. 1993. "*Apotimema*: Athenian Terminology for Real Security in Leases and Dowry Agreements." *The Classical Quarterly*, 43: 73—95.

Harris, Edward M. 1994. "Law and Oratory." In Ian Worthington (ed.), *Persuasion: Greek Rhetoric in Action*. London: Duckworth. Harris, Edward M. 2013. *The Rule of Law in Action in Democratic Athens*. Oxford: Oxford University Press.

Hartman, Geoffrey H. and Sanford Budick, eds. 1986. *Midrash and Literature*. New Haven: Yale University Press.

Heitland, William Emerton. 1921. *Agricola: A Study of Agriculture and Rustic Life in the Greco Roman World from the Point of View of Labour*. Cambridge: Cambridge University Press.

Hendry, Jennifer. 2014. "Legal Comparison and the (Im)possibility of Translation." In Simone Glanert (ed.), *Comparative Law: Engaging Translation*. Abingdon: Routledge.

Herington, C.J. 1973. "Review: *The Justice of Zeus* by Hugh Lloyd-Jones." *The American Journal of Philology*, 94 (4): 395—398.

Herodotus. 1987. *The History*. Translated by David Grene. Chicago: University of Chicago Press.

Hesiod. 1993. *Works and Days; and Theogony*. Translated by Stanley Lombardo; Introduction by Robert Lamberton. Indianapolis and Cambridge: Hackett Publishing.

Hiltebeitel, Alf. 2011. *Dharma. Its Early History in Law, Religion, and Narrative*. Oxford: Oxford University Press.

Hitz, Zena. 2009. "Plato on the Sovereignty of Law." In Ryan Balot (ed.), *A Companion to Greek and Roman Political Thought*. Chichester: Wiley-Blackwell.

Hitzig, Hermann Ferdinand. 1899. *Injuria. Beiträge zur Geschichte der injuria im griechischen und römischen Recht*. Munich: Ackermann.

Höbenreich, Evelyn. 1992. "À propos 'Antike Rechtsgeschichte' : einige Bemerkungen zur Polemik zwischen Ludwig Mitteis und Leopold Wenger." *Zeitschrift der Savigny-Stiftung für Rechtsgeschichte: Romanistische Abteilung*, 109: 547—562.

Homer. 1990. *The Iliad*. Translated by Robert Fagles; Introduction by Bernard Knox. New York: Penguin.

Homer. 1996. *The Odyssey*. Translated by Robert Fagles; Introduction by Bernard Knox. New York: Penguin.

Honig, Bonnie. 2013. *Antigone, Interrupted*. Cambridge and New York: Cambridge University Press.

Honoré, Tony. 1994. *Emperors and Lawyers: With a Palingenesia of Third-Century Imperial Rescripts 193—305 AD*. Oxford: Clarendon Press.

Hudson, Michael. 1993. "The Lost Tradition of Biblical Debt Cancellations." Available online at http://michael-hudson.com/wp-content/uploads/2010/03/HudsonLostTradition.pdf. (Accessed August 29, 2015).

Hudson, Michael. 2002. "Reconstructing the Origins of Interest-Bearing Debt and the Logic of Clean Slates." In Michael Hudson and Marc Van De Mieroop (eds.), *Debt and Economic Renewal in the Ancient Near East*. Bethesda, MD: CDL Press.

Humbert, Michel. 2005. *Le dodici tavole: dai decemviri agli umanisti*. Pavia: IUSS Press.

Humphreys, Sally C. 1985. "Social Relations on Stage: Witnesses in Classical Athens." *History and Anthropology*, 1 (2): 313—369.

Hurowitz, Victor. 1994. *Inu Anumsirum: Literary Structures in the Non-Juridical Sections of Codex Hammurabi*. Philadelphia: University Museum.

Husa, Jaakko. 2007. "About the Methodology of Comparative Law: Some Comments Concerning the Wonderland." *Maastricht Faculty of Law Working Paper Series*, 5: 1—20.

Hyamson, Moses. 1913. *Mosaicarum et Romanarum legum collatio*. Oxford: Oxford University Press.

Ibbetson, David J. 2013. "Iniuria, Roman and English." In Eric Descheemaeker and Helen Scott (eds.), *Iniuria and the Common Law*. Oxford and Portland: Hart.

Jackson, John. 1937. *Tacitus: Annals. With An English Translation*. Cambridge, MA: Harvard University Press (Loeb Classical Library 312).

Jacobsen, Thorkild. 1987. "The Graven Image." In Patrick D. Miller, Paul Hanson and S. Dean McBride (eds.), *Ancient Israelite Religion: Essays in Honor of Frank Moore Cross*. Philadelphia: Fortress.

Jacotot, Mathieu. 2013. *Question d'honneur. Les notions d'honos, honestum et honestas dans la République romaine antique*. Rome: École Française de Rome.

Jaeger, Werner. 1938. *Demosthenes: The Origins and Growth of His Policy*. Berkeley: University of California.

Jakab, Eva. 2015. "Property Rights in Ancient Rome." In Paul Erdkamp, Koenraad Verboven, and Arjan Zuiderhoek (eds.), *Ownership and Exploitation of Land and Natural Resources in the Roman World*. Oxford: Oxford University Press.

Kahn, Paul W. 1999. *The Cultural Study of Law: Reconstructing Legal Scholarship*. Chicago: University of Chicago Press.

Kantor, Georgy. 2017. "Property in Land in Roman Provinces." In Kantor, Georgy, Tom Lambert, and Hannah Skoda (eds.), *Legalism: Property and Ownership*. Oxford: Oxford University Press.

Kaser, Max. 1956. *Eigentum und Besitz im älteren römischen Recht*. Cologne: Böhlau.

Kaser, Max. 1972. *Das römische Privatrecht*. I. *Das altrömische, das vorklassische und klassische Recht*. 2nd edn. Munich: C. H. Beck.

Kaser, Max. 1975. *Das römische Privatrecht*. II. *Die nachklassischen Entwicklungen*. 2nd edn. Munich: C. H. Beck.

Kaser, Max and Karl Hackl. 1996. *Das römische Zivilprozessrecht*. Munich: C. H. Beck.

Kehoe, Dennis P. 2015. "Property Rights over Land and Economic Growth in the Roman Empire." In Paul Erdkamp, Koenraad Verboven, and Arjan Zuiderhoek (eds.), *Ownership and Exploitation of Land and Natural Resources in the Roman World*. Oxford: Oxford University Press.

Keller, Timothy. 2002. "What is Biblical Justice?" Available online at www. relevantmagazine. com/god/practical-faith/what-biblical-justice.

King, Leonard W. 1910. *A History of Sumer and Akkad: An Account of the Early Races of Babylonia from Prehistoric Times to the Foundation of the Babylonian Monarchy*. London: Chatto & Windus.

Kleinhans, Martha-Marie and Roderick. MacDonald. 1997. "What is a *Critical* Legal

Pluralism?" *Canadian Journal of Law and Society*, 12: 25—46.

Koselleck, Reinhart. 1981. *Preußen zwischen Reform und Revolution. Allgemeines Landrecht, Verwaltung und soziale Bewegung von 1791 bis 1848*. 2nd edn. Stuttgart: Klett-Cotta.

Kraus, Fritz R. 1984. *Königliche Verfügungen in Altbabylonischer Zeit*. Leiden: Brill.

Krause, Jens-Uwe. 2004. *Kriminalgeschichte der Antike*. Munich: C. H. Beck.

Kristensen, Karen R. 2004. "Codification, Tradition and Innovation in the Law Code of Gortyn." *DIKE Rivista di storia del diritto greco ed ellenistico*, 7: 135—168.

Krygier, Martin. 1986. "Law as Tradition." *Law and Philosophy*, 5: 237—262.

Kunkel, Wolfgang. 1962. *Untersuchungen zur Entwicklung des römischen Kriminalverfahrens in vorsullanischer Zeit*. Munich: C.H. Beck.

Kunkel, Wolfgang. 1974. "Quaestio." In Hubert Niederländer（ed.）, *Kleine Schriften. Zum römischen Strafverfahren und zur römischen Verfassungsgeschichte*. Weimar: Böhlau. 33—110.

Kunkel, Wolfgang. 2001. *Die Römischen Juristen. Herkunft und soziale Stellung*. Cologne, Weimar, Vienna: Böhlau Verlag.

Kunkel, Wolfgang and Roland Wittmann. 1995. *Staatsordnung und Staatspraxis der römischen Republik*, vol. 2. Munich: C. H. Beck.

LaCapra, Dominick. 1983. "Rethinking Intellectual History and Reading Texts." In *Rethinking Intellectual History: Texts, Contexts, Language*. Ithaca, NY: Cornell University Press.

Laks, André. 2010. "Plato's 'Truest Tragedy': *Laws* Book 7, 817a—d." In Christopher Bobonich（ed.）, *Plato's Laws: A Critical Guide*. New York: Cambridge University Press.

Lane, Melissa. 2013a. "Founding as Legislating: The Figure of the Lawgiver in Plato's *Republic*." In Noboru Notomi and Luc Brisson（eds.）, *Dialogues on Plato's Politeia*（Republic）: *Selected Papers from the Ninth Symposium Platonicum*. Sankt Augustin: Academia Verlag.

Lane, Melissa. 2013b. "Platonizing the Spartan *Politeia* in Plutarch's *Lycurgus*." In Verity Harte and Melissa Lane（eds.）, *Politeia in Greek and Roman Philosophy*. Cambridge: Cambridge University Press.

Lane, Melissa. 2014. *The Birth of Politics: Eight Greek and Roman Political Ideas and Why They Matter*.

Langlands, Rebecca. 2006. *Sexual Morality in Ancient Rome*. Cambridge: Cambridge

University Press.

Lanni, Adriaan. 2006. *Law and Justice in the Courts of Classical Athens*. Cambridge: Cambridge University Press.

Launaro, Alessandro. 2015. "The Nature of the Villa Economy." In Paul Erdkamp, Koenraad Verboven, and Arjan Zuiderhoek (eds.), *Ownership and Exploitation of Land and Natural Resources in the Roman World*. Oxford: Oxford University Press.

Lebow, Richard Ned. 2003. *The Tragic Vision of Politics: Ethics, Interests and Orders*. Cambridge: Cambridge University Press.

Leesen, Tessa G. 2010. *Gaius Meets Cicero: Law and Rhetoric in the School Controversies*. Leiden and Boston: Martinus Nijhoff Publishers.

Legrand, Pierre. 1995. "Comparative Legal Studies and Commitment to Theory." *The Modern Law Review*, 58: 262—273.

Legrand, Pierre. 2014. "Withholding Translation." In Simone Glanert (ed.), *Comparative Law: Engaging Translation*. Abingdon: Routledge.

Legrand, Pierre. 2016. *Le Droit Comparé*. 5th edn. Paris: Presses Universitaires de France.

Lenel, Otto. 2010. *Das edictum perpetuum*. 3rd edn. Aalen: Scientia.

Lentz, Tony. 1989. *Orality and Literacy in Hellenic Greece*. Carbondale: Southern Illinois University Press.

Lepschy, Giulio. 1992. "Subject and Object in the History of Linguistics." *Journal of the Institute of Romance Studies*, 1: 1—15.

Levin, B. M., ed. 1921. *Iggeret Rav Sherira Gaon*. Haifa: Golda-Itskovski.

Levinson, Bernard. 2008. *"The Right Chorale"*: *Studies in Biblical Law and Interpretation*. Tübingen: Mohr Siebeck.

Levinson, Bernard and Jeffrey Stackert. 2013. "The Limitations of 'Resonance': A Response to Joshua Berman on Historical and Comparative Method." *Journal of Ancient Judaism*, 4: 310—333.

Levy, Ernst. 1951. *West Roman Vulgar Law: The Law of Property*. Philadelphia: American Philosophical Society.

Levy, Ernst. 1956. *Weströmisches Vulgarrecht. Das Obligationenrecht*. Weimar: Böhlau.

Liebs, Detlef. 2010. *Hofjuristen der römischen Kaiser bis Justinian: vorgetragen in der Sitzung vom 14. November 2008*. Munich: Verlag der Bayerischen Akademie der Wissenschaften.

Liebs, Detlef. 2015. *Das Recht der Römer und die Christen*. Tübingen: Mohr Siebeck.

Lintott, Andrew William. 1992. *Judicial Reform and Land Reform in the Roman Republic: A New Edition, with Translation and Commentary, of the Laws from Urbino*. Cambridge: Cambridge University Press.

Lintott, Andrew William. 2009. "The Theory of the Mixed Constitution at Rome." In Richard Brooks（ed.）, *Cicero and Modern Law*. Burlington: Ashgate.

Liverani, Mario. 2003. *Oltre la Bibbia. Storia antica di Israele*. Rome and Bari: Laterza.

Lloyd-Jones, Hugh. 1983. *The Justice of Zeus*. 2nd edn. Berkeley: University of California Press.

Loraux, Nicole. 2002. *The Divided City: On Memory and Forgetting in Ancient Athens*. Translated by Corinne Pache with Jeff Fort. New York: Zone Books.

MacDonald, Roderick. 2006. "Here, There…And Everywhere: Theorizing Legal Pluralism; Theorizing Jacques Vanderlinden." In Nicholas Kasirer（ed.）, *Étudier et enseigner le droit: Hier, aujord'hui et demain. Études offertes à Jacques Vanderlinden*. Montréal: Éditions Yvon Blais.

MacDowell, Douglas M. 2009. *Demosthenes the Orator*. Oxford: Oxford University Press.

McGinn, Thomas A. J. 1998. *Prostitution, Sexuality and the Law in Ancient Rome*. Oxford: Oxford University Press.

McIlwain, Charles Howard. 1940. *Constitutionalism: Ancient and Modern*. Ithaca: Cornell University Press.

Mackenzie, Roderick A. F. 1964. "The Formal Aspect of Ancient Near Eastern Law." In W. Stewart McCullough（ed.）, *The Seed of Wisdom: Essays in Honor of TJ Meek*. Toronto: University of Toronto Press.

Maganzani, Lauretta. 2007. *Land Surveying for Legal Disputes: Technical Advice in Roman Law*. Naples: Jovene. Available online at http://hdl.handle.net/10807/28616.

Maine, Henry Sumner. [1861] 1906. *Ancient Law: Its Connection with the Early History of Society and its Relation to Modern Ideas*. 10th edn with Introduction and notes by Frederick Pollock. London: John Murray.

Maine, Henry Sumner. 1871. *Village-Communities in the East and West: Six Lectures Delivered at Oxford*. London: John Murray.

Maine, Henry Sumner. 1886. *Dissertations on Early Law and Custom: Chiefly Selected from*

Lectures at Oxford. New York: Henry Holt.

Manthe, Ulrich. 2003. *Die Rechtskulturen der Antike: vom alten Orient bis zum Römischen Reich*. Munich: C. H. Beck.

Mara, Gerald. 1997. *Socrates' Discursive Democracy: Logos and Ergon in Platonic Political Philosophy*. Albany: SUNY Press.

Maresch, Klaus. 2002. "Die Bibliotheke Enkteseon Im Römischen Ägypten Überlegungen Zur Funktion Zentraler Besitzarchive." *Archiv Für Papyrusforschung Und Verwandte Gebiete*, 48（1）: 233—246.

Martino, P. 1986. *Arbiter*. Rome: CNR e Università di Roma "La Sapienza."

Masi Doria, Carla. 2012. "*Libertorum bona ad patronos pertineant*: su Calp. Flacc. *decl. exc.* 14." *Index*, 40: 313—325.

Maza, Sarah. 2014. "Stephen Greenblatt, New Historicism, and Cultural History, or, What We Talk about When We Talk about Interdisciplinarity." *Modern Intellectual History*, 1（2）: 249—265.

Menn, Stephen. 2006. "On Plato's *Politeia*." In John Cleary and Gary Gurtler（eds.）, *Proceedings of the Boston Area Colloquium in Ancient Philosophy*, vol. 21. Leiden: Brill Academic Publishers.

Menski, Werner 2006. *Comparative Law in a Global Context: The Legal Systems of Asia and Africa*. New York: Cambridge University Press.

Merry, Sally Engle. 1998. "Law, Culture, and Cultural Appropriation." *Yale Journal of Law & the Humanities*, 10: 575—603.

Meyer, Elizabeth A. 2004. *Legitimacy and Law in the Roman World: Tabulae in Roman Belief and Practice*. Cambridge: Cambridge University Press.

Meyer, Elizabeth A. 2015. "Writing in the Roman Legal Contexts." In David Johnston（ed.）, *The Cambridge Companion to Roman Law*. New York: Cambridge University Press.

Mezey, Naomi. 2001. "Law as Culture." *Yale Journal of Law & the Humanities*, 13: 35—67.

Michaels, Ralf. 2006. "The Functional Method of Comparative Law." In Mathias Reimann and Reinhard Zimmermann（eds.）, *The Oxford Handbook of Comparative Law*. New York: Oxford University Press.

Michalowski, Piotr. 1990. "Early Mesopotamian Communicative Systems: Art, Literature and Writing." In Ann Gunter（ed.）, *Investigating Artistic Environments in the Ancient Near*

East. Washington: Smithsonian Institution.

Miller, Walter. 1913. *M. Tullius Cicero: On Duties. With An English Translation.* Cambridge, MA: Harvard University Press（Loeb Classical Library 30）.

Mirhady, David C. 1990. "Aristotle on the Rhetoric of Law." *Greek, Roman, and Byzantine Studies*, 31: 393—410.

Mirhady, David C. 1991a. "Non-Technical *Pisteis* in Aristotle and Anaximenes." *American Journal of Philology*, 112: 5—28.

Mirhady, David C. 1991b. "The Oath-Challenge in Athens." *Classical Quarterly*, 41: 78—83.

Mirhady, David C. 1996. "Torture and Rhetoric in Athens." *The Journal of Hellenic Studies*, 116: 119—131.

Mirhady, David C. 2000. "Demosthenes as Advocate: The Private Speeches." In Ian Worthington（ed.）, *Demosthenes: Statesman and Orator.* London: Routledge.

Mirhady, David C. 2002. "Athens' Democratic Witnesses." *Phoenix*, 56: 255—274.

Mirhady, David C. 2007. "The Dikasts' Oath and the Question of Fact." In A. Sommerstein and J. Fletcher（eds.）, *Horkos: The Oath in Greek Society.* Bristol: Bristol Classical Press.

Mitteis, Ludwig. 1891. *Reichsrecht und Volksrecht in den östlichen Provinzen des Römischen Kaiserreichs mit Beiträgen zur Kenntniss des griechischen Rechts und der spätrömischen Rechtsentwicklung.* Leipzig: Teubner.

Mommsen, Theodor. 1877. *Römisches Staatsrecht*, vol. 2, part 1. Leipzig: Hirzel.

Mommsen, Theodor, Paul Krueger, and Alan Watson, eds. 1985. *The Digest of Justinian*, in 4 vols. Philadelphia: University of Pennsylvania Press.

Monoson, S. Sara. 2000. *Plato's Democratic Entanglements: Athenian Politics and the Practice of Philosophy.* Princeton: Princeton University Press.

Morgan, Kathryn, ed. 2003. *Popular Tyranny: Sovereignty and its Discontents in Ancient Greece.* Austin: University of Texas Press.

Morrow, Glenn R. 1960. *Plato's Cretan City: A Historical Interpretation of the Laws.* Princeton: Princeton University Press.

Mossé, Claude. 2004. "How a Political Myth Takes Shape: Solon, 'Founding Father' of the Athenian Democracy." In P. J. Rhodes（ed.）, *Athenian Democracy.* New York: Oxford University Press.

Munn, Mark. 2000. *The School of History: Athens in the Age of Socrates.* Berkeley: University of California Press.

Murray, Augustus T., trans. 1936—1939. *Demosthenes III—V*. Cambridge, MA: Harvard University Press.

Murray, Oswyn. 1998. "Introduction." In Jacob Burckhardt（ed.）, *The Greeks and Greek Civilization*. New York: St. Martin's Press.

Mustakallio, Katariina and Christian Krötzl, eds. 2010. *De Amicitia: Friendship and Social Networks in Antiquity and the Middle Ages*. Rome: Institutum Romanum Finlandiae.

Nagy, Gregory. 1995. "Images of Justice in Early Greek Poetry." In K. D. Irani and Morris Smith（eds.）, *Social Justice in the Ancient World*. Westport: Greenwood Press.

Nails, Debra. 1999. "Mouthpiece Schmouthpiece." In Gerald A. Press（ed.）, *Who Speaks for Plato?* Lanham: Rowman & Littlefield.

Nelken, David. 2004. "Using the Concept of Legal Culture." *Australian Journal of Legal Philosophy*, 29: 1—26.

Nelken, David. 2007. "Defining and Using the Concept of Legal Culture." In Esin Örücü and David Nelken（eds.）, *Comparative Law: A Handbook Comparative Law*. Oxford: Hart.

Nelken, David. 2012. *Using Legal Culture*. London: Wildy, Simmonds & Hill.

Nightingale, Andrea. 1993. "Writing/Reading a Sacred Text: Writing/Reading a Sacred Text: A Literary Interpretation of Plato's *Laws*." *Classical Philology*, 88（4）: 279—300.

Nörr, Dieter. 1969. *Die Entstehung der longi temporis praescriptio; Studien zum Einfluss der Zeit im Recht und zur Rechtspolitik in der Kaiserzeit*. Cologne: Westdeutscher Verlag.

Nörr, Dieter. 1981. "The Matrimonial Legislation of Augustus: An Early Instance of Social Engineering." *The Irish Jurist*, 16: 350—364.

Nörr, Dieter. 1994. "Innovare." *Index*, 22: 61—86.

Ober, Josiah. 2001. *Political Dissent in Democratic Athens: Intellectual Critics of Popular Rule*. Princeton: Princeton University Press.

Olivelle, Patrick. 1993. *The Āśrama System. The History and Hermeneutics of a Religious Institution*. Oxford: Oxford University Press.

Ost, François. 2009. *Traduire: défense et illustration du multilinguisme*. Paris: Fayard. Ostwald, Martin. 1969. *Nomos and the Beginnings of Athenian Democracy*. Oxford: Clarendon Press.

Ostwald, Martin. 1986. *From Popular Sovereignty to the Sovereignty of Law*. Berkeley: University of California Press.

Pangle, Lorraine Smith. 2014. *Virtue is Knowledge*. Chicago: University of Chicago Press.

Parker, Robert. 2005. "Law and Religion." In Michael Gagarin and David Cohen（eds.）, *The Cambridge Companion to Ancient Greek Law*. New York: Cambridge University Press.

Paul, Shalom M. 1970. *Studies in the Book of the Covenant in the Light of Cuneiform and Biblical Law*. Leiden: Brill.

Pearson, Lionel. 1976. *The Art of Demosthenes*. Meisenheim am Glan: Anton Hain Verlag.

Pfau, Thomas. 2013. *Minding the Modern: Human Agency, Intellectual Traditions and Responsible Knowledge*. Indiana: University of Notre Dame Press.

Piccinelli, Ferdinando. 1980. *Studi e ricerche intorno alla definizione: Dominium est ius utendi et abutendi re sua, quatenus iuris ratio patitur*. Naples: Jovene.

Pitkin, Hanna. 1987. "The Idea of a Constitution." *Journal of Legal Education*, 37: 167—169.

Plato. 1980. *The Laws of Plato*. Translated by Thomas Pangle. New York: Basic Books.

Plato. 1997. "Republic." In John M. Cooper and D. S. Hutchinson（eds.）, *Complete Works*. Indianapolis and Cambridge: Hackett Publishing.

Plato. 2013. *The Republic*. Translated by Tom Griffith and edited by G. R. F. Ferrari. New York: Cambridge University Press.

Plutarch. 1998. *Greek Lives*. Translated by Robin Waterfield. Oxford: Oxford University Press.

Pollock, Frederick. 1906. Notes to Maine, *Ancient Law: Its Connection with the Early History of Society and its Relation to Modern Ideas*. London: John Murray.

Polybius. 1962. *The Histories of Polybius*. Translate by Evelyn Shuckburgh. Bloomington: Indiana University Press.

Popper, Karl. [1944] 2013. *The Open Society and its Enemies*. Princeton: Princeton University Press.

Pradeau, Jean-François. 2005. "L'irréalisable vérité de la *République* platonicienne: Remarques sur le statut et sur le contenu de la *politeia* de la *République*." In Mogens Hansen（ed.）, *The Imaginary Polis*. Copenhagen: The Royal Danish Academy of Sciences and Letters.

Press, Gerald A. 2007. *Plato: Guide for the Perplexed*. New York: Bloomsbury.

Prodi, Paolo. 2000. *Una storia della giustizia. Dal pluralismo dei fori al moderno dualismo tra coscienza e diritto*. Bologna: Il Mulino.

Pugliese, Giovanni. 1941. *Studi sull "iniuria."* Milan: Giuffrè.

Pugliese, Giovanni. 1962. *Il processo civile romano, I: Le legis actiones*. Rome: Edizioni

Ricerche.

Raber, Fritz. 1969. *Grundlagen klassischer Injurienansprüche*. Vienna, Cologne and Graz: Böhlau.

Rawson, Elizabeth. 1983. *Cicero: A Portrait*. Bristol: Bristol Classical Press.

Renger, Johannes. 2002. "Royal Edicts of the Old Babylonian Period—Structural Background." In Michael Hudson and Marc Van De Mieroop（eds.）, *Debt and Economic Renewal in the Ancient Near East*. Bethesda: CDL Press.

Resnik, Judith and Dennis Curtis. 2011. *Representing Justice: Invention, Controversy, and Rights in City-States and Democratic Courtrooms*. New Haven: Yale University Press.

Rhodes, P. J. 2009. "Civic Ideology and Citizenship." In Ryan Balot（ed.）, *A Companion to Greek and Roman Political Thought*. Chichester: Wiley-Blackwell.

Richardson, John S. 1983. "The *Tabula Contrebiensis*: Roman Law in Spain in the Early First Century B.C." *The Journal of Roman Studies*, 73: 33—41.

Robson, Elenor. 2007. "Gendered Literacy and Numeracy in the Sumerian Literary Corpus." In G. Cunningham and J. Ebeling（eds.）, *Analysing Literary Sumerian: Corpus-Based Approaches*. London: Equinox.

Romm, James. 2014. *Dying Every Day: Seneca at the Court of Nero*. New York: Knopf.

Rosen, Lawrence. 2006. *Law as Culture: An Invitation*. Princeton: Princeton University Press.

Rosenwein, Barbara H. 2010. "Problems and Methods in the History of Emotions." *Passions in Context: International Journal of the History and Theory of Emotions*, 1: 1—32.

Rosen-Zvi, I. 2008. *Ha-Tekes she-lo hayah: mikdash, midrash u-migdar be-Masekhet Sotah*. Jerusalem: Magnes.

Roth, Martha T. 1995. "Mesopotamian Legal Traditions and the Laws of Hammurabi." *Chicago-Kent Law Review*, 71: 13—39.

Roth, Martha T. 1997. *Law Collections from Mesopotamia and Asia Minor*. 2nd edn. Atlanta, GA: Scholars Press.

Rowe, Christopher. 2010. "The Relationship of the *Laws* to Other Dialogues: A Proposal." In Christopher Bobonich（ed.）, *Plato's Laws: A Critical Guide*. New York: Cambridge University Press.

Rubinstein, Lene. 2005. "Main Litigants and Witnesses in the Athenian Courts: Procedural Variations." In Michael Gagarin and Robert Wallace（eds.）, *Symposion 2001, Vorträge zur*

griechischen und hellenistischen Rechtsgeschichte (Evanston, September 5—8, 2001).
Vienna: Verlag der Österreichischen Akademie der Wissenschaften.

Rupprecht, Hans A. 2005. "Greek Law in Foreign Surroundings: Continuity and
Development." In Michael Gagarin and David Cohen (eds.), *The Cambridge Companion
to Ancient Greek Law*. New York: Cambridge University Press.

Ruschenbusch, Eberhard. 1965. "ΎΒΡΕΩΣ ΓΡΑΦΗ. Ein Fremdkörper im athenischen
Recht des 4. Jahrhunderts v. Ch." *Zeitschrift der Savigny-Stiftung für Rechtsgeschichte:
Romanistische Abteilung*, 82: 302—309.

Ruschenbusch, Eberhard. 2010. *Solon: das Gesetzeswerk-Fragmente*. Stuttgart: Steiner.

Ruskola, Teemu. 2012. "The East Asian Legal Tradition." In Mauro Bussani and Ugo Mattei
(eds.), *The Cambridge Companion to Comparative Law*. New York: Cambridge University
Press.

Sabbatucci, Dario. 1981. "Il peccato cosmico." In *Le délit religieux dans la cité antique* (*Actes
Rome 1978*). Rome: École Française de Rome.

Sacco, Rodolfo. 1991. "Legal Formants: Dynamic Approach to Comparative Law." *The
American Journal of Comparative Law*, 39: 1—34 (instalment I) and 343—401
(instalment II).

Santucci, Gianni. 2014a. "*Legum inopia* e diritto privato. Riflessioni intorno ad un recente
contributo." *Studia et documenta historiae et iuris*, 80: 373—393.

Santucci, Gianni. 2014b. "Die *rei vindicatio* im klassischen römischen Recht—ein überblick."
Fundamina: A Journal of Legal History, 2: 833—846.

Scafuro, Adele. 1994. "Witnessing and False-Witnessing: Proving Citizenship and Kin Identity
in Fourth-Century Athens." In Allan L. Boegehold and A. C. Scafuro (eds.), *Athenian
Identity and Civic Ideology*. Baltimore: Johns Hopkins University Press.

Scheid, John. 1981. "Le délit religieux dans la Rome tardo-républicaine." In *Le délit religieux
dans la cité antique* (*Actes Rome 1978*). Rome: École Française de Rome.

Scheid, John. 2001. *La religione a Roma*. Rome and Bari: Laterza.

Scheid, John. 2013. *Les dieux, l'État et l'individu. Réflexions sur la religion civique à Rome*.
Paris: Seuil.

Schiappa, Edward. 1991. *The Beginnings of Rhetorical Theory in Classical Greece*. New
Haven: Yale University Press.

Schiffman, Lawrence H. 2010. *Qumran and Jerusalem: Studies in the Dead Sea Scrolls and the History of Judaism*. Grand Rapids: William B. Eerdmans.

Schiller, A. Arthur. 1971. "Jurist's Law." In A. Arthur Schiller（ed.）, *An American Experience in Roman Law*. Gottingen: Vandenhoeck & Ruprecht.

Schmähling, Eberhard. 1938. *Die Sittenaufsicht der Censoren*. Stuttgart: Kohlhammer.

Schneewind, Jerome B. 1998. *The Invention of Autonomy: A History of Modern Moral Philosophy*. Cambridge: Cambridge University Press.

Schofield, Malcolm. 1996. "Sharing in the Constitution." *Review of Metaphysics*, 49（4）: 831—858.

Schofield, Malcolm. 1999. *Saving the City: Philosopher-Kings and Other Classical Paradigms*. London and New York: Routledge.

Schofield, Malcolm. 2006. *Plato: Political Philosophy*. Oxford: Clarendon Press.

Schofield, Malcolm. 2010. "The *Laws*' Two Projects." In Christopher Bobonich（ed.）, *Plato's Laws: A Critical Guide*. New York: Cambridge University Press.

Schrage, Eltjo. 2003. "Het proces Jezus." *Ars Aequi*, 52（5）: 355—364.

Schulz, Fritz. 1946. *History of Roman Legal Science*. Oxford: Clarendon Press.

Schulz, Fritz. 1951. *Classical Roman Law*. Oxford: Oxford University Press.

Schulz, Fritz. 1953. *History of Roman Legal Science*. 2nd edn. Oxford: Clarendon Press.

Schulz, Fritz. 1954. *Prinzipien des römischen Rechts*. Berlin: Duncker & Humblot.

Schulz, Fritz. 1963. *History of Roman Legal Science*. Reprint 2nd edn. Oxford: Clarendon Press.

Scott, Joan. 1986. "Gender: A Useful Category of Historical Analysis." *American Historical Review*, 91（5）: 1053—1075.

Scurlock, JoAnn. 1995. "Death and Afterlife in Ancient Mesopotamian Thought." In Jack Sasson（ed.）, *Civilizations of the Ancient Near East*, vol. 3. New York: Charles Scribners' Sons.

Sealey, Raphael. 1994. *The Justice of the Greeks*. Ann Arbor: University of Michigan Press.

Serrao, Feliciano. 1973. "Legge（diritto romano）." In *Enciclopedia del diritto*, vol. 23. Milan: Giuffrè, 794—850.

Serrao, Feliciano. 1974. *Classi partiti e legge nella repubblica romana*. Pisa: Pacini.

Serrao, Feliciano. 2006. *Diritto privato economia e società nella storia di Roma*, vol. 1. 3rd edn. Naples: Jovene.

Shaw, Brent D. 2015. "The Myth of the Neronian Persecution." *Journal of Roman Studies*, 105: 73—100.

Simon-Shoshan, Moshe. 2012. *Stories of the Law: Narrative Discourse and the Construction of Authority in the Mishnah*. New York: Oxford University Press.

Slanski, Kathryn E. 2003a. *The Babylonian Entitlement Narus（Kudurrus）: A Study in their Form and Function*. Boston: American Schools of Oriental Research.

Slanski, Kathryn E. 2003b. "Representation of the Divine on the Babylonian Entitlement Monuments（Kudurrus）," *Archiv für Orientforschung*, 50: 308—320.

Slanski, Kathryn E. 2007. "The Mesopotamian 'Rod and Ring': Icon of Righteous Kingship and Balance of Power between Palace and Temple." In Harriet Crawford（ed.）, *Regime Change in the Ancient Near East and Egypt: From Sargon or Agade to Saddam Hussein*. New York: Oxford University Press.

Slanski, Kathryn E. 2012. "The Law of Hammurabi and Its Audience." *Yale Journal of Law & the Humanities*, 24（1）: 97—110.

Sommerstein, Alan H. and Andrew J. Bayliss. 2013. *Oath and State in Ancient Greece*. Berlin: De Gruyter.

Sophocles. 1991. *Antigone*. Translated by David Grene. In David Grene and Richard Lattimore, （eds.）, *The Complete Greek Tragedies*, vol. 2. Chicago: University of Chicago Press.

Stackert, Jeffrey. 2014. *A Prophet like Moses: Prophecy, Law, and Israelite Religion*. Oxford and New York: Oxford University Press.

Stein, Peter. 1966. *Regulae Iuris: From Juristic Rules to Legal Maxims*. Edinburgh: Edinburgh University Press.

Stern, David. 1996. *Midrash and Theory: Ancient Jewish Exegesis and Contemporary Literary Studies*. Evanston: Northwestern University Press.

Stern, David. 1998. "The Captive Woman: Hellenization, Greco-Roman Erotic Narrative, and Rabbinic Literature." *Poetics Today*, 19: 91—127.

Sternberg, Meir. 1985. *The Poetics of Biblical Narrative: Ideological Literature and the Drama of Reading*. Bloomington: Indiana University Press.

Suolahti, Jaakko. 1963. *The Roman Censors: A Study on Social Structures*. Helsinki: Suomalainen tiedeakatemia.

Surkis, Judith. 2014. "Of Scandals and Supplements: Relating Intellectual and Cultural History." In Darrin McMahon and Samuel Moyn (eds.), *Rethinking Modern European Intellectual History*. Oxford and New York: Oxford University Press.

Talamanca, Mario. 1990. *Istituzioni di diritto romano*. Milan: Giuffrè.

Talamanca, Mario. 1997. "*Lex* ed *interpretatio* in Lab. 4 *post. a Iav. epit.* D, 19, 1, 50." In *Nozione formazione e interpretazione del diritto dall'età romana alle esperienze moderne. Ricerche F. Gallo*, vol. 4. Naples: Jovene.

Taylor, Charles. 1971. "Interpretation and the Sciences of Man." *The Review of Metaphysics*, 25 (1): 3—51.

Tellegen-Couperus, Olga and Jan W. Tellegen. 2013. "*Artes Urbanae*: Roman Law and Rhetoric." In Paul Du Plessis (ed.), *New Frontiers. Law and Society in the Roman World*. Edinburgh: Edinburgh University Press.

Teubner, Günther and Andreas Fischer-Lescano. 2004. "Regime Collisions: The Vain Search for Legal Unity in the Fragmentation of Global Law." *Michigan Journal of International Law*, 25 (4): 999—1046.

Thalheim, Theodor. 1916. "Ὕβρεως γραφή." In Wilhelm Kroll (ed.), *Paulys Realencyclopädie der classischen Altertumswissenschaft (RE) 17, Band IX, 1*. Stuttgart: Metzler.

Thomas, Rosalind. 2005. "Writing, Law, and Written Law." In Michael Gagarin and David Cohen (eds.), *The Cambridge Companion to Ancient Greek Law*. New York: Cambridge University Press.

Thucydides. 1972. *A History of the Peloponnesian War*. Rev. edn. Translated by Rex Warner; Introduction by M. I. Finley. New York: Penguin Classics.

Thucydides. 1996. *History of the Peloponnesian War*. Translated by Richard Crawley. In Robert Strassler (ed.), *The Landmark Thucydides: A Comprehensive Guide to the Peloponnesian War*. New York: Touchstone.

Thür, Gerhard. 1977. *Beweisführung vor den Schwurgerichtshöfen Athens: Die Proklêsis zur Basanos*. Vienna: Verlag der Österreichischen Akademie der Wissenschaften.

Tierney, Brian. 1997. *The Idea of Natural Rights: Studies on Natural Rights, Natural Law and Church law 1150—1625*. Atlanta: Scholars Press.

Tigay, Jeffrey H. 1996. *Deuteronomy = [Devarim]: The Traditional Hebrew Text with the New*

JPS Translation. Philadelphia: Jewish Publication Society.

Todd, Stephen. 1991. "The Purpose of Evidence in Athenian Courts." In Paul Cartledge, Paul Millett, and Stephen Todd（eds.）, *Nomos: Essays in Athenian Law, Politics and Society*. Cambridge: Cambridge University Press.

Todd, Stephen. 1993. *The Shape of Athenian Law*. Oxford: Oxford University Press.

Tuori, K. 2007. *Ancient Roman Lawyers and Modern Legal Ideals: Studies on the Impact of Contemporary Concerns in the Interpretation of Ancient Roman Legal History*. Frankfurt am Main: Klostermann.

Turner, Victor. 1982. *From Ritual to Theatre: The Human Seriousness of Play*. New York: PAJ Publications.

Twining, William. 2006. "Glenn on Tradition: An Overview." *Journal of Comparative Law*, 1（1）: 107—115.

Twining, William. 2009. *General Jurisprudence: Understanding Law from a Global Perspective*. New York: Cambridge University Press.

Van De Mieroop, Mark. 2002. "A History of Near Eastern Debt?" In Michael Hudson and Marc Van De Mieroop（eds.）, *Debt and Economic Renewal in the Ancient Near East*. Bethesda: CDL Press.

Vandendriessche, Sarah. 2006. *Possessio und Dominium im postklassischen römischen Recht: eine Überprüfung von Levy's Vulgarrechtstheorie anhand der Quellen des Codex Theodosianus und der Posttheodosianischen Novellen*. Hamburg: Kovac.

Vegetti, Mario. 2013. "How and Why Did the *Republic* Become Unpolitical?" In Noburu Notomi and Luc Brisson（eds.）, *Dialogues on Plato's Politeia（Republic）: Selected Papers from the Ninth Symposium Platonicum*. Sankt Augustin: Academia Verlag.

Veldhuis, Niek. 2011. "Levels of Literacy." In Eleanor Robson and Karin Radner（eds.）, *The Oxford Handbook of Cuneiform Culture*. Oxford: Oxford University Press.

Vendryes, Joseph. 1918. "Les correspondances de vocabulaire entre l'indo-iranien et l'italoceltique." *Mémoires de la Société Linguistique de Paris*, 20: 265—285.

Vermeule, Emily. 1966. "The Boston Oresteia Krater." *American Journal of Archaeology*, 70（1）: 1—22.

Vernant, Jean-Pierre and Pierre Vidal-Naquet. 1988. *Myth and Tragedy in Ancient Greece*. Translated by Janet Lloyd. New York: Zone Books.

Veyne, Paul 1984. *Writing History: Essay on Epistemology*. Translated by Mina Moore Rinvolucri. Middletown, CT: Wesleyan University Press.

Volkmann, Hans. 1969. *Zur Rechtssprechung im Principat des Augustus*. Munich: C. H. Beck.

von Benda-Beckmann, F. and Keebet von Benda-Beckmann. 2010. "Why Not Legal Culture?" *The Journal of Comparative Law*, 5（2）: 104—117.

von Savigny, Friedrich Carl. 1840. *System des heutigen römischen Rechts*, vol. 1. Berlin: Veit und Comp.

Waterfield, Robin. 2009. *Why Socrates Died: Dispelling the Myths*. London: Faber & Faber.

Watson, Alan. 1968. *The Law of Property in the Later Roman Republic*. Oxford: Clarendon Press.

Watson, Alan. 1974. *Legal Transplants: An Approach to Comparative Law*. Edinburgh: Scottish Academic Press.

Watson, Alan. 1983a. "Legal Change: Sources of Law and Legal Culture." *Scholarly Works*. Available online at http://digitalcommons.law.uga.edu/fac_artchop/534.

Watson, Alan. 1983b. "Roman Slave Law and Romanist Ideology." *Phoenix*, 37（1）: 53—65.

Watson, Alan. 1993. *International Law in Archaic Rome: War and Religion*. Baltimore: Johns Hopkins University Press.

Watson, Alan. 1998. *Ancient Law and Modern Understanding*. Athens, GA: University of Georgia.

Watson, Alan et al. 1985. *The Digest of Justinian. English translation with the Latin text edited by Theodor Mommsen with the aid of Paul Krueger*. Philadelphia: University of Pennsylvania Press.

Watt, Gary. 2013. *Dress, Law and Naked Truth: A Cultural History of Fashion and Form*. London: Bloomsbury.

Webber, Jeremy. 2004. "Culture, Legal Culture, and Legal Reasoning: A Comment on Nelken." *Australian Journal of Legal*, Philosophy, 29: 27—36.

Weil, Simone.［1940—1941］2003. *The Iliad or the Poem of Force: A Critical Edition*. Edited by James P. Holoka. New York: Peter Lang.

Weiss, Roslyn. 2012. *Philosophers in the Republic: Plato's Two Paradigms*. Ithaca: Cornell University Press.

Wells, Bruce and F. Rachel Magdalene, eds. 2009. *Law from the Tigris to the Tiber: The Writings of Raymond Westbrook*, 2 vols. Winona Lake: Eisenbrauns.

Westbrook, Raymond. 1988. *Studies in Biblical and Cuneiform Law*. Cahiers de la Revue Biblique 26. Paris: Gabalda.

Westbrook, Raymond. 2003a. "Introduction: The Character of Ancient Near Eastern Law." In Raymond Westbrook（ed.）, *A History of Ancient Near Eastern Law*, 2 vols. Leiden and Boston: Brill.

Westbrook, Raymond. 2003b. "Old Babylonian." In Raymond Westbrook（ed.）, *A History of Ancient Near Eastern Law*, vol. 1. Leiden: Brill.

Westbrook, Raymond.［1985］2009a. "Biblical and Cuneiform Law Codes." In Wells, Bruce and F. Rachel Magdalene（eds.）, *Law from the Tigris to the Tiber: The Writings of Raymond Westbrook*. Winona Lake: Eisenbrauns.

Westbrook, Raymond.［1989］2009b. "Cuneiform Law Codes and the Origins of Legislation." In Bruce Wells and F. Rachel Magdalene（eds.）, *Law from the Tigris to the Tiber: The Writings of Raymond Westbrook*. Winona Lake: Eisenbrauns.

Westbrook, Raymond.［1995］2009c. "Social Justice in the Ancient Near East." In Bruce Wells and F. Rachel Magdalene（eds.）, *Law from the Tigris to the Tiber: The Writings of Raymond Westbrook*. Winona Lake: Eisenbrauns.

Westbrook, Raymond. 2009d. *Law from the Tigris to the Tiber: The Writings of Raymond Westbrook*, 2 vols. Edited by Bruce Wells and F. Rachel Magdalene. Winona Lake: Eisenbrauns.

Westbrook, Raymond. 2015. *Ex oriente lex: Near Eastern Influences on Ancient Greek and Roman Law*. Edited by Deborah Lyons and Kurt Raaflaub. Baltimore: The Johns Hopkins University Press.

White, Hayden. 1973a. *Metahistory: The Historical Imagination in Nineteenth-Century Europe*. Baltimore and London: The Johns Hopkins University Press.

White, James Boyd. 1973b. *The Legal Imagination: Studies in the Nature of Legal Thought and Expression*. Boston: Little, Brown & Co.

White, James Boyd. 1984. *When Words Lose Their Meaning: Constitutions and Reconstitutions of Language, Character, and Community*. Chicago: The University of Chicago Press.

White, James Boyd. 1985. *Heracles' Bow: Essays on the Rhetoric and Poetics of Law*.

Madison: The University of Wisconsin Press.

White, James Boyd. 1990. *Justice as Translation: An Essay in Cultural and Legal Criticism*. Chicago: The University of Chicago Press.

Wieacker, Franz. 1973. *"Contractus* und *obligatio* im Naturrecht zwischen Spätscholastik und Aufklärung."* In P. Grossi（ed.）, *La Seconda Scolastica nella formazione del diritto privato moderno*. Milan: Giuffrè.

Willets, Ronald F. 1967. *The Law Code of Gortyn*. Berlin: de Gruyter. Williams, Raymond. 1976. *Keywords: A Vocabulary of Culture and Society*. New York: Oxford University Press.

Wimpfheimer, Barry S. 2011. *Narrating the Law: A Poetics of Talmudic Legal Stories*. Philadelphia: University of Pennsylvania Press.

Wimsatt, William K. 1954. *The Verbal Icon: Studies in the Meaning of Poetry*. Lexington: University of Kentucky Press.

Winter, Irene J. 1992. "Idols of the King." *Journal of Ritual Studies*, 6（1）: 13—42.

Winter, Irene J. 1996. "Sex, Rhetoric, and the Public Monument: The Alluring Body of Naramsîn of Agade." In Natalie Boymel Kampen（ed.）, *Sexuality in Ancient Art: Near East, Egypt, Greece, and Italy*. Cambridge: Cambridge University Press.

Wittmann, Roland. 1974. "Die Entwicklungslinien der klassischen Injurienklage." *Zeitschrift der Savigny-Stiftung für Rechtsgeschichte: Romanistische Abteilung*, 91: 285—359.

Wohl, Victoria. 2002. *Love among the Ruins: The Erotics of Democracy in Classical Athens*. Princeton: Princeton University Press.

Wolf, Joseph Georg. 2015. "Documents in Roman Practice." In David Johnston（ed.）, *The Cambridge Companion to Roman Law*. New York: Cambridge University Press.

Wright, David. 2009. *Inventing God's Law: How the Covenant Code of the Bible Used and Revised the Laws of Hammurabi*. Oxford: Oxford University Press.

Xenophon. 1925. *Constitution of the Lacedaemonians*. Cambridge, MA: Harvard University Press.

Yadin-Israel, Azzan. 2004. *Scripture as Logos: Rabbi Ishmael and the Origins of Midrash*. Philadelphia: University of Pennsylvania Press.

Yadin-Israel, Azzan. 2014. *Scripture and Tradition: Rabbi Akiva and the Triumph of Midrash*. Philadelphia: University of Pennsylvania Press.

Zimmermann, Reinhard. 1996. *The Law of Obligations: Roman Foundations of the Civilian*

Tradition. Oxford: Oxford University Press.

Zuckert, Catherine. 2009. *Plato's Philosophers: The Coherence of the Dialogues*. Chicago: University of Chicago Press.

Zumbansen, Peer. 2010 "Transnational Legal Pluralism." *Transnational Legal Theory*, 1（2）: 141—189.

Zumbansen, Peer. 2014. "Law & Society and the Politics of Relevance: Facts and Field Boundaries in 'Transnational Legal Theory in Context'." *No Foundations: An Interdisciplinary Journal of Law and Justice*, 11: 1—37.

Zweigert, Konrad and Hein Kötz. 1998. *An Introduction to Comparative Law*. 3rd edn. Translated by Tony Weir. Oxford: Oxford University Press.

索引

（以下页码为原书页码，即本书边码）

撰稿人简介

胡伦·艾特沙白（Julen Etxabe）

赫尔辛基大学的法律理论讲师，其教学写作涉及法律与政治理论、法律与人文学科以及比较人权等领域。他出版了《悲剧审判的经验》（*The Experience of Tragic Judgment*, 2013），并合编图书若干，最新出版的一本是《朗西埃与法律》（*Rancière and Law*, 2018）。2012 年至 2017 年，他还担任了《无根无基：法律与司法跨学科期刊》（*No-Foundations: An Interdisciplinary Journal of Law and Justice*）的联合主编。

罗贝托·菲奥里（Roberto Fiori）

罗马第二大学的罗马法教授。他的研究兴趣从古罗马法到古典契约法、民事和刑事程序、人法、罗马法和希腊哲学的关系，以及罗马法留给现代欧陆法和普通法的遗产。他的最新著作是《优良之人：西塞罗〈论职责〉中的政治、修辞哲学和法律》（*Bonus vir. Politica filosofia retorica e diritto nel de officiis di Cicerone*, 2011）。

吉尔·弗兰克（Jill Frank）

康奈尔大学的政府学教授。《差别的民主制：亚里士多德及其政治学著作》（*A Democracy of Distinction: Aristotle and the Work of Politics*, 2005）

和《诗性正义：重读柏拉图的〈国家篇〉》（*Poetic Justice: Rereading Plato's Republic*, 2018）的作者，南卡罗来纳大学哥伦比亚分校当代视野中的古典学倡议的创始主任（2008—2014），她的论著涉及权力、人性、欲望、谎言、诗歌、友谊、财产、说服和法律。

雅各布·吉尔塔伊（Jacob Giltaij）

他的博士论文《罗马法中的人权》讨论了罗马法中的人权问题（*Mensenrechten in het Romeinse recht, Nijmegen: Wolff, 2011*）。自那时起，他出版了关于古罗马的政治理论、哲学和法律的著作。他是赫尔辛基大学社会科学学院的芬兰科学院法律、身份和欧洲叙事卓越中心（欧洲故事）的大学研究员。

戴维·米尔哈迪（David Mirhady）

温哥华西蒙菲莎大学（位于温哥华）的人文学科教授。他发表的研究成果涉及古希腊法律和修辞理论，以及亚里士多德学派。

保罗·J. 杜普莱西斯（Paul J. du Plessis）

爱丁堡大学法学院的罗马法教授。他的主要研究领域是罗马法（具体涉及所有权、债，还略微涉足人和家庭）。他对"法律与社会"也有所关注，因此其研究也集中在罗马法律原则被用来创造法律的另一个时期，即中世纪晚期的欧洲共同法时期。在这个部分，他的研究探索了诸如体系、学说和合法性等主题，以挑战欧洲法律史上公认的"宏观叙事"。

凯瑟琳·斯兰斯基（Kathryn Slanski）

曾就读于约翰霍普金斯大学、慕尼黑大学和哈佛大学的亚述学家。她是耶鲁大学人文学科和近东语言与文明专业的高级讲师，自 2013 年至今，她负责领导耶鲁的"指导学习项目"（Directed Studies Program）。

凯乌斯·托里（Kaius Tuori）

赫尔辛基大学欧洲知识史副教授。他发表了大量关于法律文化和罗马法方面的著作。他的最新著作是《法律的皇帝：罗马帝国司法权的出现》（*Emperor of Law: The Emergence of Roman Imperial Jurisdiction*）（牛津大学出版社，2016 年）。

巴里·温普费默（Barry Wimpfheimer）

美国西北大学宗教研究和法学副教授。他的最新著作是《塔木德：一部变迁史》（*The Talmud: A Biography*）（普林斯顿大学出版社，2018 年）。

图书在版编目(CIP)数据

古代法律文化史 / (西)胡伦·艾特沙白编；何勤
华主编；冷霞译. -- 上海：上海人民出版社，2025.
(法律文化史). -- ISBN 978-7-208-19318-5

Ⅰ. D909.1

中国国家版本馆 CIP 数据核字第 2025GS1791 号

责任编辑　冯　静
封面设计　杜宝星

法律文化史

古代法律文化史

[西]胡伦·艾特沙白 编

何勤华 主编

冷　霞 译

出　　版　上海人民出版社
　　　　　（201101　上海市闵行区号景路 159 弄 C 座）
发　　行　上海人民出版社发行中心
印　　刷　上海景条印刷有限公司
开　　本　720×1000　1/16
印　　张　20.5
插　　页　3
字　　数　264,000
版　　次　2025 年 3 月第 1 版
印　　次　2025 年 3 月第 1 次印刷
ISBN 978 - 7 - 208 - 19318 - 5/D・4448
定　　价　98.00 元